哲学基础理论研究丛书

ZAI ZIWO YU TAZHE ZHIJIAN

在自我与他者之间

赵海英⊙著

中国社会科学出版社

图书在版编目（CIP）数据

在自我与他者之间/赵海英著 . —北京：中国社会科学出版社，2017.2

ISBN 978 - 7 - 5161 - 8854 - 5

Ⅰ . ①在… Ⅱ . ①赵… Ⅲ . ①哲学理论—研究 Ⅳ . ①B0

中国版本图书馆 CIP 数据核字（2016）第 213327 号

出 版 人	赵剑英
责任编辑	朱华彬
责任校对	张爱华
责任印制	张雪娇

出　　版	中国社会科学出版社
社　　址	北京鼓楼西大街甲 158 号
邮　　编	100720
网　　址	http：//www.csspw.cn
发 行 部	010 - 84083685
门 市 部	010 - 84029450
经　　销	新华书店及其他书店

印　　刷	北京君升印刷有限公司
装　　订	廊坊市广阳区广增装订厂
版　　次	2017 年 2 月第 1 版
印　　次	2017 年 2 月第 1 次印刷

开　　本	710×1000　1/16
印　　张	15.5
插　　页	2
字　　数	213 千字
定　　价	59.00 元

凡购买中国社会科学出版社图书，如有质量问题请与本社营销中心联系调换
电话：010 - 84083683

序　言

　　日常生活里每一个人总被他人所环绕。在出生的时候，每一个个体就会有父母在自己身边。从幼小到成人，从家庭到社会，他更会接触和遭遇到更多的他人。可以说，每一个个体注定地和必然地与他人在一起生活。同时，这些人会以不同的样貌和身份出现，从而可以归为不同的社群和族群，如古老的《易经》所言："物以类聚，人以群分。"因为他人的存在，我们所接触到的世界，不仅仅是属我的，更是属他的。而对于他人，人们总会形成这样那样的意见和观念。从哲学的角度，无论是东方世界还是西方世界，都对他人之观念做了许多的认识和阐发，比如孔子的仁学，希伯来神学中的邻人观念，古希腊哲学中的对于人的理性规定等，从古到今，各种理论层出不穷。在这些观念之中，所集中面对的大致是这样几个与他人有关的问题：一、何为他人的存在，即他人是如何构成自身的存在的？这是他人存在的本体论论证的问题。二、自我和他人处于何种关系之中？即如何认识他人和自我关系的性质。他们之间是相互争夺的，还是和谐协作的，还是二者兼有的？他们之间关系的性质是可以定性的，还是处于不断变化的过程之中而无法限定其本质？三、如何能够实现和保证对于他人的真实了解？因为人之思维常常局限于自我之中，而以狭隘的目光去面对和了解他人，必然会造成对于他人的误解。这种误解形成的后果不仅仅是思想性的，更是实践性的。这是对于他人存在的认识论的问题，即如何理解和通达他人的问题。当然，这个问题与第一个问题是相关的。四、如何在实践中处理与他人的关系问题。这个问题与第二个问题紧密相

1

关，因为正确地处理是与正确理解自我与他人之间的关系不可分割的。

对于他人存在的思考固然由来已久，然而对于他人存在的现代质疑则始于胡塞尔，他旗帜鲜明地提出这样的问题，即从自我的意识出发，如何能够证明他人意识的存在？这个问题的提出是因为按照常识性的判断，人所能经验到的只是他人呈显出来的外观及其行动，而不能够直接经验到他人的内在的意识活动。作为认识者的主体不能够证明作为认识对象的他人同样具有着和我一样的意识。这个问题对于胡塞尔的现象学，尤其是晚期的现象学是至关重要的，因为这个问题的解决直接关涉到交互主体性的构成。由此问题出发，进而引发后继许多的哲学家，比如海德格尔、舍勒、萨特、梅洛·庞蒂、拉康、伽达默尔、哈贝马斯等人，去思考他人到底是怎样的一种存在，它的存在对于自我意味着什么，自我和他人之间存在着怎样的实然和应然的关系，如何能够实现对于他人的真正的理解等一系列的问题。

列维纳斯对此问题提出了异乎寻常的回答，在他的哲学里，他人（others）被理解为他者（the other），并且他者被把握为基础性的存在，成为世界的存在和自我存在的本体。他的对于他者内涵的阐发，得到了许多后继者的推崇和发展，福柯、拉康、德里达等人的哲学思想在其中蔚为大家，主体间性、交互主体等概念日益成为哲学思想创造性的源头。于是，一种思想史上引人注目的转折就此发生，就是从以主体理性统御他人为核心的世界观转移到了以交互主体重塑主体理性的世界观。在此，也许可以下这样一个定论，就是任何当代的哲学都无法回避他人和他者的存在问题，要是打算对于当世的哲学问题作任何的思考，也都无法跨过他人和他者问题。

本书就是对于回答以上问题的一次尝试，即试图回答他人究竟是何种存在？此种存在得以建构起自身的基础是什么？如果说他异性的存在是他人存在的本体论基础，那么在本体与现象之间存在着怎样的关联？他人在其现实的存在中是如何表现自身的？对于人们习以为常的他人的存在方式，如语言、身体和实践等是有着怎样的内涵？最后落脚到这样的一个基本的问题，即自我和他者之间到底是怎样的一种关系：他们之间究竟是处在你死我活的冲突状态中，就像黑格尔概念辩证法和萨特的存在论哲学所提出的否定之否定的原则和他人即地狱的观点，还是处于共处和谐的状态中，就像梅洛·庞蒂基于身体间性所提出的他人理论，还是把他人的存在作为自己言行的立法者，而把自身置入到绝对的伦理学框架之内的如列维纳斯所主张的观点呢？以上种种立场和观点，并不能完全概括自我与他人之间的基本态度和关联，然而却都非常具有代表性。那么，该如何面对和处理诸种对于此问题的哲学回应，就需要彻底地澄清自我和他者问题的内在理路，在自我和他者之间寻找到一条正确的思之路径。尽管在这些观点之间存在的是相互交锋、莫衷一是的状态，但是，此冲突并不是根本性的。中国古语中讲，"天下一致而百虑，同归而殊途"，在他们之间的矛盾也具有互相取长补短的可能性。以仁爱、慈悲去面对他人，可以避免伽达默尔们理智型的分析的弊端；以理智与语言解释去理解他人，可以避免列维纳斯们单纯情感型模式的弊端；以交往理性去规范人类的话语和交往行为，可以避免对于语言的误用，也避免被意识形态和权力机构所利用。知情意三者的结合才能够完满地构建起人之为人的基本内容，并向着真善美三者合一的"善"之本体复归。当然，所有这些问题的解决，都需要落实在实践的世界变革之中。只有把他人的个体属性和社会属性完美地结合起来，共同以对象化的劳动和实践为具体的实现途径，才可以为"善"之本体的实现作出实质的贡献。由此可见，本书也力图通过对于他者问题的研究，打通现代西方哲学与中国古代传统哲学之间的壁垒，为二者之间提供一条会通的路径，使得彼此之间思想的涌动和交流更加顺畅和通达。是为序。

赵海英

2016 年 7 月

目　　录

1

导　言

　　现代性的他人概念是从理性自我为主体的哲学体系中解放出来的。回顾哲学史的发展，可以发现现代性的话语源自启蒙理性，如笛卡尔所言的，为了获得真理性的知识，就需要有思维的确证。"我思故我在"中的理性思维是确证自我存在的唯一标准。而随着理性主体持续不断的进步和发展，并把自身绝对化为世界的最高原则的时候，也使得理性主体成为了解释世界和征服世界的核心和主体。因为理性所具有的自明性、确证性和自足性，所以理性主体也"必然"是自明的、确证的和完美的。理性主体尽管辉煌一时，并且在其光辉时代里极大地推进了人类精神文明和物质文明的进程，但是在人类理性极度膨胀的同时也迎来了自身的深刻危机。人类对于自然的征服和占有，在造就了人类辉煌的物质文明的同时，也对于自然世界造成了巨大的破坏和浪费，生态危机已经成为威胁人类生存的重大问题；而理性主体所孕育的个体主义和权力斗争，使得人与人之间变得疏离和陌生，文化与文化之间也在互相误解和敌视，最显著的后果就是 20 世纪的两次世界大战。两次世界大战惊醒了从启蒙时代以来对于理性的盲目信从，它并不是偶然的事件，而是理性主体所造成的人与人之间危机关系的总爆发。现代人在经历了现代性所带来的阵痛之后，需要重新来考量现代性本身。他们发现，现代性危机的一个深刻根源就是，理性主体在理性的"光辉"之中绝对化了自身，成为了封闭的、独白的、孤独的、绝缘的单子式的个体，而为了看清生命存在的真相以挽救自己濒临灭绝的人类生命，就需要从理性主体回归到有他人的自然和世界中去。

　　理性主体所引以为傲的特征就是他的自明性，因为世界的可理解性以及自身的可理解性的基础都在"自明"的理性那里，正是自明的理性才为理解世界和人类的存在找到了坚不可摧的起点。在理性看来，人类所在的世界是透明的和同一的，世界的存在就是意识中的表象，世界的规则就是理性的逻辑。因为理性的自明性，理性主体成为了世界的主人，仿佛一旦没有了他的存在，整个的人类世界就坍塌了。但是，当代哲学则发现，理性所认为的自明是莫大的谎言，完满自明的自我意识本身就是一个神话。因为它总是处在自我断裂和自我差异化之中，总是包含着一个不透明的"他者"在自身之中。所以，在每个理性的"背后"会永远居留着一个不透明的阴影，它遮蔽着理性所自认为的透明性。

　　同时，理性也把自身理解为自足的和确证的，这也就意味着凡存在着的事物都可以用理性来加以完满的说明。理性如此这般地面对物质世界，同时也不放过自然生命和人类自身。他人被理解为理性人，理性成为了人之为人的尺度和存在标准。理性主体并不把他人理解为与我不同的人，而是按照理性原则认为他仅仅是另一个自我，并想当然地按照理性的原则去对待他人。当人类之间都用理性的原则去对待彼此的时候，理性就成了罩在每个人心灵上面的纱幕，使得他人和自我的心灵之间的沟通困难重重。可以想见，人类内心中的与理性相异的力量受到了压制，也不被理解，从而每个人都不是作为形形色色的具体个体在生存，而只是作为千篇一律的理性主体在"抛头露面"。这样就造成了每个个体的实际上的内心压抑和孤独。这也造成了在现代社会中人与人之间的疏离和异化，每个个体都成为了孤独的自我，于是社会变得不可理解，他人变得遥远而陌生，甚至自己本身也变得陌生。只有不再囿于理性主体的框架，真正地了解他人的存在，才能从这种孤独的生命中走出。而这不仅仅意味着理解与我不同的他人，从更加深刻的意义来说，只有这样才能真正的理解"人"本身。

　　由于理性所具有的同一性的原则和二元论的原则，理性主体对于外在的对象在价值观上持有的态度，就是"征服"和"占有"，也就是在认识和实践上用理性的同一原则来"征服"一切价值。

在近代理性哲学的传统中，并不否认他人的存在，但是理性中的他人与当代视域中的"他者"的内涵迥异。在近代哲学中，他人只是作为"我"的一种变异形态而出现的，他人是"他我"，是理性所化身的另一种形态。这个"他我"作为理性的外化形态，最终要回归到"同一"的理性主体那里，这一点在黑格尔的精神现象学中表现得淋漓尽致。同时，对于真正的他异和真实的他者，这个理性主体的话语采取拒斥和吞噬的态度，从而造成了人类与自然生态之间的失衡和紧张，造成了人与人之间关系的矛盾和冲突，甚至造成了不同文化和民族之间的对抗和战争。人类在反省自身的现代性的话语的时候，发现了原本被理性所埋没的他者。这个他者在理性的"光明"照耀之中默默无闻，但却"于无声处起惊雷"，是自我所无法回避之物。

总之，理性自我在把世界其他价值抹平的同时也就毁灭了自己，因为只存在同一性的世界里，同一性的主体在没有参照的情形下也就隐没不见了。因而，在自我虚构的自明性和超越性中，理性自我把自己幻想成为了上帝，并最终在理性上帝这个虚化幻象中毁灭了自身。同一而绝对的理性原则成为了自我毁灭的彻底疯狂的逻辑，从而理性自身走到了自身的纯粹反面。理性自我在同一化的进程中忽视了他者的"旷野呼告"，于是理性自我也走到了自身的穷途末路。

时光荏苒，大浪淘沙，进入到新时代的哲学已经逐渐揭示和发掘出他者的真实意蕴。真正的他者并不是"我思"中的影像，不是自我同一性反复的"他我"，而是超越出理性自我之外的，超越出认识论的二元对立原则之外的，超越出理性的同一性自足原则之外的真实的"他者"。这个他者在根本上绝对不同于"自我"，拒绝着理性主体对于自身的同化和消解。而同时，自我也并不是封闭的理性主体，而是开放的主体间性；不是孤独的个体存在，而是在世的与他人共在；不是独白的自我意识，而是与他人对话的话语主体；不是在身体之外的超越意识，而是拥有身体的主体间性。从而可见，并不是理性自我和超越意识确证着他人的存在，而是他人对于自我意识的构成具有根本性的组建作用，这种组建作用可以表现在世界、语言、身体等方面。因为在自我的生活世界和意识领域，深刻地蕴含着他人的存在。一个显明的例子，就是向他人学习是一种扩展自我世界的方式。人从出生开始就进入到对于他人的学习过程中，即便是一种对于他人的违抗，也是习得的。语言、行为、表情等，都有着后天习得的他人的身影。马克思就曾经嘲笑德国古典哲学的愚昧，即在于他们架空了一个无所不能的先验意识，而忽视了意识和精神都需要与他人的共在，需要社会，需要文化传统。

他人对于自我意识的根本性的构建作用包含几个基本面：一、在认识论上，自我了解自身是通过他人才了解的，自我意识或纯粹的自我意识是一个幻象。意识总是指向一个世界，指向一个他人，甚或把自我当作他人来了解。所谓自我理解，就是理解最切近的他人。从来不存在空洞的不面向着他人和世界的意识自身。二、在生存论上，自我的存在中就含有与他人的共在，自我与他人是共同在世的，共在是自我构成的基本架构。绝对自我的存在是幻象。三、在本体论上，他异性的本体在死亡和时间中得到了充分的论证，本体处于一种自我分化和自我展开的过程中，因而，同一性的理性自我是虚构的。四、在语言观上，语言具有着自我分化的内在结构，在具体的对话中展开为充满创造力的历史过程。语言根本上是对话的，而不是理性独白的工具。五、在身体观上，身体并不是超越意识所宰制的对象，而是具有着整体性的在世的灵性身体。灵性的身体具有着内在分化的结构，自我的身体就是身体间性。自我封闭式的意识和身体都是不成立的。

因此，在根本上，因为主体间性的存在，他者注定是不可理解的，因为他者并不是理解的对象，不是分析的对象，它始终在理解之外，是无法被理性所同一化的。如果理解即意味着理性的同一化和精神性的占有，那么永远存在着不被理解的他者。他者总是向其他人展现出面貌，在与我们面对面地相遇着，但是它永远不是透明的和现成的；它在对我们显露其意义的同时，也隐藏起自己。它在无限之中延展着自身，而从不会落入到理性框架的整体性之中。理性自我以为捉住它的时候，它又跑开了。理性自我的世界总是确定的和可知的，但是"他者"却外在于这个透明的世界，它总是一个例外、异在和限制。"他者"的出现意味着在理性哲学中所压制的他异性、外在性和多元性等概念在哲学中获得了解放。在哲学上，"他者"可以被理解为一种绝对的他异性，我们永远无法把它划归入任何一种理性体系之中；相反，它无限地开放，是永远与我同行的未知之域。

当代的哲学家们力图把"他者"从理性主体中解放出来，就各自从不同的理论角度，以意识、存在、身体、语言、本体论等为基本概念，去论证他者和他人的存在。在向"他者"前进的道路上，胡塞尔从纯粹意识所具有的自明性出发，以"类推法"来揭示他者的存在，但是却不能走出唯我论的局限。海德格尔发现了"存在论的差异"，这种差异化的存在在"此在"中得到呈现。在"烦""畏""死"尤其是"时间"现象中，都呈现出"此在"存在的分离。此在的结构总是被"先行于自身"，此在的当下也总是被曾在和将在所渗透，因而，此在之在总是不能作为当下的整体而被把握。在他异性的此在中，此在是作为与他者"共在"在世的，共在是此在的根本性结构。萨特发现了意识中所包含的分裂和异质的双方，意识一方面是自我的存在；另一方面又是为他的存在。在这两方面的冲突之中，他人的存在出场了。梅洛·庞蒂以灵性的身体为基本的视角，他所展开的身体不仅仅指的是具体的个体的身体，而且把它拓展到了作为本体的世界的身体。这个身体同样具有着身体间性的架构，并不是僵死的"一"，而是自身分化的。在可见的"我"之外还有不可见的身体，它构成着我，引领着我。列维纳斯则把形而上学的原初差异引入到现象学之中，从而揭示出绝对而无限的他者。海德格尔的"存在论差异"被伽达默尔引入了语言理解领域之中。语言自我分化为对话，在对话之中语言区分出对话的双方，即自我与他者。同时，理解是一个存在的事件，这个存在是差异化自身的，这种差异体现在"视域融合"与"效果历史"之中。在它们之中的他者存在，永远是不透明的，不可见的，但是，它却构成了我理解的前提，成为了被理解的世界的前提。哈贝马斯用交往理性来规范现代人的交往行为和话语行为，力图拯救被后现代语言弄得支离破碎的现代性话语，力图把无限而绝对的他者重新纳入到规范性的理性话语之中。马克思的实践理论为他者问题找到真实的和现实的基础，从而为他者问题提供了解决的现实途径。在所有这些指向他人和他者的话语背后，一条隐秘的指向"善"之本体的哲学途径已经铺展开来，等待后来人的漫步或驻足。

在集中展开论述之前，需要厘清几个基本的概念，以免在论述的过程中发生不必要的混淆和误解。

首先，需要厘清的就是他人概念和他者概念之间的区别和联系。"他者"是一个本体论层面上的概念，因而它并不仅意味着"他人"，尽管"他人"是"他者"的最显明的体现者。"他人"作为一个独立的不同于"自我"的存在，只有在"他者"完成自身的前提下，才会真正地有它的地位。只有"他者"真正地建构起来，作为不同于自我的一个"他人"才是可能的，否则就只能存在"他我"而已。

其次，需要厘清的是他人概念和社会概念上的不同。尽管社会是由单个的个体所组成的，对于我而言，社会是由一个个的他人组成的，但是，社会毕竟是与他人不同的存在。他人是"有血有肉"的，他是具体的存在，而且，从某种程度来说，他人与我是息息相关的。社会尽管也是与我的关联体，但是，它并不是具体的，而是类似于把众多他人的共性抽取出来而构建起来的整体。他人也不是作为简单的社会的传导物而存在的，仿佛作为整体的社会的声音通过具体的他人作为途径来传导。因为，他人尽管有着某种的社会属性和功能，但是，他并不仅仅具有着社会的属性，更加具有个人的属性。当然，在社会属性和个人属性之间，孰先孰后，孰本孰末，并不是一个简单的问题，不过，在这里首要关注的还是他人的个体属性而并非社会属性。

因而，海德格尔的自我与他人的"共在"说才会招致许多人的不满，列维纳斯反对这个概念。因为，"共在"这个观念是一个过于"集团化"的观念，他人都被湮没在了集体的一致性之中，他人被集体凝结和抽象为了"常人"，并且这种集体的一致性是消极的，它对于此在的本真状态是种遮蔽，它是为了凸显此在的本真而需要去蔽的存在。他人需要展露出自己的独特的面孔，每一个面孔都是生动的、有力的、独特的，而不被湮没在集体的一致性中。在这个意义上来说，"共在"必须要成为具体的他人，他人必须要以他者为本体。

第 一 章
从唯我论的逃离与他人的出场

理解他人和他者现象，就需要理解这个哲学问题所产生的根源和背景。他者和他人问题在哲学史上由来已久，然而它在当今大行其道的根源，即在于它由之所叛逃而出的近代的认识论哲学。可以说，只有理解了理性在西方哲学史乃至西方人生存上的意义，才能够理解他人和他者何以成为一种突出的问题。理性主体曾经是人类顶礼膜拜的对象，用理智去阐发和照亮一切，曾经感动了无数理性之光的崇拜者。然而理性也是从平凡逐渐走到神圣的地位之中的，这条道路无疑也是不同寻常并耐人寻味的。从古希腊的理性之光到近代唯心主义的独占鳌头，理性精神逐渐渗透到人类思想的各个领域，并且成为衡量一切真理和价值的尺度。讽刺的是，理性的光辉景象在现代转眼成为过眼黄花，其自身的弊端和不足被抨击的体无完肤。在此过程之中，有许多赫赫有名的伟大思想家是有力的推手，比如强调生命意志的尼采，主张个体信仰的克尔凯郭尔等，在这些人当中，胡塞尔以及他所开创的现象学方法无疑具有着重要的意义，他以纯粹的科学精神为出发点把人的理性从至高的宝座上拉了下来，还原到纯粹的意识本身与生活世界之中。基于现象学的方法理论，胡塞尔逐渐发现有着他人的交互主体对于构建基础科学理论的重要性，他认为只有从交互主体性出发，才能够真正地实现对于世界的客观的理解。但是，由于唯我论的局限性，胡塞尔并没有实现对于他人独特而真实的内涵的揭示。因而，从对于他人和他者的概念揭示贡献来说，他的哲学必然是作为不成功的起点被人铭记。

从 20 世纪开始，哲学的基本形态和基本目标都发生了很大的改变和更新。在从黑格尔的阵营中"叛逃"出来之后，基本上可以分化为两大哲学思潮：科学哲学和人文哲学。科学哲学拒斥形而上学，将哲学中的形而上学倾向代之以实证性的经验科学，将抽象的理性逻辑代之以语言逻辑，从而把哲学从传统学科中的王位上推倒了，按照海德格尔的理解，哲学的地位被科学取而代之，并非是哲学地位的失落和消逝，而恰恰是哲学对于自身形而上学任务的完成。与此同时，人文主义哲学则力图突破工具理性传统对于人性的压制及认识论哲学对于世界的二元对立的僵化肢解，在人生、社会、语言、身体、艺术等领域都广泛地涉猎，这不仅突破了理性哲学的视域局限，更扩展了哲学思考的空间。

在这样的思潮转变过程中，对于他人的思考成为了一个非常重要的主题，也就是说，对于人文主义传统来说，如何建构起一个确实与自我不同的"他者"，对于整个人类社会和人性存在来说是非常迫切的任务。力图在哲学层面对这个问题作回答的早期人物就有胡塞尔，他的思想颇具代表性，显示了人类在思考他人问题上的思考路径所具有的幽明不定的状况。胡塞尔在走向他人的途中失去了方向，现象学的路径最终又把他带回了"自我"的起点那里。从这个意义上讲，他所走出的现象学的道路，并没有通达他人那里，这条他所走出的道路，也理应被废弃。然而，这条道路却有着它存在下去的价值，因为现象学方法成为了追问他人存在的不能够忽视的重要方法，许多有价值的洞见都由此而发现。因而，尽管他的唯我论的通向他人之路被废弃了，却又为后来者提供了前进的起点和方向。在考察胡塞尔的他者理论之前，可以回顾一下近代理性主体建构的过程及其特点，这样可以在对照中更好地理解他者理论的产生根源以及胡塞尔哲学的杰出贡献。

一　从理性中叛逃

理性曾经是崇高伟大的代名词，具有无上的荣光。自启蒙以降，理性在与宗教迷信思维的对抗中取得了大胜，并成为了高高在上的王者。康德，这个启蒙时代的伟大导师，曾经夸耀理性的荣光时候说，凡任何事物都需要经过理性的天平称一称，不然就无法评估它的价值。这等于在褒扬理性具有对于所有事物正确与否的裁决权和无上权威，而这曾经是上帝才具有的无上荣誉。然而，理性的荣光为何转而成为了"理性的狂妄"，理性这个昔日的王者为何从它的王座上跌落？这是由于理性在其发展过程中，逐渐暴露出它所具有的先天不足和缺陷，也逐渐暴露出理性所带来的现代性后果——当然是它的不良的方面，招致越来越多人的批判，进而造成了追本溯源式地对于理性主体自身的怀疑和批判，开始呼唤他者和交互主体的回归和重塑。

当然，对于理性这个概念，不应该"一棒子打死"式地不加分析地一概否定，现代哲学对于理性的反思批判也不是一味地除之而后快，而是对理性自身进行了细致地分析和判别。在理性及其现代性后果中，造成对于他人的遮蔽并积弊日深，应该受到批判的主要集中在两种理性，即实证理性和工具理性，而这两种理性无疑都根源于近代认识论的理性主体。

在这里首先分析科学理性的内涵及其后果。工具理性的内涵会在第五章有所陈述。科学理性在这里的所指主要是实证科学及其所代表的思维方式。理性在近代取得胜利的突出表征就是实证科学的全面渗透。实证科学当然奠基于一种理性的形而上学。不过，实证科学与形而上学不同，从某种意义上来说，科学与形而上学是格格不入的，尽管二者曾经有一段非常亲密的历史，但是，从近代开始，这两种学问逐渐地分道扬镳了。形而上学追问的是事物中最根本的终极原理，把自己追问的目标定位在"存在之为存在"的至高原理之上，而科学则满足于对于事物的经验性和实证性的逻辑分析，这样的思维无疑会习惯于对于事物表面现象的探求，而无意追问更深层次的依据和意义。从这个角度来说，科学自身所以能够成立的根据，这个问题很难成为实证科学追问的目标，尽管它恰恰是建立在一种形而上学理论的座架之中，但是它对此视而不见、日用而不疑。可以说，科学恰恰缺失了一种科学的精神，即对于自身的反思和怀疑精神。这就使得科学更像一个建立在沙滩上的辉煌大厦，风浪一来便会坍塌。

理性对于世界的征服是以科学技术及其所引领的机械用具为其先导的。现今的时代触目可及的都是实证科学的器物，科学已经战胜了形而上学成为了时代精神的带头人。这种引人注目的现象使得第一流的学者都要对其加以思考。科学对于人类世界整个的占领，需要有这样几个明显的标志，一、世界自身存在的科学化。整个的人类世界已经把自己的运作依托于科学，进而，不再对科学本身的运转的合法性产生质疑。世界自身在走向科学化，而任何对于科学的疑虑被视为极不科学，因为，如果存在那样的推手和基础，科学就成为了第二性的，它就失去了独一无二的立法者的地位。正如马克斯·舍勒所发现的，哲学在当代已经失去了其作为神学婢女的地位，却必然成为了科学的奴隶。二、人性存在的科学化。这意味着人不仅仅把自己理解为科学的对象，而且，更重要的是，人把自身的本质也理解为是实证科学的，他从自身的超越的主体理性出发最后使得自己成为了科学理性的奴隶。当然，他作为理性的主体地位在根本上并没有被剥夺，但是，他的超越性的主体地位已经被遮蔽起来，而科学的主宰地位则是显性的，不会受到挑战。基于这样两点，科学就完成对于整个世界存在的科学化进程。就如海德格尔所说："哲学之发展为独立的诸科学——而诸科学之间却又愈来愈显著地相互沟通起来——乃是哲学的合法的完成。哲学在现时代正在走向终结。它已经在社会的行动着的人类的科学方式中找到了它的位置。而这种科学方式的基本特征是它的控制论的亦即技术的特性。追问现代技术的需要大概正在渐渐地熄灭，与之同步的是，技术更加明确地铸造和操纵着世界整体的现象和人在其中的地位。"① 具体来说，科学对于世界的胜利的两个方面有这样一些内容：

首先，科学对于世界的统治地位，世界存在的科学化。在当代，科学不仅仅成为了一种认识方式和研究方式，更加重要的和根本的是，科学成为了事物存在的方式。在这个意义上，科学成为了

---

① 〔德〕海德格尔：《面向思的事情》，陈小文、孙周兴译，商务印书馆1999年版，第71页。

所有存在的基本的生存程式。科学无疑具有着实证性与实验性，但是其本质却根基在人的思维之中，更根基在人的存在之中。如海德格尔所说："我们今天称之为科学的东西的本质乃是研究（forschung），而研究的本质又何在呢？研究的本质在于：认识把自身作为程式（vorgehen）建立在某个存在者领域（自然或历史）中。'程式'在这里不单单指方法和程序；因为任何程式事先都需要一个它借以活动的敞开区域。而对这样一个区域的开启，恰恰就是研究的基本过程。由于在某个存在者领域中，譬如在自然中，自然事件的某种基本轮廓被筹划出来了，研究的基本过程也就完成了。"①然而，在当下的世界之中，事物自身已经被纳入现成的科学的生存程式之中，以至于任何想要摆脱此种程式的思维和行为都是稀奇古怪和离经叛道的。每一个存在都要经受科学的批判和审视，否则自身的存在就失去了立足的依据。科学对于人类生存的宰制已经无处不在。而其真正宰制的形成即在于人类已经失去了对于此宰制反思的能力，把它作为"天命"而接受下来。

　　科学对于世界的存在的全面渗透并不仅仅体现在器物层面，当然，它是非常突出的层面，同时，它也更加深刻地体现在每一个事物的生存方式上，科学的运作方式成为了所有自然物的"第二自然"。这种"第二自然"的实现，是以科学方法对于人类世界各领域的渗透和占领为其标志的，于是，它就不仅仅是器物层面表现为具体的事物，而是成为人们面对世界时候，所采取的基本的思维方式和处理方式。"科学识得获得知识的道路，并冠之以方法的称号。尤其是在现当代科学中，方法并不是一种为科学服务的单纯工具；而毋宁说，方法倒是使科学为它服务。尼采首先认识到此种情形及其全部意蕴，并且在下述笔记中加以阐发。这些笔记见于尼采的遗作，后以《强力意志》第 466 条和第 469 条公之于世。第一条说：'我们 19 世纪的标志并不是科学的胜利，而是科学的方法对于科学的胜利。'另一条开头写道：'最有价值的洞见最迟被发现；而最有价值的洞见乃是方法。'连尼采本人也是最迟才发现这

━━━━━━━━━━

① ［德］海德格尔：《林中路》，孙周兴译，上海译文出版社 1997 年版，第 74 页。

一关于方法与科学之关系的洞见的；也就是在他清醒生活的最后一年里，1888 年在杜灵，才获得了这一洞见。在科学中，论题是由方法来摆弄、提出的；不但如此，科学的论题也被设置入方法中，并且始终是服从于方法的。那种在今天肆虐着不知何去何从的科学的疯狂奔跑，乃来自方法及其可能性的推动，这种推动不断加强，愈来愈委身于技术了。方法拥有知识的一切暴力。论题乃是方法的组成部分之一。"① 在显性的器物世界的背后，有着科学的思维方式和科学的生存方式起着奠基性的作用，而这样的隐性的力量已经无所不在地渗透在世界之中，从而把所有的领域都纳入了科学的范围之中。

海德格尔对于现代科学技术的全面征服有着非常深刻的分析，他把科学方法对于所有的领域的渗透的方式表述为"筹划"，"通过筹划，通过对这种在程式之严格性中的筹划的保证，科学成了研究。但筹划和严格性唯在方法中才展开为它们所是的东西。这种方法标志着对研究来说本质性的第二个特性。"② 世界存在方式的科学化，即意味着科学自身的完成。科学对于自身的完成需要与事物的存在结合起来，这种结合是通过机械技术的实践应用来实现的。海德格尔认为，科学与技术具有很多的不同："科学乃是现代的根本现象之一。按地位而论，同样重要的现象是机械技术。但我们不能把机械技术曲解为现代数学自然科学的纯粹的实践应用。机械技术本身就是一种独立的实践变换，唯这种变换才要求应用数学自然科学。机械技术始终是现代技术之本质的迄今为止最为显眼的后代余孽，而现代技术之本质是与现代形而上学之本质相同一的。"③ 在世界存在科学化的意义上，科学理性完成了对于人类的全面控制。

但是，科学尽管取得了对于形而上学的完全的胜利，以至于海德格尔在一种悲观的态度中把此种现象说成是形而上学的终结，即

① ［德］海德格尔：《在通向语言的途中》，孙周兴译，商务印书馆1997 年版，第146 页。

② ［德］海德格尔：《林中路》，孙周兴译，上海译文出版社1997 年版，第76 页。

③ 同上书，第72 页。

哲学的终结。然而，科学仍旧运作于一种形而上学的基础上，仍然不能脱离开它由之而来的历史视域之中，这种理论的本体前提是不能够被否定的。正是在这个意义上，科学并不仅仅是经验意义上的科学，它的真理性的根据在于一种形而上学的历史传统之中。一个时代的真理都有着作为自身根据的形而上学基础："形而上学沉思存在者之本质并决定真理之本质。形而上学建立了一个时代，因为形而上学通过某种存在者阐释和某种真理观点赋予这个时代以其本质形态的基础。这个基础完全支配着构成这个时代的特色的所有现象。反过来，一种对这些现象的充分的沉思，可以在这些现象中认识形而上学的基础。"①

科学的真理性植根于哲学之中，并且是这种哲学传统的完成。从这个意义上说，科学的对于人类生存的全面占领，也就意味着从古希腊以来的哲学传统的实现和完成。这种完成并不是简单的理论意义上的，更重要的是，在人类生存实践的意义上的完成。海德格尔为科学的现代命运找到其形而上学的根源，然而，这样的一种自古希腊就已经存在的对于事物的基本生存的看法，在未来如何发展并发展成为什么样的形态，海德格尔对之讳莫如深，在他看来，在当今的时代还不能够预见未来科学发展的前景，因为我们甚至对于其中的萌芽都无从知晓。其实，科学之真已经在人类的实践之中和生存之中，而科学之发展也同样离不开人类整体的实践，以及对于它的持续的致思的过程。

其次，人类生存的科学化："求意志的意志。"意志哲学在现代哲学的起点，在尼采那里被全面地阐释出来；而其重要的哲学意义则是由海德格尔等人进一步发掘出来的。尼采意志哲学的意义，在于揭示出，科学的世界图景背后，所由以建构自身的形上基础和主体基础。这一揭示的基本内容就是，人已经彻底地理性化了，同时，此理性化的存在却是很吊诡地以非理性的意志存在为其基础。此非理性的基础已经处于一种被遮蔽的状态，但它持续地对于理性的科学世界提供基本的存在，而科学的理性自身却对它视而不见，

---

① ［德］海德格尔：《林中路》，孙周兴译，上海译文出版社 1997 年版，第 72 页。

干脆归之于非理性的不合理之列。而这种吊诡的无根基的自大的科学理性，已经被揭露为彻底的狂妄和疯狂，它必然要被更加合理的视域所覆盖。

科学对于自身的完成，是以人的存在的科学化为其前提的。而此前提的完成就是彻底实现科学理性对于自身的自主。这种自主的要求的实现就要以科学理性摆脱掉其形而上的基础来实现，因为曾经形而上学是作为各个学科的帝王而居于统治地位的，现在科学理性要实现自身的自主就要摆脱掉任何思维对于自己的统治和主宰，它要实现自身彻底的自由。科学理性在脱离开形上学基础的时候，也把形上学斥为神秘的、陈旧的、不合时宜的理论。

尽管在表面上，科学理性不再乞求形而上学对于它的基础性服务，但是，在实质上，科学理性依然受制于一种根本性的形而上学形态。这就是尼采所揭示的求意志的意志的形而上学。这种形而上学既为科学奠基，同时也有从内部消解科学理性的功能。这样的一种隐秘的形而上学的运动在笛卡尔的哲学中得到了近代特性的阐发，即世界被世界化为主体和客体，主体是表象的功能，而客体是劳作的对象。只有在笛卡尔的哲学里第一次出现了现代意义上的人。强力意志概念从笛卡尔的启蒙哲学已经开始，最终把它点题出来的是尼采的哲学。在他们的哲学之中，人成为了思维和计算的主体，这个主体依靠其思维具有无限的能动性的自由，海德格尔说，"求意志的意志迫使自己作为其显现的基本形式去计算和设置一切，而这只是为了达到对它自身的保障，一种可以无条件地继续的保障。"同时，"强力意志包含着计算性理性的无条件统治地位，而并不包含一种阴暗的生命麇集的瘴气和纷乱。"①

强力意志在人类的生存中具体化为思维和创造，即在真理和艺术领域成为了自身的立法者，在强力意志中所必然包含的为真理而真理和为艺术而艺术的观念，其实质只不过是为技术和创新的科学化的人类存在而设的。"求意志的意志把持存之保障（真理）和冲

---

① ［德］海德格尔：《演讲与论文集》，孙周兴译，生活·读书·新知三联书店2005年版，第81页。

动之可张扬性（艺术）设定为它的可能性条件。求意志的意志因此就把本身这个存在者设置为存在。在这种求意志的意志中，技术（存持之保障）和无条件的无沉思状态（体验）才达乎统治地位。"① 在强力意志中的真理和艺术的实质只不过是科学技术的代名词，与计算思维和技术控制同流合污沆瀣一气。"在强力意志这个概念中，两种构成性的'价值'（即真理与艺术）只不过是对'技术'和创造的重新表达；这里所谓'技术'乃是在作为功效的有所规划——有所计算的持存化这种本质意义上讲的，而所谓创造乃是那些'创造者'的创造，他们超越当下生命之外，带给生命一种新的刺激，并且使文化事业得到保障。"②

强力意志也取消了人类对于技术的反思能力，人被技术所同化。"从技术来理解，技术乃是合理性意识的最高形式；无沉思状态乃是对它自身锁闭的被设置起来的无能，即无能于进入一种与值得追问的东西的关联之中——这两者是共属一体的：它们是同一者。"③

基于以上的考察，求意志的意志就是人类自身的科学化存在的定型和完成，此种定型和完成是以人类和整个世界的科学化的同步完成为其特征的。"求意志的意志处于完成了的形而上学的世界之无历史性中。求意志的意志进而就在显现的基本形式中设置和计算自己。而这种显现的基本形式可以简明地叫作'技术'。在这里，'技术'这个名称包括一切存在者区域，它们总是预备着存在者整体：被对象化的自然、被推行的文化、被制作的政治和被越界建造起来的观念。也就是说，'技术'在这里并不是指机械制造和装备的孤立区域。机械制造和装备当然具有一种有待进一步规定的优势地位。这种优势地位建基于作为所谓的元素（而且首先是对象性的东西）的质料的优先地位中。"④

---

① ［德］海德格尔：《演讲与论文集》，孙周兴译，生活·读书·新知三联书店2005年版，第89页。

② 同上书，第82页。

③ 同上书，第89页。

④ 同上书，第80页。

尼采的求意志的意志的概念，揭示出了现代社会人类生存的科学化的哲学意蕴，表征出科学理性对于世界的全面占领。世界和人类都成为了科学化的存在，把它们一同摆置到了固定的科学的程式之中。而当科学完成了对于世界和人类的全方位的控制，则作为形而上学的哲学就失去了它的价值，因为，在世界和人类的存在之中，再也没有传统形而上学发问的存在形态了。"随着尼采的形而上学，哲学就完成了。这意思是说：哲学已经巡视了预先确定的种种可能性的范围。完成了的形而上学乃是全球性思想方式的基础；这种完成了的形而上学为一种也许会长期延续下去的地球秩序提供支架。这种秩序不再需要哲学。因为它就是以哲学为基础的。"①

在这两个根本的意义上，科学完成了对于世界的全面控制。科学的萌芽就孕育在古希腊哲学发展的起点中，哲学的发展在其开端就有着科学的可能性，而在今天这种可能性成为了现实。"是科学在由哲学开启出来的视界内的发展。科学之发展同时即科学从哲学那里分离出来和科学的独立性的建立。这一进程属于哲学之完成。这一进程的展开如今在一切存在者领域中正处于鼎盛。它看似哲学的纯粹解体，其实恰恰是哲学之完成。"②

哲学终结自身于一个极端的位置中，这个位置就是科学和技术的位置。"哲学之终结是这样一个位置，在那里哲学历史之整体把自身聚集到它的最极端的可能性中去了。作为完成的终结意味着这种聚集。"③ 具体来说，此种最极端的可能性就是一种对于科学技术的自然世界和可控制的社会秩序的科学化设置，并把这个设置与存在合一。"哲学之终结显示为一个科学技术世界以及相应于这个世界的社会秩序的可控制的设置的胜利。哲学之终结就意味着植根于西方—欧洲思维的世界文明之开端。"④

---

① ［德］海德格尔：《演讲与论文集》，孙周兴译，生活·读书·新知三联书店2005 年版，第 83 页。

② ［德］海德格尔：《面向思的事情》，陈小文、孙周兴译，商务印书馆 1999 年版，第 70 页。

③ 同上。

④ 同上书，第 72 页。

因而，科学对于人类世界统治的完成并不是形而上学的失败，而恰恰是形而上学对于自身的完成，也是形而上学自身的胜利。因为，在形而上学建立之初，就蕴含着科学思维的发端，并在当下释放出这种可能性。在这个意义上，科学方法对于世界的全面控制也是作为哲学的自我完成形式。"关于哲学之终结的谈论意味着什么？我们太容易在消极意义上把某物的终结了解为单纯的中止，理解为没有继续发展，甚或理解为颓败和无能。相反地，关于哲学之终结的谈论却意味着形而上学的完成。"① 哲学之终结，在海德格尔看来，即意味着科学思维方式对于人类生存的全面占领，科学已经成为人类生存的新的神话。从古希腊以来发展到现代科学的哲学传统，为科学之真确立根据的哲学传统，已经走到了它的极限，即极端的可能性之中。在这个意义上，哲学终结了，也同时完成了。人类已经不再可能沿着科学之路继续走下去，他需要新的可能性。这就是思的任务，同时也是新的哲学为自身的任务。在海德格尔看来，人在这条通往新的可能性的路上，同时，也在准备这条新路的过程中。

当人类和世界完成科学化存在之后，思维的任务已经不再把形而上学问题作为紧迫的任务来解决，因为它据以发问的生存性基础已经不复存在了。哲学在现时代似乎已经变得不可能，似乎人们在探讨哲学问题的时候只是在虚无的空气中交换空洞的字词。然而，思却是人的本性。只要人类生存，他就要去思考。而人类所能达到的最深的思考就是对于存在的追问，就是对于人类生存自身的追问。此种追问是不会完结的，只不过，人类会不断地转换提问的方式，以及历史地去面对自身的生存。于是，在传统的形而上学走到末路的时刻，在人类走到历史的转折点的时刻，人类之思就会在形而上学的存在之中开辟出一条新路。对此，海德格尔说："随着哲学的终结，并非思想也已经完蛋了，相反地，思想处于向另一个开

----

① ［德］海德格尔：《面向思的事情》，陈小文、孙周兴译，商务印书馆1999年版，第69页。

端的过渡之中。"① 无论海德格尔的预言是否确切，他还是恰当地描述了在现代哲学转折之中的基本状况，即科学的理性精神所造成的神话需要被认清并消解，而一条以胡塞尔和海德格尔本人所领导的现象学运动及其所开创的道路已然登上了思想的舞台，并熠熠生辉、影响深远。

二　跨越"理性主体"

（一）理性主体的建构过程

从启蒙时代开始，精神性的"我思"就成为了解释世界的终极原则和构建世界的最高本体。以笛卡尔开端，就建构起以"我思"为中心的主体。他首先用"怀疑一切"的方法确证了"我思"的绝对确证性，并把"我在"的确定性建立在"我思"的基础上，这也就是著名的"我思故我在"。在获得了这个绝对的"我思"之后，他又通过"上帝"概念作为中介来证明外部世界的存在。笛卡尔式的"我思"主体肯定了理性主体的权威，把"我思"作为世界存在的根据的同时，也把理性主体抬到了世界中心的位置。从笛卡尔开始，对于真理的探求方向不再是独断地面向客观世界，而是向内反思主体自身，并在"我思"的主观性中去探求世界和客观真理的真实意义。因而，笛卡尔开启了以意识的"自明性"为开端，在理性主体之中寻求真理的"唯我论"的道路，笛卡尔以"我思"为中心的哲学理念也为整个近代认识论哲学奠定了基础。经验论和唯理论哲学尽管在人类知识的真理性来源和确定性基础上具有着分歧，但是，它们都把具有认知能力的主体作为了知识的起点和归宿，作为科学知识和真理的确定性基础和评判标准，只不过一派强调认知能力中的经验性的感性方面；另一派强调认知能力中的先天的理性方面而已。

这种"向内"探求的研究方法在康德哲学中进一步得以发展。

① ［德］海德格尔：《面向思的事情》，陈小文、孙周兴译，商务印书馆1999年版，第75页。

在著名的"三大批判"中，在纯粹理性批判中，他把科学知识所以可能的基础放在主体所具有的感性和知性能力上，从而建立起现代意义上的认知主体；在实践理性批判中，通过基于实践理性的道德自律建立起现代意义上的道德主体；在判断力批判中，通过审美理性具有的先天原则建立起现代意义上的审美主体。而理性主体在康德哲学中，凭借着主体的认知和实践能力成为了世界的绝对的立法者。因为这样，哈贝马斯认为，康德哲学明确地反映了时代的本质特征，因为它确立了理性主体在现代世界这座思想大厦中的主人地位与权威。但是，康德哲学却具有着自身无法克服的矛盾，这是由于他把人的认知能力仅仅局限在现象界，而在现象界之外的物自体或自在之物，是人类所无法认知的。一旦人试图用理性去把握超越出现象界的物自体就会陷入到无可避免的二律背反之中。因而，理性主体只能作为现象界的立法者而局限在此岸世界，而身处彼岸世界的自在世界则是在理性主体之外。在康德之后，费希特和谢林都力图修复主体和客体，自在和自为之间的分离和对立，但最后的集大成者是黑格尔。黑格尔把理性提升为绝对理念，无论是人类的认知能力还是道德实践都包容在了绝对理念回归自身的环节之中，从而在真正的意义上完成了理性的绝对化和至上性原则，而这同时也是理性主体对于自身绝对化的完成。

（二）理性主体的完成及其特征

在近代认识论原则下，每个个体按照理性的原则来规定自身，认为只有在理性中才可以完成自我，于是，认识论的结果就是把每个自我变成了一个个本质上相同的"理性主体"。近代哲学认为，在理性的光辉之下人类可以成就光明的未来，因为理性照亮了整个未知的黑暗的世界，可以为整个人类带来光明和温暖，就如同柏拉图所比喻，把奴隶从黑暗的洞穴里拯救到阳光下面，进入到真实的世界当中。但是，理性主体在完成自身的同时，随着理性自身的绝对化，也形成了对于他人的压制和排斥。

第一，理性主体是确证而自明的。理性对于主体而言具有着真理性就是因为其为"自明"的，它就是当下向我显现的样子，没有其他。所以，因为理性的自明性和确证性，所以，理性所揭示的世界也就具有同样的明证性，在理性的关照之下，世界也变得透明，它就是理性所揭示的模样，没有其他。而在理性主体这样的自信的背后，我们发现它恰恰遗失了事情的真相，遗忘了在理性自明性背后的"他人"。

笛卡尔首先发现了"我思"的自明性，他认为只有从这个自明的"我思"出发才能为整体世界的存在提供坚实的基础。在他看来，"自我"尽管拥有广延性的身体，但在根本上并不是作为物质的经验之物而存在，而是作为精神性的先验的"我思"。并且整个世界的存在也不是作为我们常识所认为的独立于自我的存在，是作为我的经验来源的存在，是作为我的对于外部知识的来源的存在，相反地，"我思"是客观世界存在的本体和解释原则，客观世界是由"我思"来建立起来的。由于"我思"的自明性，那么世界的存在也是自明的。

在康德那里，世界是由理性的原则构建起来的，尽管存在着一个理性之外的"物自体"，但是在人类知性的范围之内，世界就是理性所勾画的样子，知性逻辑就是现象世界的逻辑。而在实践理性之中，人类就从理性所颁布的绝对命令出发，最终可以在历史理性的推动下，实现完美的理性所规划的"大同世界"。因而，康德认为，理性主体才是世界的真正立法者，世界的终极意义一定是可认识的和透明的。

黑格尔认为，在理性之中，所有的存在可以被理解，所有的存在最终都是与理性合一的。就像黑格尔所说的，凡是存在的都是合理的，或者说，凡是存在的都是合乎理性的。黑格尔说："一切问题的关键在于：不仅把真实的东西或真理理解和表述为实体，而且同样理解和表述为主体。"①"实体即主体"，实体就是理性主体自身，理性逻辑发展的整体性就是实体，它也是整个哲学所实现的绝对精神和绝对主体。真理的实现即是自我意识向自身的复归，即是理性精神向着自身的复归。因而，真理的发展就表现为一个圆圈，

----

① ［德］黑格尔：《精神现象学》，贺麟、王玖兴译，商务印书馆1979年版，第10页。

所达到的终点就是自身的起点，起点就是最后到达的终点，这个过程所实现的就是理性主体本身。黑格尔这样描述："实现了的目的或具体存在着的现实就是运动，就是展开了的形成过程；但恰恰这个运动就是'自身'，而它之所以与开端的那种直接性和单纯性是同一的，乃因它就是结果，就是返回于自身的东西；但返回于自身的东西恰恰就是'自身'，而'自身'就是自相关联的同一性和单纯性。"① 所以，我们看到，在黑格尔那里，作为主体的并不是经验性的心理意识，而是绝对的理性精神，整个历史和逻辑的发展就是精神分化自身最后又复归到自身的运动。马克思曾经深刻地指出："把实体了解为主体，了解为内部的过程，了解为绝对的人格，这种了解方式就是黑格尔方法的基本特征。"② 在《神圣家族》中，马克思把这种逻辑与历史在黑格尔哲学中的统一表述为："在黑格尔的体系中有三个因素：斯宾诺莎的实体，费希特的自我意识以及前两个因素在黑格尔那里的必然的矛盾的统一，即绝对精神。"③

于是，我们可以看到，在黑格尔这里，他明确地把现代性表述为主体性的原则，这是在笛卡尔那里就已经表现出来，但是在黑格尔这里集大成的观念。因为，只是在黑格尔这里，他明确地说明了，并且合乎逻辑地证明了实体即主体的原则，从而为精神在世界中的超越性地位作了哲学的申明。精神成了世界的内在动力和内在目的，世界历史就是精神自身分化自己，并向自身复归的运动，所以，精神成为了实际上的上帝。

第二，理性主体是自足的和完整的。近代认识论哲学认为，理性自身就可以完成自己的整体性，它是自足的和圆满的。理性不需要"他人"来对其进行修正和补充，它就是一个完满的绝对。以黑格尔为例，他认为，理性精神必然具有整体性，不需要借助其他

① ［德］黑格尔：《精神现象学》，贺麟、王玖兴译，商务印书馆 1979 年版，第13 页。

② ［德］马克思：《神圣家族》，载《马克思恩格斯全集》第 2 卷，人民出版社1979 年版，第 75 页。

③ 同上书，第 177 页。

的力量完成自身，因而是一个完满的存在。他说："真理就是它自己的完成过程，就是这样一个圆圈，预悬它的终点为目的并以它的终点为起点，而且只当它实现了并达到了它的终点它才是现实的。"① 理性真理是整体的，而且必然是整体的。自在的理性精神经历过整体性的环节，经过否定之否定的中介化过程，才能实现内容的丰富性，才会达到自在自为的绝对精神。黑格尔直接表明，"真理是全体。但全体只是通过自身发展而达于完满的那种本质。关于绝对，我们可以说，它本质上是个结果，它只有到终点才真正成为它之所以为它。"② 黑格尔认为，理性真理的形式必然是否定之否定，因为只有这样才会扬弃直观中的简单的直接性，而进入整体性的逻辑环节之中，才会进入绝对精神的进程之中。只有整体性的知识，即体系化的知识才是真实的知识，否则只能是空洞的原则和教条。

因为理性所具有的完满性，所以，理性主体必然地成为了独白的个体。理性主体对于真理的寻求，是在理性自身中完成的；真理的整体性诉求也在理性之中完成。所以，理性主体不需要也不可能在理性之外去寻求真理，真理就在理性的整体性之中。因而，理性自身规定自己，理性自己反省自己，它是自己与自己对话的绝对者，是世界的中心，因而它不需要质询他人。理性主体也在理性的完满性之中成为了独白的个体，他不可能也不需要在理性之外去寻求与"他异"的存在对话的可能性了。

第三，理性主体在理性的同一性原则中完成自身。理性的同一性原则就是把世界中的事物无一例外地理解为理性的，理性是世界建构自身的原则。因而，主体要用理性去规范世界上所有的事物，并在自然、社会和历史之中去完全贯彻理性原则。就如康德所说，人是世界的立法者，同时，人也是完美的理性世界的创造者。于是，理性抹平了所有的理性之外的"异常"，消除了所有理性之外

---

① ［德］黑格尔：《精神现象学》，贺麟、王玖兴译，商务印书馆 1979 年版，第 11 页。

② 同上书，第 12 页。

"他异"，世界在理性之中变得直白而透明。

这种理性同一性的典型描述是费希特的自我哲学。在费希特的哲学中，他人被表述为"非我"，当然非我的内涵不仅包含他人，而是范围更广的概念。在费希特那里，非我具有着双重的意义：一方面，它是自我的必要环节，是自我向自我复归的必要过程；另一方面，它仅仅是作为环节而存在，而不具有独立的性质。非我由自我所设定，并且被自我所克服。所以，他人之存在并不具有独立的地位，他人不是作为独立的实体而存在。在这一点上，费希特与康德有很大的不同。康德是基于认识论的考虑，而设定物自体。费希特首先是基于实践论的考虑，而把物自体在自由的自我的实践中消解掉。他得出这样的结论，是因为他不再如康德般把实践的自由世界与认识的自然世界相分离，而是把二者共同统一在实践的自由观念之中。绝对自由的自我是他的理论基石。所以，我们看到，费希特的绝对自我对于他人即"非我"的同一化原则体现为"自由"的概念，意志或自我不是事物中的一种，不单纯是因果链条中的一个环节，而是自我决定的活动。只有这活动是真正实在的，其余的一切都是死寂的被动的存在；这种活动是生活和心灵及知识和行为的本原，是人类全部经验世界的本原，是一切进步和文明的动力。而这个作为绝对自由的绝对自我就是理性主体，它是理论理性和实践理性的共同根源，也是整合世界的根本动力；也是世界作为自我设定自我、自我设定非我、自我重归自我的过程而展开，而作为非我的存在就是自我通向自我的必须克服的异化存在。

在黑格尔那里，他人是作为精神的异化形象而出现的。对他而言，他人作为精神的异化环节，是精神的自我异化，而这也并不是在消极意义上的异化，而是精神必然要经历的过程。精神必须经历异化的环节，而力图回复到开端那里，即自身那里，从而完成同一性的精神整体性。正是因为真理或精神所具有的这两个重要的性质，异化的他人具有双重的意义。一是作为精神的异化体。只是作为环节而存在的，所以，并不具有真理性。真理性是在整体那里，而中介性的他人是不断消失的环节，是被扬弃的环节，并不具有的独立的意义和价值，而必然会被吸纳到整体的作为结果的精神那里去。而这个整体的精神就是主体，所以，他人就是被消解在同一性的主体当中。二是作为中介的异化的存在具有科学的意义。因为作为整体的实体必然要经历诸环节来完成自身，中介化和异化，自我的非我化是必然要经历的环节，是整体性所不可缺少的。因而，他人对于主体精神的完成是必然的，不是可有可无的；精神必然要表现为他人，而他人必然要复归到同一性的整体中去。

第四，理性的认识论范畴具有着一种内在的二元论的思维模式，不仅自我与世界和自然处于对立之中，而且自我与他人之间也永远处在对立的状态中。西方近代认识论必然伴生着二元论，二元论即意味着从对立、差异或一分为二的知性角度去认识世界，在自我与他人之间有着不可弥合的距离。笛卡尔的我思原则把知识的确定性基础归结到主体这里，于是，关于客观世界的知识的真理性和确定性都需要在理性主体之中寻求。但是，以"我思"的自明性去建构客观世界的代价却是理性主体的自我扩张和自我膨胀，从而形成了对于客观世界、对于陌生的他人的紧张和对立。同时，由于"我思"的自明性和确定性，所以只有在理性主体这里才会有真理确定性的基础，因而，反思性的自我就把真理的世界限定在主体之内，理性主体成为了封闭在孤立世界中的自我，"作为'对其尊贵的惩罚'，认识论的主体被'永久监禁在它的自我之中'，被判定像'城堡中'的骑士那样去看世界。"① 于是，一个与他人相隔绝的封闭的理性自我就呼之欲出了。

康德的批判哲学是近代哲学的一次"哥白尼式的革命"，其意义在于把知识的真理性从客观对象身上转移到了主体理性之内。他用知性逻辑统摄感性现象而形成了关于现象界的科学认知，但是，认知主体对于世界的认识只能停留在现象界，而作为彼岸世界的物自体则处于与主体的分离和对立之中。所以，康德的批判哲学既建立起认知的理性主体，而形成了主体与客体，现象与本体，有限与无限等的二元对立，从而形成了理性主体与他人之间的隔绝和对

---

① ［美］多尔迈：《主体性的黄昏》，万俊人译，上海人民出版社 2004 年版，第 48 页。

立，造成了理性主体在封闭的现象世界之中的自言自语。尽管黑格尔力图把理性提升为绝对理念，从绝对理念出发去弥合主客之间的对立和矛盾，但是，由于他仍然陷入在辩证理性的思维之中，通过绝对理念来完成整体性的真理，所以仍然是在理性主体之中转圈圈，因而并不能从根本上解决在二元论的思维之中自我与他人的分离与对立，以及自我封闭的性质。

三 现象学的起点

涵盖宇宙、囊括天人的理性精神看似无往而不胜，却无奈地在自我的狂妄之中失落了。现代哲学对此加以反省，就要以一种新的哲学方法去理解世界和人的存在本身。如何拨开理性精神的设定或任何一种先入之见的云雾，而直接面对所考察的事物本身，是胡塞尔承接时代问题而对自己提出的明确任务。也正因为他接过了西方哲学的理性传统，并继续挖掘理性得以构成自身的根源，从而为人类精神找到无可置疑的牢靠基石，基于这样的努力，他所开创的现象学也为他者概念作出了奠基性的贡献。

为了直面事情本身，他提出了悬置的方法论原则。而这个方法，也为理解他人奠定了现代哲学的基石。同时，胡塞尔明确提出了建立与他人共在的生活世界的哲学任务。但是，以返归纯粹意识为其方法论原则的现象学，并不能够真正地建立起与自我不同的他人的存在。他人成为了唯我论的牺牲品。

（一） 对理性哲学的超越

胡塞尔哲学可以说继承了近代以来的唯理论的精神，认为世界所以可能的根据是在意识当中，所以向着主观内部反省为世界寻找确证而自明的起点。但是，胡塞尔的现象学的方法又超越了他的前辈，使得现象学的方法从传统的二元分立的模式中走出，从而转向了对于一元的"纯粹意识"的探索。

首先，胡塞尔现象学继承和超越了笛卡尔的"我思"哲学。

胡塞尔把他的哲学是作为纯粹而严格的科学来看待的，他认为只有在哲学中才真正地为人类的科学理性寻找到了自明而确证的起点。这个自明的起点也是笛卡尔所致力寻求的，所以，笛卡尔用普遍怀疑的方法，对于一切被当作没有疑问的，不证自明的感性经验和一切所谓的经验科学和思想的有效性提出质疑，而当一切都成为怀疑的对象之后，只有"我在怀疑"这件事是无可怀疑的，从而得出"我思"的明证性。笛卡尔的"我思"原则吹响了启蒙的号角，理性成为人类评判一切的基础，以至于未经理性加以检验的判断都是没有效力的，这对于中世纪以来的轻信和迷信风尚是一个沉重的打击。而"我思"原则在哲学上的意义，就是它为客观真理的求证找到了一个绝对"主观"的起点和根据。而这种回归到自明的内在"意识"的方法，在胡塞尔的现象学之中又具有了生命力。胡塞尔的现象学首先要做的就是对于这个自明而确证的起点的寻求和论证。他是通过"现象学还原"或"先验还原"来实现这一点的。胡塞尔把所有可怀疑的对象，如外在的客观世界，自我的存在，他人的存在等，一并"悬置"起来而置入括号中使其无效，最后，我们所剩下的就是"纯粹意识"。我可以怀疑意识之外的对象的存在，但是，我却不能否认意识本身的存在。因而，"纯粹意识"就成为严格科学的自明而确证的起点。

笛卡尔通过普遍怀疑来确定了"我思"的自明性，并通过意识与客观世界和身体等的分离，形成了他的二元分立和身心分离的方法论原则。胡塞尔的"纯粹意识"则比笛卡尔的"我思"彻底的多。胡塞尔认为，笛卡尔的根本不足在于并没有根本地贯彻怀疑的原则，而留有了未被怀疑的"尾巴"，作为主体"我思"中的"我"的观念以及如"内在""外在"等观念性的区分，都没有从意识领域中清除，所以，笛卡尔做的悬置工作是不彻底的。而胡塞尔则从"现象学还原"出发，经过"本质还原"和"先验还原"等重重过滤，最后沉淀出"先验意识"。它是非实体性的意识意向性自身，是一个绝对的自明性，因而它是绝对的未经分化的一元性。

笛卡尔对于客观世界的构建也并不是彻底，这是因为在"我思"和"世界"之间加入了"上帝"这个中介。客观世界的存在并不是由"我思"直接建立起来的，而是由"上帝"存在并且

"上帝不会骗人"这个前提而来的。而胡塞尔对于外部世界的证明则要困难得多，当然他的思路是完全要从绝对明证的"纯粹意识"出发来论证外部世界和他人的存在。所以，他的理论更加彻底。

其次，胡塞尔的现象学对于先验哲学的继承和批判。

胡塞尔哲学在寻找到了自明的"纯粹意识"或"先验意识"作为现象学的起点后，就开始对意识进行分析。他认为，意识最根本的结构是其意向性结构。这个概念是胡塞尔的老师布伦塔诺所阐发的核心概念，这个概念可以追溯至经院哲学的传统。这个概念所表达内涵是，意识总是关于某物的意识，总是指向某个对象。也就是说，我的经验不是内在的体验，而总是关于某物的体验。当我看月亮时，我就有关于月亮的意识。所有我的经验都可以这样来标志，即它们都是"关于某物的意识"。胡塞尔发现，意识在意向或指向对象的同时也赋予对象以意义，而这个意义并不是由对象自身客观地具有的，而是意向性所赋予的。所以，客观世界的意义要向内，向"内心"来寻找，回到作为世界起点的"纯粹意识"当中。这样的理论路径无疑似曾相识，是胡塞尔从康德那里得到的启发。现象学向着意识内部不断进发，可是说是对于康德"哥白尼式革命"的继承和发扬。康德哲学的批判哲学揭示了知性机能对于感性世界的整合和调配，揭示了理性能力是世界意义得以构成的最深刻的根据。胡塞尔的意向性理论无疑继承和发展了康德的这种"先验主观主义"。然而，康德的先验哲学所返还到的意识自身是纯形式的和纯抽象的，康德称为先验的，无论是感性直观所具有的空间和时间的形式，还是知性分析所必须的范畴表的形式，都无法为直观的充实和具体的存在作完美的描述。康德的纯粹理性所描述的是一个分裂的世界，而在这个分裂的世界中，孤悬着一个无法触及的物自体，需要另一个与纯粹理性相分裂的实践理性来加以弥合。而纯粹理性和实践理性之间的分裂，需要用合于目的论的审美理性来加以整合。康德并没有意识到，在认识论所蕴含的形式和内容之间、感性和理性之间的分裂，已经注定了他所理解的世界和自我的不可理解和不断分裂。所以，这里面隐含的问题就在于，一种纯形式和纯先验的认识论哲学是否具有着如康德所说的牢靠的基础？在直观和理性之间，到底存在着怎么样的内在关联？这些问题就需要进一步地发掘意识本身所具有的最基本的和最原初的结构。

胡塞尔基于对这些问题的思考批评了康德哲学的不彻底性。康德的对于纯粹理性批判始终无法跳出"物自体"对于主观的限制，胡塞尔认为，这就是康德哲学的不彻底性，没有把"物自体"从起点上就"悬置"起来，这是由于康德一开始就站在批判哲学的立场上，而没有把起点建立在先验的意识领域。因而，在纯粹理性批判中，他所追问的问题是，为什么科学是可能的？毫无疑问，科学的可证实性并不是胡塞尔现象学意义上的自明的起点。所以，康德哲学尽管正确地发现了意识在建构世界时的作用，但是，却没有为意识找到合适的基点。所以，胡塞尔认为，尽管康德先验哲学真正地建立起"科学的哲学"，但是，他还远没有完成对于科学的奠基任务。这是由于他的哲学并没有真正地深入到主体的内部，从而也不可能发现他自身的哲学就深深地植根于一个隐藏着的意识之上。而胡塞尔则要把康德哲学中的不彻底性推进一步，回到"先验哲学"真正的源头处，回到那个作为原初起源的"先验意识"中去。

总之，我们可以看到，胡塞尔的现象学是与近代哲学的发展一脉相承的，他的哲学作为严格科学的憧憬，他的对于哲学绝对自明起点的追寻，以及对于意识构建世界的自信和理想，都是近代理性哲学，尤其是德国唯心主义哲学的余音。但是，他把这样的原则贯彻到底，将包括物自体在内的一切"超越物"都作了先验的悬置，从而打捞起一个沉睡多年的"先验意识"，并以此为起点来构建严格科学的世界。但是，当把世界的起点安放到"先验意识"之中，把世界的意义都由"先验意识"来构建的时候，我们就会发现胡塞尔无可避免的陷入到"唯我论"的旋涡之中。后期的胡塞尔尽管发现了唯我论的危机，发现如果把"先验意识"作为世界确定性的自明基础，那么，唯我论的困难就不可避免，并立志要"寻找一条道路，从自我的内在性走向他人的超越性"，但是我们最终不幸地发现他只是在徒劳地原地兜圈子。

（二）现象学中的他人问题及唯我论中的他人

从以上的论述可以看到，胡塞尔的排除法远比笛卡尔的普遍怀疑更为彻底，中间不再有"上帝不会骗人"这样的假设和中介；同时，排除法也悬置了"物自体"的存在，因而也比康德的批判哲学更彻底。胡塞尔的哲学希望通过"现象学还原"或"先验还原"来实现"回到事物本身"的严格科学性的愿望，在他通过先验意识建构起先验自我之后，他接下来的问题就是：第一，我作为一个"先验自我"能否认识另一个主体，他也和我一样地具有意识？第二，我能否超出自我的意识范围，而达到他人的意识？前者是他人何以可能的问题；后者是如何理解和认识他人的问题。前者的理论诉求是从单子式的个体自我的"先验现象学"向他人的"生活世界现象学"进发，以突破"唯我论"的限制；而后者则是为了说明各主体之间的开放性、共通性和有效性，从而为人类的文化世界、社会现象共有领域提供客观的普遍的基础。它们是一而二，二而一的问题，都共同统属于先验现象学。

从胡塞尔的意识理论发展的过程来看，胡塞尔的先验还原要解决认识的可能性问题，它最初面对着的是主客关系问题，而由于他人的出现，意识之间的关系问题即他人意识问题逐渐突出起来。胡塞尔是在后期阶段中着手探讨他人问题，尤其是在其 1929 年撰写的《笛卡尔沉思》里详尽地处理了关于他人的问题，在这个时期他同时开始关注生活世界和历史理解等问题。胡塞尔论证他人的基础仍然是他的"先验现象学"，因而他人现象首先是在意识的意向性中呈显出来的。意识总是关于某物的意识，并且总是在构造着对象本身。意识本身并不是只具有感受性的功能，而总是在陌生领域中赋予陌生之物以意义。胡塞尔就运用他的意向性理论来论证他人的存在，以超越出先验自我的范围而进入到主体和其他主体所组成的社会领域之中。

胡塞尔把他人作为先验自我的意识对象来考察，在这条道路上，他运用类推的方法来建构他人的存在。他人问题要解决的是他人的认识论地位问题：他的"先验自我"必须摆脱唯我论，必须"寻找一条道路，从自我的内在性走向他人的超越性"。既然如此，胡塞尔就得说明同样作为内在性的他人如何向我的意识呈现，或者说我们如何形成对他人的认识。这里的关键问题是，他人作为意向性的对象并不是真正的他人，只有当他人成为了具有和我同样的意识能力的时候，他人才具有了真实的他人的意义。但是，从先验自我出发，我不可能直接地意识到他人的意识，或者说，他人的意识并不直接向我呈现出来，所以他人的意识必须要被我所意向到才能被我所意识到。而具有意识的他人，按照胡塞尔的看法，就是通过以身体为中介的类推法而达到的。

一般通常的类推法是把身体和意识作为不同的两个部分来类推的，就是说，当我发现一个身体类似于我的身体在行为的时候，我就通过类推的方式，把另一个身体也作为了意识的承载者，也具有着和我同样的内在的意识过程。这是一种从身体到意识的类推过程。但是，胡塞尔则认为，身体和意识在类推的过程中，并不是前后出现的，而是一同被揭示的，也就是说，意识行为必然伴随着身体的行为，意识过程就是身体的一部分。所以，当我发现一个类似于我的身体的物体的时候，也就意味着一个类似于我的意识的出现；一物体的身体性出现的时候，其余的必然会一同跟随，因为身体性总是包含着意识过程，意识是具体自我的一部分。这种类推是更加直接的类推，直接地跨过了在身体和意识之间的理论鸿沟。

胡塞尔与这种通常的类推法不同，首先，我发现自我是作为一个意识与身体的结合体而存在的。因为对于我而言，意向中的每一个对象都指向一个"意识"的存在，而这一意识和行为之流并不是毫无联系的，而是共同地指向同一个自我，或者说，共同地归属于同一个自我。这个自我是作为我的意识行为之所以可能的前提而存在的。然后，我发现自身不仅是这个客观世界归属于我，而且我的肉体也归属于它。同时，这个肉体是一个特殊的存在，因为它与其他的客观存在不同，它不会像其他具有广延的事物如桌子、房屋等，而是被亲密无间地联系在具体自我上面。因而，我发现自己是一个灵肉结合体。但是，在我的意识意向之中，他人仅把他的外在的身体性向我表现出来，而他的意识对我总是隐藏着的。我该如何来论证这个"身体"背后有着和我一样的意识呢？

接下来，胡塞尔通过一种类比似的知觉或"相似性统觉"或叫"结对联想"，我就可以发现一个具有着意识的他人的存在。具体的论证是这样的，由于我的躯体及其行为必然伴随着我的意识活动，因此我就联想到他人的躯体也必然伴随着他人自我的意识活动，这样，他人也同样地具有意识就得以成立了。也就是说，我通过发现他人的肉身同样地可以做我的肉体可以做得类似事情，而类推出具有相似肉体的物体也同样地具有着类似于我的意识活动。当然，这个他人的意识并不是作为经验事实而直接给出的，事实上，只是因为"所与的"陌生的物体是如此像我自己的肉体那样行事，所以我只是类推地把这陌生的物体看作为某个意识的肉体。接下来的问题就是，我是否可以从我的意识领域进入到他人的意识之中，进而达到与他人世界的共识？按胡塞尔自己的提法就是"作为我的周围世界的主体，作为体验着这个现象杂多性并且经验着它的客观世界的主体，我是否能够以原本的方式拥有另一个主体，或者说，拥有它的现象的杂多性、它的客观世界？"①

再下来，胡塞尔对于具有着意识的他人的类推也借用了莱布尼茨的单子论。他认为，就好像单子之间互为镜像，彼此包含一样，先验自我之间也就像单子之间一样相互映射、相互拥有，因此，既然能够推知他人先验自我的存在，又知道我的先验自我为何物，那么在自我和他人之间就必然存在着先定的和谐，他们可以类推地相似，并在本质上一致。"只有当两个主体在其发生方面处于一种'前定和谐'中，以至于每一个主体在自身中都有并必须构造出'陌生身体'，而且每一个主体都能够并必须将它们立义为陌生主体的身体，并且与此相一致，只有当事物显现的过程在两个主体中具有协调，这种协调使得相互的同感成为可能，只有这时，这一个主体的世界才同时也是另一个主体的世界，而另一个主体的世界也同时是这一主体的世界。"② 这个单子之间的世界就是主体间性的世界，它使得自我可以从单纯的"先验自我"中走出，迈向更广

① 《中国现象学与哲学评论》第一辑，上海译文出版社1995年版，第86—87页。
② 同上书，第88页。

阔的客观的由交互主体所构成的世界。

　　胡塞尔认为，主体间性是世界构成自身的条件，他人也是世界之为世界的前提。世界就是它所呈现出来的样子，不会更多也不会更少。他人不仅仅是我面对世界时所遇到的经验对象，而且也是世界构成自身的丰富性和统一性的必要条件，是完整的客观世界成型的重要环节。就好像我面对着桌子、椅子、墙壁等客观物的时候，他人也是作为和我同样的主体去面对着它们，因而我所面对的客观世界总是内在地包含着他人的意义，他人的意义成为构成客观世界的客观性的必要保证。而且，作为经验的自我和他人总是共同构成着世界，成为世界存在的一部分并和对象一起归属于现象学还原法之下，所以，他人对于构成一个先验的自我就是必须的。当把他人置入括号的时候，也就意味着同样地作为经验性的心理—物理的结合体，自我也一样要被置于括号当中，才为被怀疑的对象。因而，在经验的自我和他人之间，自我并没有任何的优先权，我的经验的自我和经验性的他人共同出现在世界上，共同地构成世界的存在。因而，对于胡塞尔而言，每个对象和其认识主体并不是主客单一的对立关系，而是呈现为无限多样的意义系统。这也就意味着，当我们认识世界的时候，世界不仅仅是单独为我所看到的样子，而且它也必然地内在地具有着其他的人所赋予的意义，主体间性是构成世界意义的必要成分。

　　因而，这个世界就不仅仅是一个为我而存在的世界，同时，这个世界也是为他而存在的世界，在这个世界上不只有我一个先验自我的主体，而且也有他人作为先验的自我而存在。这个世界也就是胡塞尔一直致力于揭示的生活世界。所以，我们意识世界的时候，并不能只是把世界仅仅作为自我的意识的对象，同时，我也应该意识到，这个世界也对于其他的意识而呈现。我对于世界的意识，就需要内在的蕴含有他人的意识，这样才会正确地反映世界的存在。他人内在地构成着自我观察世界的视角，这样的视角是单子式的自我所无法揭示的。这样胡塞尔就在现象学的意义上构建了主体间性的世界，主体间性把他人的视域一并纳入到主体的视域之中，而构成了更高一层的"意向性互相渗透"的意识领域。这个领域并不是后来添加到先验自我的视域之中的，而是构成了意识所以可能的原初视域，是所有视域和意识得以构成自身的基础。

（三）胡塞尔他人理论的不足与贡献

1. 胡塞尔对于他人论证的不足

胡塞尔对于他人的论证是以他的先验现象学为出发点的，以他人的身体为意向性的中介，通过结对联想而实现对于他人意识的论证。在他的论证的过程中，始终没有脱离"先验自我"的明证性，并且由先验自我的意向性来构建起来。所以，这就注定了胡塞尔的论证是唯我论的道路，注定了他不可能真正地建立起他人的存在，这个造成了他的现象学理论中的重大不足。

首先，胡塞尔对于他人的论证不能够走出自我学的框架，他所建构的他人并不是真实意义上的他人，而只是"他我"。胡塞尔的现象学研究把"纯粹意识"或"先验自我"作为起点和归结，就使得他不可能从他固有的纯粹意识领域真正地转向他人和交互主体的领域。胡塞尔首先悬置了他人的存在，然后又力图在意识之内重新把他找回来，绕来绕去都没有离开"先验自我"这个基点。就如胡塞尔所说，"我们必须充分地考虑到自我的绝对的唯一性以及它对于一切构成的中心地位"①。

这也就是说，虽然胡塞尔终其一生都在寻找着如何"从自我的内在性走向他人的超越性"，如何才能建构起他人意识，或者说一个具有同样意识的他人。但是，因为他不能够真正地抛开他的纯粹意识的领域，所以，他没有可能真正地摆脱唯我论的束缚。同时，意识所具有的意向性原则也是一种同一性的原则，他人所具有的意义和内容，都是由意识所赋予的，因而他人在胡塞尔这里并没有独立的意义，而是被意识所整合和统摄的"他我"而已。

其次，胡塞尔对于他人和交互主体的论证的基点，即纯粹意识或先验自我仍然没有脱离理性传统。胡塞尔的现象学所要寻求的就是那个绝对自明而确证的起点，并以这个起点出发去建立关于世界

---

① ［德］胡塞尔：《欧洲科学的危机与超越论的现象学》，王炳文译，商务印书馆2001年版，第226页。

的严格的科学。所以，他通过置入括号和先验悬置等方法获得了"纯粹意识"或"先验意识"本身，并以此来建立起他的现象学理论。尽管他的哲学有很大的突破，但是胡塞尔在这一点上仍然停留在德国唯心主义的传统中，即认为意识本身是透明的、唯一的和确证的。这就使得他没有能够从意识发现其自身所包含的他异性，从而失去了建立真实他人的机会。

再次，胡塞尔的现象学把自我揭示为孤独的主体，一个独白的意识。胡塞尔的纯粹意识是单子式的，并没有为他人的存在留下真正的空间，正如后来的研究者指出，"尽管有这一切的反向性保障，胡塞尔还是不能令人信服地说明，他人对于自我的建构是本质性的。他依然局限在笛卡尔的思想视界之内，其体系最终仍是一个封闭的单子系统，他人只能是我意向性的对象，而不能是别的什么，他人躲开了意向性；唯一的实在，那残剩之物，不过就是我的意向性而已。……因此，与胡塞尔相伴的唯我论的危险仍未排除，对话性的位置仍未达到，在此位置上他人对于自我将成为真正地构成性的。"① 这也决定了胡塞尔哲学必然会走向封闭的孤独的自我，这个自我不是开放的和对话的，而是封闭的和独白的。他强调内省，而不是对话。

最后，胡塞尔的现象学方法并没有超越出意识范畴，因而他不可能从实践的立场出发去理解他人，所以，他所建构的"他人"只是抽象的原则，脱离了具体的社会和历史，从而不可能是真实的他人。胡塞尔力图通过建构他人来实现对于"社会世界"，"文化世界"和"客观世界"的说明，但是他的这种努力由于其所具有的抽象性而注定是失败的。

所以，一种普遍的看法是，胡塞尔对于他人的建构是不成功的。这一点连胡塞尔本人都承认，"对'他人'这个现象所给予他带来的问题，他的解决是不能令人满意的。无论他怎样努力用'先验的单子共同体'的设想来消除人们对他一再所做的先验唯我

---

① 转引自金惠敏《从主体性到主体间性》，《陕西师范大学学报》2005 年第 1 期，第 57 页。

论的指责，他最后仍然没有根据他的笛卡尔前提达到这样一个目的，即：将本我与其他本我事实地、共同地并列在一起。"① 哈贝马斯说法更像是对胡塞尔盖棺定论，他说："胡塞尔本人（在《笛卡尔沉思》中）曾试图从自我的单子论成就中推演出主体之间的交互主体关系，这些主体在它们的视线的相互交叠中得以相互认识并且构成一个共同的世界视域，但这种尝试失败了。"②

2. 胡塞尔对于他人理论的贡献

但是胡塞尔对于他人理论的发展起到了一个承前启后的作用。虽然胡塞尔没有真正地确立起他人，但是，他的论证明显突破了近代哲学的理性范畴。理性哲学是自我同一的和自足的，客观世界的存在是以理性主体来确立起来的。在绝对理性的世界里没有他人、他人和他性的独立性，即便是黑格尔在《精神现象学》中描述过自我意识与他人意识之间的关系，但是其根本的主张还是："我就是我们，我们就是我。"近代哲学对于他人的总体态度就是认为其仅具有从属价值，只是在理性同一性中另一个我而已。胡塞尔的现象学的他人论证突破了这种理性的傲慢，所以，胡塞尔的理论尽管有破绽但还是有可取之处的。同时，在胡塞尔之后，哲学家们都力图消解掉他人理论的唯我论支点，从这点来说，他们都在向"他人"的道路上废弃了胡塞尔。但是，他们又发现了胡塞尔的现象学中对于意识理论研究，尤其是现象学方法所具有的巨大的理论潜能，使得胡塞尔的后来者受益匪浅。现象学在法国得到了发扬光大，以萨特和梅洛·庞蒂为首的现象学家，分别从"存在的意识"和"灵性的肉身"出发，揭示了他人的存在。海德格尔把现象学的方法引入到了形而上学的存在论之中，揭示了此在自身所具有的差异化存在，并以此论说与他人的"共在"。伽达默尔所创构的哲学解释学把语言作为了可理解世界的本体，从而在语言的层面论述了他人，而他自己也明确地表示，胡塞尔的现象学是他的理论源头

① 倪良康：《现象学及其效应》，生活·读书·新知三联书店 1994 年版，第 153—154 页。
② 同上书，第 152—153 页。

之一。哈贝马斯的交往理性理论的一个重要的理论来源就是胡塞尔的交互主体理论和生活世界理论，他以此为起点来建立起规范的交往理论范式。与此同时，现象学以及其所建构起来的"交互主体性"理论直接或间接地影响了语言分析学家维特根斯坦，使得他得以能够建立起语言哲学基础的理解观，并以此引导了英美语言哲学，尤其是日常语言哲学的发展。因而，我们可以看到，在现象学的道路上，胡塞尔又是一个伟大的起点。

第 二 章
他异化的本体论证明

　　胡塞尔在意识哲学的领域内对于他人问题展开了追问，然而他的追问仍然没有摆脱意识的内在性对于他异性的遮蔽。如何摆脱开意识的内在性的束缚，而进入到真正具有他异性的他人那里呢？如何才能够真正地建构起与理性自我不同的他人的存在呢？这就需要从本体论（ontology）角度对于自我的同一性和意识的内在性进行批评和消解，因为从本体论的角度可以为他异性找到超越的根本，从而脱离开意识的内在性和自我同一性的形而上学基础，这样也就为他人和他者的出场和澄明找到了形而上学基础。他异性的本体论论证会为理性存在的同一性做本体论上的终结，从而实现了意识内在性和自我同一性哲学的自我消解。他异性的本体论可以打破意识哲学所具有的连续性、整体性和一致性，从而为独立的他者的出场奠定了理论的基础。

　　在对他异性的本体进行说明的哲学家中，列维纳斯的观点非常具有代表性。列维纳斯用"原初差异"的概念来表述他异性的本体论。"原初"就意味着这种差异是不可还原的，非反思的，逻辑上在先的。因为这种差异在根本上决定了存在，所以这也是一种形而上学的差异。也就是说，在列维纳斯的哲学中，存在自身就在不断的断裂和差异中，绝对的自我同一是不存在的。从原初差异的概念出发，列维纳斯把他人理解为先在的、不可还原为自我的、绝对的他者。

　　从他异性的本体论角度来看，近代哲学所构建的理性自我是一个虚构，因为不存在像笛卡尔所说的那个自足的自明的纯粹的内在意识，相反的是，"我思"也好，理性也好，都是被构成的，都在这种"原初差异"中被构成。从这种形而上的"原初差异"出发，列维纳斯认为，自我与他人的之间即存在着原初的差异和间距（或异质性），所以，我与他人不能够在一起，而只能够有距离地相邻。同时，他人与自我的差异性是不可消除的，是原初的。我并不是在世界之中和他人相照面的，我与他人的相遇是先于任何其他与世界的关联的。

一　在"死亡"中揭示的他异性

在对于他异性本体的论证中，"死亡"成为了具有突出内蕴的现象。"死亡"从其根本的意义上来说，无法对象化，无法理性化，具有绝对的超越性。同时，这种绝对的超越性并不是外在的，而是内在于每一个生存的个体之中的。它就是每一个个体。海德格尔和列维纳斯对于"死亡"对于生存的意义给予了特别的关注，并把其提升到本体的高度。在对于此在的整体性追问中，海德格尔首先发现了"死亡"在此问题上的独特意义。在他之后，列维纳斯更进一步说明了死亡现象对于他异和他者概念的奠基性地位。

在海德格尔那里已经发现，死亡是此在在生存论上最根本的现象，在此在的生存中死亡揭示了此在的最本己的整体性。此在的本真性和整体性只有在死亡之中才能完成。此在完成了自身也就意味着它终止了与他人的共在。但是，此在在完成自己的同时，也就意味着它停止其为此在。而这也就意味着，此在的整体性是永不可能完成的，尽管死亡是他当下的整体现身的可能性。因而，在此在的"向死而生"的生存论状态中，此在永远地残缺着，而在这种残缺中，一种他异性的本体论建构起来了。因为，一种完整的存在是并不存在的，人的存在永远不可能是一个整体，可以把自己的生存完全地整合进来，而是永远地开放着面对着自己的残缺的一面，即死亡的一面。无法实现自身的整体性对于人并非是一种缺憾，而恰恰意味着人作为能在，具有无限的开放性。这种对于"死亡"意蕴的理解，在列维纳斯那里得到了更充分的说明。人之生存本体的他异性也就意味着同一性本体的失效和消解，意味着理性整体性的破产，而同时说明了共在状态是此在的在世结构，在此在的在世结构中内在地蕴含着一个无法充分理解的他者。

第一，死亡现象揭示了此在的最本己的存在，对于此存在之了解并非是通过理性的计算和外在的直观可以获得的。首先，我们不能亲身经历他人的死亡，尽管我们可以看到和听闻某个人的死。在他人的死之中，我们所感受到的只是活着的人对于死者逝去的关于"丧失"的体验，所以，海德格尔认为，无论是在葬礼、病理解剖、悼念等与他人的死有关的行为中，我们不可能体验到他人的死亡。就如海德格尔所说："我们并不在本然的意义上经历他人的死亡过程，我们最多也总不过是'在傍'。"① 与他人的死相关的另一个现象是为他人赴死，但是这种现象也不能够从他人那里把死亡带走一分一毫，他人也不能把我的死带走一分一毫。所以，在死亡中，此在揭露了自己最本己最本真的存在，因为，此在的死亡不可能是别人的死亡，共在的他人也不可能分担我的死亡，此在的死亡只能由此在自身来承担。所以，在死亡之中，此在与最本己的自我照面，海德格尔说，"只要死亡'存在'，它依其本质就向来是我自己的死亡。死亡确乎意味着一种独特的存在之可能性：在死亡中，关键完完全全就是向来是自己的此在的存在。死显现出：死亡在存在论上是由向我属性与生存组建起来的。死不是一个事件，而是一种须从生存论上加以领会的现象……"②

第二，死亡是每一个个体最本己的现象，而此现象是作为无法终结之终结、无法整体之整体而存在的，"死亡"把自我揭示为超越性的能在。"只要此在存在，在此在中就有某种它所能是、所将是的东西悬欠着。而'终结'本身就属这一悬欠。在世的'终结'就是死亡。"③ 同时，这也就是前面所说的，作为揭示此在整体结构的"畏"的现身情态的根源，畏之所畏者就是"死"所揭示的

① ［德］海德格尔：《存在与时间》，陈嘉映、王庆节译，生活·读书·新知三联书店1987年版，第287页。
② 同上书，第288—289页。
③ 同上书，第281页。

此在的整体。

　　死亡揭示了此在的最本己的整体性，但是，当此在已经完结自身，此在走到了自己的终点，它作为一个存在者已经不再有任何先在和悬欠的东西，那么，同时也就意味着它也就不再是此在了。随着此在完成其整体性的存在，正好在其完成的那一刻，此在成为了不在此的东西，"它的整体性恰好使之消失"①。或者说，"此在在死亡中达到整全的同时就是丧失了此之在。"② 所以，海德格尔认为："我们在根本上就永远也不可能把作为整体的此在强行纳入整体的范围。"③ 所以，按照此在的死亡所揭示的内涵，死永远不可能是此在的属性，是此在所不可体验的终结点。因而，从这点来看，此在之整体性是无法完成自身的，它总是在悬欠着生存。而这种悬欠着的生存在生产论上的积极意义就是把此在揭示为"向死亡存在"。海德格尔说道："但按照此在的方式，死亡只在一种生存状态上的向死亡存在之中才存在。这一存在的生存论结构表明自身为能整体存在的存在论机制。整体的生存着的此在从而可以被带入生存论的先行具有。"④ 而"向死亡存在"这种生存论结构即意味着此在是永不完结的，永远悬欠着的，但是，同时也意味着此在也总在完结着自己，永远处在最本己的能在中，"正如只要此在存在，它倒始终就已经是它的尚未，它同样也总已经是它的终结。死亡所意指的结束意味着的不是此在的存在到头，而是这一存在者的一种向终结的存在。死亡是一种此在刚一存在就承担起来的去存在的方式。"⑤

　　从以上可以看到，此在在根本上是"向死亡的存在"。"向死亡存在"有双重的含义，一方面，意味着死亡是此在最本己的可能性，此在一向向着这种可能性来筹划自身；另一方面，意味着死

---

　　① ［德］海德格尔：《时间概念史导论》，欧东明译，商务印书馆 2009 年版，第 431 页。

　　② ［德］海德格尔：《存在与时间》，陈嘉映、王庆节译，生活·读书·新知三联书店 1987 年版，第 273 页。

　　③ 同上书，第 431 页。

　　④ 同上书，第 281 页。

　　⑤ 同上书，第 294 页。

亡是此在无法跨越的界限，是此在无法体验的临界。海德格尔对于死亡现象总结说："死作为此在的终结乃是此在最本己的、无所关联的、确知的、而作为其本身则不确定的、不可逾越的可能性。死，作为此在的终结存在，存在在这一存在者向其终结的存在之中。"① 所以，向死亡存在并不是指实现死亡，也不是指此在的终结状态，而是指此在的先行的本真能在的可能性。日常的沉沦的此在遗忘并逃避了自己的这种可能性，尽管它一直都在这种可能性之中。可是，本真的向死亡存在则把这种可能性拿到自己的本己的存在中，并把自己本身向着它的极端的可能性展开自身。这样的话，此在也就在自己本己的存在中领会了自己的本身，理解了自己的生存。

向死而生的此在整体结构与他异性之间是什么关系呢？正是在此在的向死而生的结构中，揭示了此在本身的他异性的存在。而此在自身所具有的绝对的超越性和无限的开放性则为与我不同之他人的出场奠定了本体论的基础。因为，在这样的先行的能在最切己的领会中，此在总是在这种可能性中脱离了沉沦的日常状态，脱离了常人，"能够先行着总是已经脱离常人"。这是此在向死亡存在的结构中，为自己的本真的能力制定的方向。但是，正是这种"脱离"常人的现象揭示了在向死亡存在的此在中，它总是已经在先地丧失自身在沉沦的世界之中了。"领会这种'能够'，却才揭露出，此在实际上已丧失在常人自己的日常生活中了。"② 在此在的"向死存在"的结构中，此在总是有着常人的面貌而与他人共在，因为，死亡的界限是此在所无法逾越的。所以，死亡并不能揭示此在的个别性，自我也不能够在死亡之中完成，在"向死而生"的此在中永远都有着他人的在先的结构。而向死亡而生的此在对于自己的死亡所能做的，就并不是沉迷在自己个别化的死亡幻影里，而是真正地从"向死而生"的整体性结构中去把握与他人的共在，

---

① ［德］海德格尔：《存在与时间》，陈嘉映、王庆节译，生活·读书·新知三联书店1987年版，第297页。

② 同上书，第302页。

这样，才能够真正地积极地把握到此在的个别性和本真性。在向死而生的结构中，一种绝对的唯我论是不存在的。

对于死亡现象对于他人存在的揭示作用，海德格尔总结说，"先行向此在揭露出丧失在常人自己中的情况，并把此在带到主要不依靠繁忙烦神而是去作为此在自己存在的可能性之前，而这个自己却就在热情的，解脱了常人的幻想的、实际的、确知它自己而又畏着的向死亡的自由之中。"①

列维纳斯进一步推进了海德格尔对于死亡的看法，并由之论证他异现象的存在及他者的存在。海德格尔在《存在与时间》中认为，"死亡"是"此在"必须背负的必然性，死是最切己的事件，没有人可以代人受死。当然，可以有某人"为他人去受死"。但是，那只是说"在某一确定的事情上"为他者牺牲自我，而并不意味着死亡可以代领。死是每一此在自身于某一时刻所必须承担的事情。就其本质而言，死在每一例中都是属我的，因为它毕竟"是"死。海德格尔认为，死是真正地把此在的整体性揭示出来的方式，死是此在成为其自身最本己的可能性，一旦死亡来临，也就意味着此在的整体性的完成，也同时意味着此在停止其为"此在"。但是，无论如何，海德格尔仍然把死亡作为此在可以亲自体验的现象提出来，死亡现象使得此在真正地回复到自身，并完成了自身。

列维纳斯反对再现性的死，他认为死亡并不是可以体验到的生命形态，死亡在其本然的意义上从来是不可知的，从来都是远离具体经验的。"死亡"超越出意识的框架之外，也不是理性可以把握的对象，死亡甚至不是我的生命的一部分，而是在我的生命之外，在我的"此在"之外，不可感知，无法琢磨。尽管如此，"死亡"却又近在眼前，因为死亡的可能性是属我的，此在时刻都可以感受到死亡对于生命整体的驱迫，尤其是在弥留之际，那种对于生命整体的感悟更加明显。对于死亡，我所能承担的责任就是这个向死而

---

① ［德］海德格尔：《存在与时间》，陈嘉映、王庆节译，生活·读书·新知三联书店1999年版，第319页。

生的生命本身，这个欲完而未完的"在此"。如果说之前所论及的胡塞尔的"主体间性"和梅洛·庞蒂的"肉身"仍停留在主体和自我之内，那么，"死"则完全是一个他异的世界，是一个使得"主体丧失其作为主体的宰制权"的世界；所以，我们看到，列维纳斯通过死来揭示一个绝对的他者，一个完全在理性之外的他者。死亡是自我所无法体验，无法理解的绝对的存在，一旦我们面对着它的时候，一个自足的、同一的自我主体就成为了虚幻的图景，"死是我们筹划的不可能性。这一对死的研究指明，我们所碰到的是一个为绝对之他者的东西，一个承载他异的东西，它不是作为一个暂时的限定，我们通过享受就可以化解它，而是一个其真正的存在就是由他异所构成的东西。我的孤独由此不是被死所证实，而是被它所打破。"①

死亡现象之所以可以为绝对他者出场指示出路，是因为"死"突破了自我和主体自足的生命体，"死"也宣告了一个绝对的他异的世界的来临。列维纳斯在描述他者的绝对他异性时说："他者决非另一个自我，参与我、与我共在。与他者的关系不是一个田园牧歌式的、和和美美的交往或同情关系，借此同情我们处身于他者的位置；我们看到他者与我们相似，但又是外于我们的；与他者的关系就是与一个秘密的关系。他者的全部存在都是由其外在性，或者无如说，由其他异性所构成，因为外在性乃空间之属性，借着光它将主体引向主体自身。"② 列维纳斯在此强调的是，死亡的不可知、不可还原和绝对的他异，展示了他者的绝对的不可知和绝对的他异性。他者超越出了传统二元论的对立框架，也不在理性同一性之中，它是理性所不可把握、不可认识的神秘之物，它是绝对的和无限的他者。

通过死亡现象可以揭示出，他人是一个绝对的无限的他者，一个"超越理论和本体论的他者"，它在理性的同一性之外，超越出了二元对立的认识模式，因而，它似乎不可言说、不可企及，是一

---

① 转引自金惠敏：《无限的他者》，《外国文学》2003 年第 3 期，第 49 页。
② 同上书，第 50 页。

个摸不到的秘密和玄冥，是一个康德哲学意义上的不可知的自在之物。

二　在此在的时间性中揭示他人

时间是人类生存的最基本现象。在时间的结构中，内在包含着过去、现在和将来三个维度。这三个维度处于怎样的关系之中？这三个维度所共同构成的时间整体是怎样的存在？如果时间是可以被理性所规划的对象，那么，作为人之生存的最基本现象也就成为了可同一化的对象，于是，他者的存在就成为了历史时间中的一环，也就取消了独立性和超越性的他者，所以，时间的存在性质就成为了与他者之存在生死攸关的大事。对于他异性的本体论论证也必然无法绕开对于时间概念的分析和阐明。

首先，时间并不是直观的先验形式，也不是理性可以计算的时间，而是具有深刻的生存论内涵，是此在最本己的规定性。在理性的时间观念下，时间是作为感性确定性的形式而被规定的，也就是说，它是作为这时或现在而现身的。任何具体的事物都具有着属己的时间和空间的形式，作为对于每一具体事物的直观规定。当然，黑格尔是以一种否定的方式来强调这一点的，并把时间中的"这时"所具有的感性确定性上升为普遍性，然而，黑格尔所说的对于"这时"的理解，依然没有离开认识论的基础，即把"这时"理解为一种感性确定性的表达。黑格尔在《精神现象学》中说道，"我们指出'这时（或现在）'，这一个这时。这时，当它一经被指出时，它已经停止其为这时了。而正存在着的这时已经不是我们所指出过的这时了，并且我们看见，这时恰恰是这样一种东西，当它存在时，它已经不复存在了。指出给我们的那个这时已经是一个过去了的东西，而过去就是这时的真理；这是没有存在的真理性。不错，这时诚然曾经存在过。但是，凡是曾经存在过的东西，事实上都不是真实的；它已不存在了，而我们原来的问题是要找寻存在。"① 黑格尔深刻地揭示了感性确定性所具有的自我否定性，并且在自我否定之中使得自身上升而成为普遍性的概念，而只有在具有普遍性的理性的概念中，"现在"才能够获得真实的理解。但是，在这样的对于时间的分析中，时间仍是被放置在理性的概念范畴之中加以考量的，尽管此理性是一种综合式的辩证理性。在此种辩证理性的观照之下，时间所具有的他异性是无法得到阐发和释放的。时间所具有的超越性在得到理性的批准之后，又接着被吸纳进了理性的整体性之中。

与黑格尔的时间概念不同，海德格尔从生存论的角度把时间所具有的"在世"的意蕴揭示了出来。生存论的时间是原初的和本源的，可以为所有的流行的时间观念奠基。在流行的时间观念中，时间是可以计量的点，是可以被直观到的形式，如此等等。然而，生存论的时间并不是日常中我们可以计量到的时间，而是与此在的生存具有本质性的关联。海德格尔把时间与生存论上的"良知"和"决心"联系起来。"良知"即是此在向着本己的能在，就是此在选择它自己，而不是让自己沉沦在被抛的世界之中。此在的向着本己的能在，就是此在的向着本真的自己复归，因而，此种向着本己能在被海德格尔成为良知。与"良知"现象一体两面的是"罪责"。"罪责"就是此在的向着被抛世界的沉沦的能在，并且往往具有"想要罪责"的冲动，也就是从本真的存在中逃离，逃离到与世无争的平均状态之中。因而，"良知"即意味着背负着罪责，而向着最本己的能在筹划自身。同时也意味着，此在本身就是负罪的，它总是沉沦着的，"选择此在本身所秉有的本质上的负罪存在只要此在存在，它就是负罪的。"② 而我"决心"要背负其自己的罪责而听从"良知"的召唤。

正是在生存论意义上的"负罪"和"决心"的现象中，时间呈露出来。离开了最基本和最原初的"良知"和"决心"，那么大

---

① ［德］黑格尔：《精神现象学》，贺麟译，商务印书馆1997年版，第69页。

② ［德］海德格尔：《时间概念史导论》，欧东明译，商务印书馆2009年版，第447页。

众们所习以为常的"时间"就不会在人类社会中出场。在"时间"原初的充实之中，必然具有着生存论意义上的原初赋予。"决心"与"良知"是如何被赋予到"时间"之中呢？生存论的"决心"所要实现的是本己的此在，而这个此在早已作为先行于自我的能在而存在了。这个先行于自身的存在就是在"决心"现象中所力图背负和消除掉的"罪责"，这个罪责的存在就是作为"最本己的曾在之存在"，即作为时间中的过去的一维。同时，此在之决心要寻获的也就是这个"先行于自身"的曾在本身，也就是说，此在之曾在就是此在的将来，而这个将来就是此在的"我之所曾在"。因而，"此在本真地从将来而是曾在。"① 此在的决心回到最本己的可能性就是回到最本己的曾在来。只有当此在可以是将来的，此在才有可能是过去的。而现在就是作为把过去和将来统一起来的时间性，这是由"决心"把此在带到当下的"此"中而完成的。所以，时间性是此在的最根本的可能性，只有时间性才把此在揭示为先行自身的可能性。所以，海德格尔认为，并不是时间存在着，而是此在绽放于时间之中，时间"到时"。

其次，时间的自我分离和断裂，揭示了此在自身所具有的他异性的存在。通过海德格尔对于时间性的分析，我们可以看到，此在本身即是一个时间性的存在，它本身就在自我断裂和分离中，在其内在的结构之中就由曾在与将在来构成，并由二者的统一构成当下。时间永远不可能"在此"，它总是自我分裂的，未完成的，"出离自身"的。所以，海德格尔形象地把时间的来临称为"绽出"，"时间性本质即是在诸种绽出的统一中到时"②。在时间的断裂和分离处，就是"此在"当下的断裂和分离。在这个断裂分离的地带，现在作为曾在和将在出场。在曾在和将在之中，在"先于自身存在"的结构之中，现在同样是此在不能摆脱的"曾在"与"将来"。因而，每一个当下的此在，都不是作为孤立的"自

---

① ［德］海德格尔：《存在与时间》，陈嘉映、王庆节译，生活·读书·新知三联书店1987年版，第371页。

② 同上书，第375页。

我"而在，而是在根本上与超越的他者共在。这就是因为，作为构建绝对自我的当下都是自我分离的，分离成过去和将来，所以，构成绝对整体性自我的时间维度是自我解构的和虚幻的，这样也就从根本上取消了绝对的自我的可能性。当然，在海德格尔对于时间的分析中，仍然存在着通过"决心"和"良知"把自我分离的时间加以整合的可能性，也就是说，在海德格尔把时间的三个维度的展开都与本真的此在相关联的时候，他就预设了一个整体性和绝对化的"良知"概念，而这个概念在暗地里又把从时间性中所赢获的他者抛弃掉了。因为从这样的"决心"的本己的此在中，所释放出的就并不是在时间中超越的他者，而是重新回归到整体性的自我架构中。

海德格尔从生存论的角度，对于此在的根本性规定"烦""死亡"和"时间性"等概念都进行了充分的考量。可以看到，在时间性之中即存在着本体的自我分离和断裂，从而可以说，此在的存在并不是一个封闭的完满的自我，而是一个断裂的分离的自我分化的过程。自我到场的时间突破了理性所规划的单一性的时间概念框架，而时间性的此在也就具有了超越的他异性的维度。

差异化的时间性即意味着不连续和根本的断裂，意味着对于"绵延"性时间的否定。在列维纳斯看来，每一个"当下"的时刻都不是从前一个"时刻"开始的，而是从"自身"之中开始，这就意味着"内在差异"是时间得以创生的原初起源，因而，在时间中就内在地包含有"当下"（在场的维度）和"不在场"的"外部"的维度。而这对于"当下"自身的否定维度，就是来自"他者"。所以，从根本上说，时间是由自我和他者两个维度共同构成的，它们形成了原初的时间的差异和流动，在时间之中，他者是外在于自我的时刻的，同时，它也不可能是一个给予思考的对象。所以，时间即意味着超越性，即超越存在、超越自身而走向他者，他说道，"时间不是孤立和单独的主体的事实，它乃是主体与他人的关系本身"①。于是，自我不再是孤独的自我，在根本上自我是超

---

① 转引自孙向晨：《面对他者》，上海三联书店 2008 年版，第 92 页。

越出自身而面向他人的，这就意味着对他人负责，对他人公正。

最后，时间的他异性存在揭示了本体论上的他者的存在，而本体论上的他者的存在则使得现实的他人与我照面。海德格尔从生存论的角度所揭示的此在具有这样的根本形态，即它总是在向本真的能在复归，此本真的能在具有着先行于自身的结构，此种先行于自身也就是此在在"决心"和"良知"概念里所揭示的时间性结构。它们之间是一而二、二而一的关系。可是此在在被抛的状态之中，则有着沦为常人并失去本真的倾向，甚至这种倾向关联着此在生存的本质。正因为海德格尔预设了此在向着本真状态的复归，他才特别强调了"决心"概念在构建本己能在的关键性地位，因为，"决心"所要寻求的正是本真的此在，而通过"决心"所要逃离的也就是那个在先的被抛的在世本身。从中可以看到，尽管是以一种弃绝的方式，但是在"决心"的概念中，必然地蕴含着沉沦的共在结构，因为它所要弃绝的恰恰就是沉沦的共在，而这就注定了与他人的杂然共在是此在本己能在的内在结构。只要此在不在时间之中停止其为先于自身的存在，它就不能不与他人共在。尽管这样的杂然共在在海德格尔看来只具有消极的和否定的意义和价值，因为向本真的能在复归必然要拒斥这种与他人共在的沉沦，这一点也是海德格尔的他人理论颇有争议之处。综上可见，与他人的共在是对于此在的限定，是它的如影随形的结构。此在的身份中内在地包含着他人在其中，这也是此在的时间性所决定的。

海德格尔通过对于"此在"时间性的分析，雄辩地证明了此在当下性所具有的内在的分化和断裂，这也就说明了他人并不是此在可有可无的对象，而是在此在内部绽出的存在。他人的存在为理性同一性造成了摧毁性的打击，因为存在论的断裂和差异是理性所无法弥合的；相反，只有在存在论断裂的基础之上，作为同一的理性才可能存在。在我们的理性的同一世界之外，总有歧出，总有差异，总有不足，即总有他人，这是由存在本身所决定的。所以，海德格尔的存在论从根本上论证了他人的存在。而他的这种思路也启发了像后来的列维纳斯、德里达等解构主义哲学家。

列维纳斯哲学从胡塞尔的现象学而来，但是他认为意识哲学不能够真正地脱离同一性的传统，在这点上他接受海德格尔的看法，认为传统哲学只研究"存在者"，而把"存在"遗忘了。但是，他所理解的"存在"则与海德格尔不同。海德格尔认为人之存在具有着本真状态和非本真状态两种，在于他人共在之中，此在丧失了自身的本真性而沉沦于世界。只有通过"烦""畏""死"等生存论环节，此在还能从沉沦的世俗状态中脱离出来回到"存在"。而这样的孤独自我的生存状态，才是人本真的此在，也是人之根本价值和意义之所在。列维纳斯反对这样的观念，他所理解的"存在"只是一种无名、无形的"有"（ilya）。这是没有任何规定性的"莫可名状"的"存在"，但是，它又绝非彻底的否定性的"虚无"，而是始终处在"不在场之在场"的状态。这种对于ilya的形象的说法是"夜"。黑夜围绕在"光"的四周，又在光的四周消失，仿佛它并未存在，但是它又使得"光"的整体性得以成形。这就是列维纳斯所说的"存在"，它不是虚无，但又不是具体的这个或那个，它无形无象，但是又在场，它是无限的寂静，可是又充满着绝对不确定的恐惧。

在列维纳斯看来，世界作为原初的被给予者，一开始就处在与ilya的纠缠和间隔之中。而这种原初的不可还原的状态就是"原初差异"。德里达曾经说过，列维纳斯在哲学上的重要贡献即在于揭示了"原初差异"的存在。"原初"就意味着这种差异是不可还原的，具有前逻辑性和前反思性。因为这种差异在根本上决定了存在，所以这也是一种形而上学的差异。最能体现"原初差异"的就是时间。在列维纳斯看来，每一个"当下"的时刻都不是从前一个"时刻"开始的，而是从"自身"之中开始，这就意味着"内在差异"是时间得以创生的原初起源，因而，在时间中就内在地包含有"当下"（在场的维度）和"不在场"的"外部"的维度。意识与ilya处在始终是相邻的和相互作用的张力结构中，ilya是意识自身的延迟和迟疑，意识必须在原初差异化的结构中才能返回自身，建构起自身同一性的存在。因而，在原初差异之中，意识始终面临着复归到那种无名无形的非人格化的ilya的威胁，所以意识必须从这种威胁中逃离出来。

对于列维纳斯来说，人面对着存在的虚无和恐惧，所以选择的是逃离和逃避。因此，列维纳斯展开的"主体"现象学只能是从ilya逃离形态的现象学，列维纳斯在此揭示了他的根本命题："逃避"这种无名的存在。所以，他认为，人不能"回到存在"，而是要"逃避存在"，不是"从存在者到存在"，而是"从存在到存在者"。列维纳斯将《从存在到存在者》一书定位为"标示了一种从'ilya'逃避的尝试"。的确，在这种对于"有"（ilya）的理解中，蕴藏了从存在中逃避的强烈意愿。

但是，列维纳斯对"有"（ilya）的逃避与其说是逃避它，不如说是积极地超越它。因为，列维纳斯的"逃避"，不仅仅是逃避重压在自我身上的无名的ilya，而是要积极地走向"他者"。逃避存在就意味着自我从"我思"当中解脱出来，而遭遇超越性的"他者"。只有实现与他者的相遇，人才能够实现对于存在的逃避。因而，逃避存在就是"超越存在"，在于在存在之外与他者相遇。"超越"就是向着无限的超越，实现这种超越是人对外在性、差异性的欲望，这种欲望就在他者之中。

列维纳斯认为，西方哲学正是失去了对这种无限相异性的欲望，而导致了对他者的误解，后者把他者视为存在或视为对象，这样的哲学只是存在的哲学，却不能归于超越的伦理学。只有这种超越，只有这种追求无限相异性的哲学，也就是追求他者的哲学才是真正的哲学。

三　他异性本体与他者的面貌

他异性的本体论通过死亡和时间现象得到了很好的论证和说明，然而，需要进一步阐明的是，在超越性的本体和现实中的他人之间具有怎样的关联？现实中的他人如何能展露无法接近的绝对他者呢？每一个个体又如何来用有限的经验和言语来表达无限的他者呢？人类是否能够离开有限来论证无限，抛开相对来谈论绝对呢？在对于以上他异性的本体与具体的他人之间关系的不同思考，也造成了海德格尔与列维纳斯的观点不同。而真正的使得独立的具体他人得以建构起来的，还是通过列维纳斯对于二者关系的思考而作出的。

（一）他者与他人间的"隔离"的"无关系的关系"

在他异性的本体和现实的具体他人之间存在着一种"隔离"的"无关系的关系"。对于上面提到的那些问题，列维纳斯受到笛卡尔对于上帝与人类关系的说明的启发，认为在他者和他人的面貌之间存在着一种类似的关系。他从笛卡尔的《沉思》中发现了二者关系的这种说明。笛卡尔在论证客观世界存在的时候，加入了上帝的环节。而他对于上帝存在的论证表明无限的上帝对于有限自我并不是一个客体，而是一个全然他异的他者。众所周知，笛卡尔主张"我思故我在"，我在因为我思具有着确证性；但是作为有限的"我在"原则上不能产生出无限的观念，除非一个无限的实体把它放置在了"我在"之内；所以，我实际上所拥有的关于无限上帝的观念，和对于上帝的信仰本身就表明了，在我之上存在着一个无限的上帝作为我的观念的来源。在自我之上存在有一个无限的实体即上帝，上帝也并不是我所能够思虑的客体。列维纳斯认为，笛卡尔的上帝和自我的关系理论，实则揭示了无限他者的样貌，因为，上帝是在我的理性理解能力之外的，是不可思议的绝对的他异的存在，是无限的他者的关系。

上帝是他者，"无限是绝对的他者"，作为无限的上帝是人类所无法思虑和考量的对象，就如"人类一思考，上帝就发笑"这句谚语所揭示的那样，上帝的存在是人类理性所无法理解的，它是在理性之外的，同时也是在非理性之外的，因为荒谬也不会是上帝的全部。但是笛卡尔却为上帝寻找到了一个与有限主体接触的机会：笛卡尔关于无限的观念标明了思维与无限者的一种完全的外在性，同时这种外在性却规定着自我。自我无法触摸到无限者，而这种无法触摸成为了对于无限者的一种限定，而这样的限定却根本无法造成对于无限者的破坏。在这里，自我与他者的一种新的关系就被昭示出来，在其中，自我无法整合他者，他者在自我之外，但是却规定着自我。列维纳斯总结这样的关系为，"一种无关系的关系"。"无关系的关系"所表述的既不是对立，也不是共在，而是

"隔离"。"隔离"意味着绝对的超越和无法抹平的距离，但是彼此却在"面面相觑"中不相隔绝。在自我与他者的隔离中，不再有自我与他者的对立和对比，也不会有可以把二者的对立关系吸纳合一的整体性，列维纳斯说："假如同一欲通过简单的与他者的对立而建立其身份的话，那么它就已经是一个囊括了同一与他者的整体的构件了。"① 所以，现实中的自我与他人之间的关系也是处于一种相互隔离的无关系的关系之中，他们之间面面相觑却又各自独立。同时，"隔离"并不意味着对于各自变化的否定和对于相互关联的锁闭，而是各自彼此在通过外部的交往中不断地更新和变迁。不过，他依然能够保持住自我的同一性，自我即使在其各种变化之中仍是同一的。这就好像历史上的中国和欧洲，它们双方从古至今不断地相互影响，各自更新和变易自身的文化内容，然而，它们却依然各自保留着自身独特的文化内核，使得其文化面貌和品格依然清晰可辨。因而在"隔离"中尽管发生若干变化，但是，自我仍然能够在各种变化之中积极地寻求其身份的同一性："此我不是一个始终如一的存在，而是其存在在于认同自己，在所有发生于它身上的事件中恢复其身份。它是根本的身份，是原始的认同活动。"②

因而，"隔离"概念在列维纳斯那里不仅仅具有批判唯我主义的意义，而且正是在"隔离"之中，才揭示出现实中的他人与绝对他者的"无关系的关系"，才使得一个具体的他人的面貌在我面前出现。绝对的他者通过他异性的本体论被建构起来，而一个具体的现实中的他人则通过"无关系的关系"与本体论中的他者关联起来。现实中的每一个个体都是作为他者的现实化而出场的，在他者的面貌背后就有着超越性的他者。同时，超越性的他者必然要通过他者的面貌展示出来，他者的面貌在现实中的他人中表现出来，他人具有着他者的面貌。在这样的关系之中，他人在我的面前呈现出来他者的"面貌"，"面貌"于是就同时具有着现实性和超越性的两面。

列维纳斯也用"享受"来表达自我"隔绝"的这种变化中的

---

① 转引自孙向晨：《面对他者》，上海三联书店 2008 年版，第 87 页。
② 同上书，第 89 页。

不变性。"享受"是自我对于世界的享有关系，在自我的生命过程中，他享有世界给予的物质和精神生活，这些被我享用的事物可以被我同化，被我消费，被我理解，从而它们是可以成为我的世界的一部分的他者。列维纳斯说："滋养，作为一个焕发精神的手段，就是将他者转化为同一，享受的本质即在于此：能量是他者，被认作是他者，……是对指向它的那一活动的承受，在享受中变成了我自己的能量、我的力量和我。在此意义上所有的享受都是补养。"①滋养、补养、能量转化、享受等，在实质上都是对于他者的同化，而这种可以被同化的他者在列维纳斯看来并不是真正的他者，而仅仅是"他物"。那不能够被同化，不能被享有的他者才是真正的绝对的他者。享有或者享受他物，可以带给我们快乐、幸福、健康等现实的利益，但是，列维纳斯深刻地揭示出，只有出于对于真正的他者的领悟，才能为自我找到幸福之源。列维纳斯说："确定地说，此我就是幸福，就是独自出现在家。但是作为在其不足中的满足，它依然在非我之中；它是对'其他东西'的享受，而非对自身的享受。……在此我与它以之为生的事物之间拉不出一个能够将同一与他物分开的绝对的距离，接受或者拒绝我们以之为生的事物暗寓着一个先验的默契，幸福的默契，双方都被给予和被接受。这原初的默契，去生活，不仅不疏离此我，而且养护它、构造它独自居家的存在。"② 但是，人们常常安于并享受于他物所给予我们的世界，我们以为自己与他者进行着交流、合作和帮助，而其实，这只是同一个自我对于世界的消费，是绝对化的自我主义者。列维纳斯说："在享受中我是绝对地为我自己。作为无关乎他者的自我主义者，我独自一人而不感觉孤独，我是天真无邪的自我主义者，我独自一人。不与他者对抗，没有'对我而言'……而是全然听不到他者，外于一切的交流，总是拒绝交流——没有耳朵，就如一个饥饿的胃。"③ 这种自我主义所造成的就是对于自身需要的不断的

---

① 转引自金惠敏：《无限的他者》，《外国文学》2003 年第 3 期，第 51 页。
② 同上。
③ 同上。

满足，和对于自身身份的不断认同，从而用自我的同一性取消了他异，最终沉湎于自我之中而造成对于绝对他者的"隔绝"。这样的路子就好像费希特的自我、谢林的同一和黑格尔的绝对精神，在自我的封闭中完成着自我的圈子。

因而，我们可以看到，"隔绝"对于列维纳斯不仅仅具有否定自我主义的意义，而且正是在"隔绝"之中，才揭示出自我与他者的"无关系的关系"，才使得一个超越出自我的绝对的他者成为可能。同时，只有绝对的他者成为可能，自我的"隔绝"才能被认为是具有隔绝性的。

列维纳斯在逃离传统同一性形而上学的同时，找到了这样一个他人与他者之间的"无关系"的新型"关系"。在这样的新型关系之中，他人在其有限中展现出无限性，在其现实性中展现其超越性，就如同在笛卡尔看来，每一个具有意识的存在都展现出上帝的存在一样。就如同无限的他者是不可能被同化和被拥有的一样，他者的面貌和他人也不可以作为宰制和奴役的对象。列维纳斯主张，只有从理性的同一性和意识的内在性中摆脱出来，才有可能与他人碰面，因为他人在根本上便不是与我构成主客对立的二元关系，而是与我处在我—你和我—他的伦理关系当中的。

（二）绝对他者的面貌具有的双重内涵

列维纳斯用"面貌"（le visage 或 face）一词来具体描述他者，面貌指的就是他者的面貌，所以有人用"面貌的现象学"来概括他的理论。在这里，面貌并不是指某个具体的他者的面貌，而是一个隐喻和象征。在"面貌"之中，他者这个可知觉的对象与不可见的与不可知觉的"无限""神圣"等交融在一起。列维纳斯说，柏拉图所说的在沉思理念的灵魂、斯宾诺莎所思的实体，"这一切，在现象学上被描绘成面貌"。他这样来说明面貌，"我不知道人们可否说面貌的'现象学'，因为现象学描述呈现的东西。同样，我要问人们能否谈论朝向他人的注视，因为注视是认识，是知觉。我的想法是对面貌的触及一开始就是伦理的……与面貌的关系或许可能为知觉所控制，但那特别的面貌，是那不能还原到知觉的面貌"①。面貌就是通过可见的去揭示不可见的和"无限"的他者，"面貌"是无限观念的具体化，同时，面貌的超越性也并不在世界之外上演。从他对面貌的说明可以看出，他力图超越出胡塞尔的那种从外在的身体回到内在意识的理论，同时，也反对像梅洛·庞蒂那样将内在外在统一起来，而是应该从可见的走向外在，走向纯粹的外在性和超越性，于是，列维纳斯对于现象学的主体性概念作了批判性的革新：从认识论的和生存论的主体转移到伦理性的主体。所以，面貌表明的就是无限的超越性，它不是单纯的认识对象，也不是当下在世的主体，而是某种象征；它不是某种无人格的中性的东西，而是具有着强烈伦理性的表达。"面孔是一种生动的在场，是一种表达……面孔说话。"② 所以，由于这种象征的特质，面貌超越于注视和认识之外，它代表的是绝对化的他者，代表的是一种伦理关系。

"面貌"作为他者所具有的双重性，一方面是"面貌"的在世界之内的方面，这个方面的面貌在世界之内显现，并因而具有"言谈"的特性。另一方面的面貌就是作为"不可见"的他者，它不是知觉的对象，也不是可经验的，因而它不可能是胡塞尔意义上的意向性的客体，相反，它是绝对的超越者，是意识之外的超越者，就像德里达所说的，"面孔不在这一世界上，因为它突破和超越了整体"。梅洛·庞蒂也同样认为，本体存在着"可见"和"不可见"的两面。可见的方面是直接面对我们的那些可以被我们看到、意识到与知觉到的方面；而不可见的方面，则是我们永远无法看到、意识到和知觉到的方面，真正的主体就是以一种"最初过去的不透明性"的形式呈现出来的。可见的与不可见的方面并不是互相隔绝的，而是相互依存、相互沟通的，彼此可逆而不可分割地统一在一起。科学的研究对象是存在的可见的方面，但是却漠视那不可见的方面，从而使得科学知识陷入到自身无法理解的荒谬之

---

① 转引自杨大春：《他者与他性——一个问题的谱系》，《浙江学刊》2001 年第 2 期，第 183 页。

② 转引自杨大春：《语言·身体·他者》，生活·读书·新知三联书店 2007 年版，第 297 页。

中。如现代物理学所发现的"测不准关系"的原理就是对于不可见的方面发挥作用的结果。在梅洛·庞蒂看来，相比于科学，艺术更加具有真理性。这是由于艺术尽管也不能够直接表述那不可见的他者，但是，它通过其特有的表述手段以间接的方式揭示出来，使得人们接近并感受到那一切。

列维纳斯认为，自我在"享受"世界时，必然会与他者相遇。当我与他者相遇时，他人之"面貌"就是他者的显现。他以"面貌"作为与他者的相遇的概括，体现了"他者"是我所不是。"面貌"以一种原初的、不可还原的关系呈现在我面前，它独立在我之外，与我面对面相遇，但是，我与他者并没有进入彼此的世界，我被"隔离"在他者的面貌之外，只是处在与他者的"无关系的关系"之中。因而，"面貌"作为"他性"与我相遇，具有绝对的外在性和他异性，它不可被占有，不可被同化。所以，我对于他者就绝对不是简单的"注视"，因为他者之"面貌"超越了知觉，甚至，"面貌""破坏"和"超过"了面貌的可见性，而指向了某种"不可见"的领域，而正是因为这不可见的领域，面貌成就了自身的绝对无限性。所以，"面貌"所展现的是一种启示，是对于不可诘问者的神秘的启示。其"可见的"部分所显示的"不可见"的无限他者并不在自我的世界中。在列维纳斯看来，与他者的面对面揭示出来的"面貌"是可见的，因为，这样相遇才是可能的，否则，"他者"就会成为个人的幻想和抽象。但是，他更加强调在可见的面貌背后的"不可见性"。真正的面貌总是超越和"破坏"面貌所呈现的"可见性"，而指向"不可见"的超越者那里。梅洛·庞蒂从身体的角度，同样强调了他者面貌所具有的"不可见"性，他说道："相反，正是在使他者对我来说成为不仅是不可通达的而且是不可见的过程中，我才保证了他的异在性（alterity），也才远离了唯我论。"[①] 我所看和听到的他者的身体和言谈，是以他们自身的方式而呈现的，而这种方式中所呈现的他者"对我来说始终

① ［法］梅洛·庞蒂:《可见与不可见的》，罗国祥译，商务印书馆 2008 年版，第79 页。

都将是不可见的"。这种不可见深深的植根于本体自身中。本体向我所展示的一面永远都是可见的和"我"的一面，可是那个他异的存在作为隐秘的他者是不断地消失中的，而这个不断消失的不透明的他者却保证着作为可见部分的在场。在梅洛·庞蒂看来，他者与自我是在相互离散中又趋向于同一个存在，这个同一个存在就表现为知觉主体，即肉身。从身体的角度，梅洛·庞蒂对于他者的"不可见"性同样进行了揭示。

因此，"面貌"中不可见的方面是不能够被"注视"所揭示的，不可见"面貌"中的意义呈现不是通过"注视"而是通过"话语"而实现的。列维纳斯说："面孔讲话，面孔的呈现就已经是话语了。"[1] 在他看来，"面貌"在本质上并不是知觉的对象，而是一个"对话者"。在话语中，自我与他者"面对面"地交谈和相互质询。在"面对面"的对话之中，一个不可见的可见性打破了所有已知的和可知的世界，于是一个不可还原的他者出现了，"对话者将自己呈现为一个绝对的存在"[2]，我接受、感到了某种完全不同于我的东西。也就是说，只有在话语之中，我才会感受到他者的外在性和绝对性，因为话语关系本身就隐含着超越性和外在性，它是彻底的分离，对话者的陌生性，以及他人对我的显现。他人之"面貌"是一种在"我"的意义之外的意义源泉。因而，列维纳斯所说的"话语"并不是常识上的和认识论意义上的语言，在那种语言观之中，人们凭借语言相互理解，相互达成一致，所有的他异现象都在对话中消失殆尽，而达到一种整齐划一。这种"话语"并不是列维纳斯意义上的面貌的语言，在这样的话语中，也不可能实现和他者的"面对面"。

（三）他者理论对于海德格尔的"共在"理论的突破

通过以上对于他异性本体与他人关系的梳理，可以看出列维纳斯对于海德格尔的他人理论作了以下几点突破：

首先，海德格尔尽管在存在的本体论上揭示了自我与他人原初

---

① 转引自金惠敏：《无限的他者》，《外国文学》2003 年第 3 期，第 53 页。

② 同上。

性的"共在",但是,他却忽略了在"在者"的层次上自我与他人的相遇,进而忽略了人类不同文化之间,社会存在的各层级之间的现实性的关联。"共在"和与他人的实际相遇有着极大的不同。萨特就指出,海德格尔共在理论的弊病,在于自我与他人的关系变成了"我们",在于以"共在"代替具体的现实的人的相遇。而当与他人的相遇变成了"我们",那就意味着人与人之间的差别被忽视,人们就组成了无差别的共同体和群体。所以,共在的概念只是一种本体论的描述,是此在在世的生存论结构,因而,这个概念并没有在经验上确证与他者的相遇。列维纳斯认为,共在这个概念所要表达是此在的生存论状态,揭示的是此在的存在,在这样的揭示之中,甚至连他人的维度都没有开启出来。列维纳斯说:"即使当事实上没有他者就近出现或被感知时,共在也是此在的一个实存性特征。甚至此在的独自存在也是在世界中的共在。他者只能在共在中并对于共在而被失去。独自存在是共在的一种不完善模式;它能够成为可能就证明了这一点。"① 尽管在"共在"中,与他者的关系确实被海德格尔说成是此在的一种本体论结构,但实际上,它并没有在存在的戏剧或生存论的分析中扮演任何角色。海德格尔把各自封闭的两个意识实体从各自的屋子里请了出来,并把它们放到了同一个屋子里,这两个意识彼此相遇,彼此开放;但是,他并没有继续说明这两个实体在遭遇的时候所发生的具体情况,在屋子里的光线依然昏暗,他者的具体样貌仍然是隐藏着的。所以,"共在"仅仅是对于此在在世结构的描述,而远不是与他者实际的相遇。所以,我们看到,海德格尔所理解的他者并没有真正地实现他者与自我的相遇,因而也就不可能发展出我与你之间的伦理学向度。列维纳斯尽管肯定了海德格尔"共在"的在世结构对于他者的揭示作用,但是,"共在"只是此在在世的结构,一个本体论的描述,而不是在经验上的自我与他者的相遇。

其次,海德格尔的共在理论的目标是为揭示"此在"的生存

---

① [英]柯林·戴维斯:《列维纳斯》,李瑞华译,江苏人民出版社2006年版,第32页。

论结构，而不是为了说明他人的存在，这也同时造成了海德格尔的"此在式"的孤独。尽管海德格尔从"共在"的结构中揭示了"此在"与他人的相关性，并且在"此在"中就已经包含了对于"他人"的理解。但是，他所关注的焦点并不是构建和论证"他人"，而是说明和揭示本真性的"此在"。他人作为自我揭示自身的附带范畴，其目标仍然是此在整体性结构的澄明，尽管这个整体性的结构是无法完全地呈现出来的。此在总是沉沦在世的，繁忙于世界中的事物和他人，而不能揭示自己本真的在世性。所以，只有通过此在的"烦""畏""死"等具有相当强烈的自我情绪中回到本真当中，而这种情绪性的开展必然就会把人逼入到孤独的自我感受里面。列维纳斯说道："人被孤单地关闭在他的孤独、畏和作为终结的死亡中。不论这种描述可能对与他人的关系的分析作出什么贡献，都将是不够的。"① 马丁·布伯也把海德格尔的此在与奥古斯都、帕斯卡和克尔凯郭尔等对人的揭示归于一类，他们所描述的人一个比一个孤独，尽管他们都力图从存在中去超出意识哲学的范围，但是，他们的哲学仍旧不能真正地从自我当中跳出。马丁·布伯说："每一个孤独都较先在者更冷酷、更严峻、更难拯救。"②

最后，海德格尔通向他人的进路仍然是"此在"的现身情态，这样他从根本上并没有实现对于自我中心立场的摆脱，从而也无法摆脱自我对于他人的同一化进程。海德格尔是从分析此在的现身情态"畏""烦""死"等来揭示此在的，所以，在此所揭示的首先是个体对于自身的关系。于是，"共在"成为了"此在"自我理解过程中的环节，共在的存在也是以此在的自我揭示为前提的。也就是说，他人是从此在的"内部"被揭示出来的，这样的一种观点仍旧是自我中心的原则。伽达默尔对此批评："确实，即便海德格尔对意识概念的批判（通过一种彻底的本体论摧毁表明全部意识唯心论都是对希腊思想的疏离，这种批判尤其击中了胡塞尔的从新

---

① 转引自孙向晨：《萨特、莱维纳及他者问题》，《江苏社会科学》2006 年第 1 期，第 29 页。

② ［德］马丁·布伯：《人与人》，张健、韦海英译，作家出版社 1992 年版，第 230 页。

康德主体转换而来的现象学）也绝不是一种完全的突破。所谓此在的基本本体论，尽管对此在的'烦'特性做了种种时间性的分析，却也没有能克服自我意识的自我关系以及它的基本地位。因此，它不可能导致任何对胡塞尔式的意识内在性的真正突破。"①由于固守于孤独的自我，所以在根本上海德格尔仍然没有逃离胡塞尔现象学的唯我论的囚笼，世界和在世界之中的他者仍然处在自我投射出来的光芒中，离开了此在的照亮，那么共在就什么都谈不上。所以，海德格尔对于"此在"的分析仍然是自我中心主义的一种延续，生存论的世界在烦、畏、死的孤独此在中呈显而出，就如同在先验的意识中呈显一样。因而，共在只是说明此在的现身情态时，所附带说明的情况，其重心在于说明孤独的自我。这并没能逃脱西方哲学的唯我论传统和同一性传统，结果是不能在存在的世界超越自我走向他者，更不能在存在的世界中发现超越存在之域的伦理向度。海德格尔的他者只是"此在"的一个环节，一个规定性，并不具有独立的意义和价值，还是没有逃避开唯我论的进路。

同时，通过对于此在的结构性分析，海德格尔关注的是在者与存在的关系问题，而并没有真切地回答在者与在者之间的关系问题，而自我与他者的真实的相遇是在者与在者的相遇。所以，海德格尔的共在概念描述的是此在与存在的关系，它并不在意自我与具体的他者的遭遇。这里由于"此在"或"共在"是本体之"在"的"此在"或"共在"，而非独立自主的、与"在"之外的世界进行交换的"此在"或"共在"，即是说，"此在"或"共在"仍被闭锁于"在"的疆域之内，它们终究仍是孤寂的和单调的，因为其交流只限于"同一"内部的交流，"共在"之与所共、所分享的只是另一个体现着"在"的"此在"，自我是"此在"，他者也是"此在"，且共同拥戴一个本体之"在"。对此，列维纳斯批评说："如同所有提倡交往的哲学一样，海德格尔的社会性也孤立地见之于主体；对'此在'于其真纯形式中的分析，正是在孤独中

①　［德］伽达默尔：《摧毁与解构》，孙周兴译，《哲学译丛》1991 年第 5 期，第 23 页。

展开。"① 作为结构，列维纳斯发现，海德格尔的"共在""在任何情况下都是一个人自身的此在的特性"②。因而，海德格尔哲学并不能发现自我与他者的具体的相遇，也就不可能拓展出关于他者的伦理学的维度。因而，与海德格尔的从存在者回归存在的要求不同，列维纳斯主张从存在走向存在者。他认为，是存在者在存在着，而不是存在托负着存在者，"存在者主宰着存在，就像主体主宰着属性一样。"③ 这种从存在到存在者的还原摧毁了孤独自我的生存关怀的基础。自我生存始终是排斥外在性、异质性、他性和他人的。超越"存在"意味着不再有惊醒的、失眠的孤独自我，我处于与"他人"的社会关系之中。

---

① 转引自金惠敏：《无限的他者》，《外国文学》2003 年第 3 期，第 48 页。

② ［英］柯林·戴维斯：《列维纳斯》，李瑞华译，江苏人民出版社 2006 年版，第 32 页。

③ ［法］列维纳斯：《从存在到存在者》，吴慧怡译，法国 J. Vrin 哲学书店 1990 年版，第 16 页。

第 三 章
作为与他人共在的自我

无可否认，他人是每个人日常随时可见的存在：他就在我的身边，与我一同呼吸，一起思考，与我一起在同样的世界里生活。然而，熟知未必是真知，对于他人存在的理解并非易事。理解他人存在的困难，首先就在于对于他人存在的理解，与对于自身存在的理解息息相关的，进而，也与最根本的对于存在的理解紧密相关。最明显的例子就是，胡塞尔之所以把他人理解为唯我论中的他人，首先就在于他把自我理解为意识的自我，而把存在理解为意识意向性的对象。因而，唯有在对于自我和存在的概念进行全新的理解的基础之上，才会有对于他人存在在理解上的真正进步。

一 人作为具体而在世的存在

在西方哲学史中，对于人的存在的揭示走过了一段曲折的道路。人固然有其独特的存在，而对其内涵和概念该如何把握，该如何来定义人的本质，其过程则是隐微曲折的。古希腊哲学从苏格拉底以降，其对人之本质的规定就是以理念为基础，是待理性化的存在。近代认识论哲学把人之本质理解为对立的二元存在：理性和感性、精神和肉体。到了现代，对于人的理解在哲学上努力摆脱本体论和认识论的先入之见，以获得一种自由的目光而达到本真的存在。现象学和存在主义哲学是此种现代转变的突出代表。如果说，在认识论哲学阶段，整个存在被划分为两个世界，即思维和广延，主观和客观，那么，存在论哲学则力争把这个二元对立的世界整合为一，立足于存在之中，而把认识论的阶段归属于存在自身的自我蜕变和分化。在这个作为整体性的存在之中，自我和他人必然也是从共在的整体性中分化而出的。

（一）突破理性的独白与意识的内在性

西方哲学从古希腊哲学以降，发展到近现代，一直具有着很鲜明的理性主义的特色。理性主义哲学对于世界和存在加以理性化的处理，世界是作为理性的处理对象和质料而出现的。在这样的关系之中，我是认知的主体，世界是认知的客体，我的认知理性在内，世界作为认知对象在外。笛卡尔的"我思"哲学是这种理论的典型代表，康德是这种理性哲学的集大成者。然而，这样的哲学却在现代遇到了深刻的危机，显示了它所具有的内在的矛盾。其矛盾性主要集中在两个方面，一个是普遍的理性诉求与个体的具体生存之间的矛盾；另一个是内在的意识与外在的世界无法连接的矛盾。

首先，具体的个体生存不可能被意识彻底对象化。因而其存在与理性主义的普遍性的生存态度是截然相反的。人尽管可以凭借理性认识世界，甚至可以在某种程度上宰制世界，然而，此种成就的可能性奠基于人已经拥有了在一个在其中生活的世界，拥有了一个具体而活生生的存在。因而，人之存在并不是理性的对于自身的规定性，而是生存本身的实存性，这种生存论意义上的实存性是根本的和原初的。人的实在就在于人之生存是具体的、丰富的、热情的，而不在于理性对于生存的规范，或者在多大程度上满足了理性的规定和需求。理性仅仅是人之生存的工具而不是凌驾于其上的超越性力量。因而，在这个意义上，人与世界本身并不是隔绝的和分离的，而是一体的和整合的。理性思维做的工作仅仅是满足存在的召唤，对之作出筹划和计算，而当理性自身脱离开存在的根基而成为超越性力量的时候，人之真实存在就被封存起来了。

人必须要从意识的内在性具体地走向世界，并在世界之中获得自身的实存。人的存在自始就是面对世界的，就具有着在世的特性，按照海德格尔的说法，这是每个人所具有的"烦"。所以每个人所具有的规定性并不是在他头脑中所形成的表象，而是在与世界打交道过程中所获得的规定性。每一个人都拥有自己的世界，这个实存的世界也对他敞开。因而，"去具体地存在"与关于存在的理性系统是决然不同的两件事物。在西方哲学的传统中，理性主义可以说是一以贯之的，哲学照这个词的词源所示就是热爱智慧，苏格拉底就是对此词的践行者，一位爱智者。然而，一个人在其具体的生存中如果并没有真实地爱，即使他知道关于爱的一切理论，他依然并没有进入到爱里，只是抽象地在谈论爱而已。经常发生的事实是，一个人爱得越多，他对任何一种关于爱的理论的信任就可能越少。对苏格拉底来说，哲学是一种生活方式，而他也就以这种方式生存，他爱的是智慧，而并不是爱具体的生活本身。然而，存在同关于存在的理论不是一码事，"恰如一张印好的菜单和实际的一餐饭在营养方而，其效果不是一码事一样。不仅如此，有了一套关于存在的理论还会使所有者陶醉，乃至完全忘却了存在的需要。这爱者会对关于爱的理论比对所爱之人更加倾心，更加迷恋，从而也就不再去'爱'。"在具体的存在与关于存在的系统理论之间有一种根本的差别。

其次，意识内在性与世界外在性的虚妄。主客二元对立的思维必然造成内在的意识与外在的世界之间的断裂，从而无法解释认识的发生和人现实的生活世界。海德格尔就批驳了认识论的主客对立的思维模式："人们愈是这样明白无误地主张认识首先和本来是'内在的'，主张认识同物理的和心理的存在者的存在方式其实一无相同之处，人们就愈是无条件地相信：在认识的本质问题方面，在主客体关系的澄清方面，他们的见解已经深入了。因为只有现在才可能产生一个问题来，这个问题就是：这个正在进行认识的主体怎么从他的内在'范围'出来并进入'一个不同的外在的'范围，认识究竟怎么能有一个对象，必须怎样来设想这个对象才能使主体最终认识这个对象而且不必冒跃入另一个范围之险？这一入手处尽可千变万化，但随之却始终漏过了去询问这个认识主体的存在方式。"海德格尔继续提问："认识究竟如何能从这个'内在范围''出去'，如何获得'超越'？只要这个问题一提出来，那么，无论怎样来解释这个'内在范围'，事情总已经摆明了：人们只是发现认识成了问题，而并没有首先去澄清这个出此谜团的认识究竟是什么以及它究竟如何存在。"①

　　海德格尔从生存论的角度对于二元认识模式的批评，实质上是把认识问题转变成为了存在的问题。他认为只有从存在问题出发才能从根本上说明认识问题。所以，当我们面对着与他人的共在的时候，我们并不是从一个内在的主观的角度把"他人"把握为一个认知的客体，而是在生存上我与他人共同地在世。这种共在性并不是认识论的方法所能够消解和破除的，而是相反，此在的认识和理解行为必须要以"此在"的"在世界之中"其根基。人类的意识原初就是与世界相关的，意识原初就是世界性的，按照海德格尔的讲法，"理解和领会"是作为"在世的基本现身情态"而存在的。海德格尔说："在指向某某东西之际，在把捉之际，此在并非要从它早先被囚闭于其中的内在范围出去，相反倒是：按照它本来的存在方式，此在一向已经'在外'，一向滞留于属于已被揭示的世界的照面着的存在者。"② 理解与领会照亮了此在的存在，把此在带入到它的展开状态中，因而理解和领会就是照亮此在的"自然之光"，"在存在者层次上用形象的语言说到在人之中的 lumen natura-le（自然之光），指的无非是这种存在者的生存论存在论结构：它以是它的此的方式存在。它是'已经澄明的'，这等于说：它作为在世的存在就其本身而言就是敞亮的，不是由于其他存在者来照亮，而是：它本身就是明敞。"③

　　最后，人与世界具有生存论的关联。在《存在与时间》中，海德格尔通过"现成在手"与"当下上手"两个概念深刻地揭示了世界与自我之间的深刻的相互敞开的状态，从而深入地批判了意识的内在性主张。在海德格尔看来，自我与世界的原初的关系并不是由"现成在手"状态规定的，因为"现成在手"状态就是自我从操劳在手之用具的使用中抽身而去，对其加以瞠目凝视之际，所形成的对于物性之为物性的规定。而"当下在手"状态对于现成

---

　　①　［德］海德格尔：《存在与时间》，陈嘉映、王庆节译，生活·读书·新知三联书店1987年版，第70—71页。

　　②　同上书，第73页。

　　③　同上书，第154页。

在手状态具有原初性的奠基作用："对锤子这物越少瞪目凝视，用它用的越起劲，对它的关系也就变得越原始，它也就越发昭然若揭地作为它所是的东西来照面，作为用具来照面。锤子本身揭示了锤子特有的'称手'，我们称用具的这种存在方式为上手状态。只因为用具不仅仅是摆在那里，而是具有这样一种'自在'，它才是最广泛意义上的称手和可用的。仅仅对物的具有这种那种属性的'外观'做一番'观察'，无论这种'观察'多么敏锐，都不能揭示上手的东西。"① 在"当下上手"的状态中，世界就以一种非专题的方式把自身揭示出来。"切近的上手事物的特性就在于：它在其上手状态中就仿佛抽身而去，为的恰恰是能本真地上手。"② 以一种自我消散的方式，把自我彻底地融身在工具之中的方式，上手状态把世界原始地呈报出来。"此在操劳消散于上手的用具。"③ "任何消散在最切近的工件世界中的操劳都具有揭示功能。这种揭示功能的本质就是：按照消散于工件世界的方式，那个在工件中——亦即在其组建作用的指引中——被连带指引出的世内的存在者总是在种种不同的明确程度上、在寻视所突入的种种不同深度上保持其为可揭示的。"④ 海德格尔论述到，就好像带顶棚的月台考虑到了风雨，就好像公共的照明设备考虑到了黑暗，考虑到了黑暗由之而来的太阳的位置变化，周围世界的自然就随着这些用具的出场而共同上手了。

　　"在世界之中"的存在论意义揭示出，人与世界的关联并不是两个现成之物的并置，而是相互的开敞和意义的赠予。世界对于人类而言并非是一外在之现成的认识和实践对象，而是每个人原始地操劳繁忙的寓居所在，具有前反思、前概念的非专题性质，却又是此在及其世界所有意义由之赋予的源泉。就如基于一种"当下上

---

　　① ［德］海德格尔：《存在与时间》，陈嘉映、王庆节译，生活·读书·新知三联书店1987年版，第81页。

　　② 同上书，第82页。

　　③ 同上书，第85页。

　　④ ［德］海德格尔：《存在与时间》，陈嘉映、王庆节译，生活·读书·新知三联书店1999年版，第84页。

手"状态对于"现成在手"状态的奠基性关系，"在世界之中"之"在之中"，就并非是一个现成的思维被置放在一个现成广延的世界之中的意义，即并非是现成事物之间的关系，就如同水在杯子之中，衣服在柜子之中所描画的事物和其处所之间的关系。"它们作为摆在世界之内的物，都具有现成存在的存在方式。在某个现成东西'之中'现成存在，在某种确定的处所关系的意义上同某种具有相同存在方式的东西共同现成存在，我们把这些存在论性质称之为范畴性质，它们属于不具有此在式的存在方式的存在者。"① 相反地，"在之中"基于一种当下上手状态意味着一向操劳于、繁忙于世界，"依寓于世界而存在，这其中可更切近一层解释出的意义是：消散在世界之中。"②

理解者与被理解者一起共同处在意义的澄明事件当中，自我与他人在本体论上先在地进入到了共同的"在世"的境遇当中。所以，无论是理解者还是被理解者，他们并不是作为异在，而是作为共在而存在的。所以，在这里也并不存在这样的问题，即如何从理解者的内在出发，去重新体验和理解被理解者的内在世界。这种思维方式就是需要消解和破除的二元论式的模式，在其实质上遮蔽了"此在"在认识和理解上的真正的存在结构，因而，从根本上也不可能认识和说明我与他人的共在性。"即使在更加深入的存在论解释中果真能够证明上手状态乃是在世界内首先被揭示的存在者的存在方式，甚至证明上手状态对纯粹在手状态的原始性，迄今所讲的东西是否就使我们略许增益了对世界现象的存在论领会呢？"③ 海德格尔在《存在与时间》之中，以"当下上手"状态和"现成在手"状态两个概念的解说对于此问题自问自答，自见分晓。

（二）理解人的存在的基本方法和途径

首先，对于人的理解必须要以一种对于存在的理解为其基础。任何一种对人的理解和定义都是以一种对于存在的理解为其基础和

---

① ［德］海德格尔：《存在与时间》，陈嘉映、王庆节译，生活·读书·新知三联书店1999年版，第63页。
② 同上书，第64页。
③ 同上书，第84页。

前提的，而当这样的一种关于存在的形而上学并没有得到反思和澄明的时候，似是而非的论断就会阻碍人对于自身的了解。就如海德格尔所认为的，人是有其存在的天命的存在，人听从天命的召唤，生活在存在的近处，并把语言作为天命的赠予而居留在存在之中。

　　在现实中，人却总是在某种既定的未经反思的形而上学中运思，它的力量如此巨大，以至于人们已经意识不到它的存在了。在认识论哲学的观念中，就大多把存在理解为最空洞、最玄妙、最自明的概念而束之高阁，放在茫然无知的地位里，就如同康德对于存在的理解那样。康德对存在和理性问题发表过具有着决定性的声明，对现代哲学的发展影响甚大。康德在实际上就已经宣布存在永远不可能为理性所设想，所有以知性的方式去思考存在的努力注定会失败，这是许多人都熟知的不可知论的论调。康德在《纯粹理性批判》中主张"存在"并不是一个真正的谓项，也不是某种东西的概念，可以添加到一件事物的概念内容之中。也就是说，如果我想到一件事物，然后又想到那个事物存在着，则我的第二个概念并没有把任何确定的特征加到第一个上面。康德举了100元钱的概念这个例子：如果我想到100元真正的钱和100元可能的钱，我的概念就依然是关于100元钱的，1分钱不多1分钱也不少。诚然，在存在的层次上面非在概念的层次上，在真实的与纯粹可能的之间有天壤之别：100元真实的钱可以使我的财富多100元钱，而100元可能的钱却使我的经济状况一如既往。然而，现实中具体的事件并不能够反对一个思想中的事实，即如果仅仅是在思想中的话，那么，我是否在100元上加上存在的概念，对于思想中的100元，就根本是无关紧要的。

　　康德对于存在的理解具有着强烈的实证性和科学性，从这样的角度出发，对于存在的追问是无足轻重的。因为实证知识想要知道的是对于事物的具体知识，是探讨在思想中所发生的事件，而存在概念则无法增加对于事物的知性了解。归根到底，实证知识所要求的仅仅是事物所展现出的可观察可证实的一面，而存在作为一个形而上学概念，根本不是一种可观察可量化的对象。相反的是，存在概念总是太一般、太空洞、太玄妙了，从而完全不能把它解释给知性范畴。因此，所有现代实证主义者都从康德的学说得到教益，把关于存在的所有思考作为无意义的东西加以抛弃，因为存在并不能以一个知性的现象描绘出来，因此关于它的思考永远无法达到任何确定的观察结果。

然而，对于存在的追问是否真的是无关轻重的呢？事实上，对于任何一个具体的存在，离开了对于存在的理解，则它无法成为真实的具体的存在。也就是说，存在是构成具体事物的无法回避的方面。同时，存在也是对于任何事物的最原初的基础构成，它具有无法撼动的基础性地位，正如海德格尔在《存在与时间》说的，"任何存在论，如果它不曾充分澄清存在的意义并把澄清存在的意义理解为自己的基本任务，那么，无论它具有多么丰富多么紧凑的范畴体系，归根到底它仍然是盲目的，并背离了它最本己的意图。"①人对于自身的规定也是如此，它必然以某种形而上学为其根据。海德格尔在《关于人道主义的书信》中说："任何一种人道主义要不是奠基于一种形而上学中，就是其本身即为一种形而上学的根据。对人的本质的任何一种规定，如果已经是对存在的真理不加追问而即以存在者的定义作为前提的话，无论对此种情形有知抑或无知，总之任何这样的对人的本质的规定都是形而上学的。因此如果从人的本质是如何被规定的方式上着眼，那么一切形而上学的独特之处都表现在形而上学是'人道主义的'。据此看来任何人道主义总是形而上学的。"

因而，人与存在是不可分离的，人对于自己的理解和规定也不能离开存在而作出。人的本质并不是理性对于人这种对象的规定，而是从其存在中守护其存在的真理，并使其澄明为存在的真理。如海德格尔所言，"这个词（人道主义）之所以已经丧失其意义，是由于我们明见了人道主义的本质是形而上学的，而现在这意思是说，只要形而上学坚持忘在的话，形而上学就不仅不提追究存在的真理的问题，而且堵塞这个问题。但正是引向此种明见并指出人道

---

① ［德］海德格尔：《存在与时间》，陈嘉映、王庆节译，生活·读书·新知三联书店1999年版，第13页。

主义的值得追问的本质的这个思，同时带领了我们去更原始地思人的本质。在看到人道的人的这种更有本质性的人道的时候，就有可能回复人道主义这个词的有历史性的意义，这个有历史性的意义比它的从历史上计算起来的最古老的意义还更古老。这个回复不可这样来了解，仿佛'人道主义'这个词根本没有意义而只是一个空喊一声的东西。这个词中的'人道'是指人道，指人的本质。'主义'是指人的本质要被认为是主要的。'人道主义'这个词作为词是有此种意义的。回复它的意义，这意思只能是：再规定这个词的意义。这首先要求更原始地体会人的本质；其次要求指出这个本质在怎样的情形之下以它的方式变成命定的。人的本质基于生存。事情主要在于此生存，这就是说，从存在本身方面来生存，而此时存在就在作为生存着的人的人们中为看护存在的真理而实现到存在的真理本身中去。假若我们决心坚持'人道主义'这个词的话，那么现在'人道主义'的意思就是：人的本质是为存在的真理而有重要意义的，所以，事情因此恰恰不是仅仅视是人的人而定。我们正这样思一个稀罕种类的'人道主义'。这个词成为一个文不对题的名称。"在这里，海德格尔实质上是提供了一种重新理解人的存在的基本方式和途径，而此方式的本质就在于，如果离开了对于存在的形而上学追问，则对于任何一种人的本质的理解，都是文不对题的。

其次，对于存在的追问需要以现象学为其基础的方法。现象学所致力达到的目标就是"面向事情本身"。为了实现这个目的，现象学提供了一套具体的方法，首先通过悬置和置入括号，最后获得一个先验的存在领域。这个先验的领域必然是存在的，它的存在是自明的并且是必然的。胡塞尔把最终得到的先验领域理解为"先验自我"，它参与到每一个意向性的现象之中，并赋予现象以意义。存在的意义无疑是由存在着的人揭示出来的。人存在着，而人是这样一种特殊的存在，他可以把自己的存在澄明出来。人作为此在，如何把自身的存在澄明出来呢？这就需要进入到对于人之存在的本质还原的现象学视野中。人之存在具有着它的本质领域。此领域本质地规定着人之存在。此种视域作为反思前的本质视域而发生作用，从这个基本的视域出发才能够获得对于存在的真实理解。故而，在海德格尔看来，它成为此在本身的本质性规定，或存在论的规定。此本质性的视域就是"在世界之中"。繁忙与操劳是人进入到世界中的基本情态，人也凭借着繁忙与操劳所形成的本质性视域来理解自身。此视域自身后来就被本质性地被揭示为畏、死与良知等生存论视域。

海德格尔认为，那种一开始就把人定义为"主体""意识""自我"等的做法，都是没有根基的。"存在"是思考一切其他概念中最基础最本质的概念，唯有使得从古希腊时代起就成为哲学根本概念的存在得到澄清，才能够使得哲学思考找到牢固的起点。归根到底，我们需要找到一种适合的方法，来使得存在自身得到敞开和澄明，这样才会从基础上为"此在"是什么的问题找到解答的途径。海德格尔以现象学为其寻证的方法，以为现象学可以提供一条"走向事情本身"的道路。现象学的一个重要的起点或发现就是凡是意识都是对某物的意识。意识总是有所面对、有所朝向、有所依托的，换句话说，意识总是有一个世界的。意识的这种根本性的结构，决定了意识在其生存的意义上并不是绝对的主体。并不是意识或先验意识赋予了世界以意义和价值，而是在世界之中的生存性整体赋予了此在以意义。

海德格尔从存在论的立场，以现象学为方法，从前反思、前概念的生存论角度出发来考察"此在"，从而抛弃了胡塞尔的唯我论的意识立场。"现在看来，把人或'此在'看作一个场，这个观念一点也不隐秘，一点也不抽象。这同我们对刚刚学会对自己的名字作出反应的小孩的日常观察相吻合。当人们呼唤他的名字时，他就会足够迅速地来到；但是，如果你要他指出这名字所属的那人时，他就完全有可能指向自己的妈妈或爸爸使两位热切的父母大失所望。几个月后，再问他同一个问题时，这孩子就会指向他自己了。但是在他达到这阶段之前，他听到有人唤他的名字，一直把它看作是同他相关他应对之作出反应的存在场的命名，不管这呼唤是叫他来吃东西，是来到他妈妈身边，或是叫他干无论什么别的事情。但是，这小孩是对的。他的名字不是在他皮肤所包范围之内产生的某个存在的名称：那只是极其抽象的社会约定，这种约定不仅把它自己强加到他的双亲头上，而且还加到哲学史上。这小孩的名字对他的基本意义等他长大成人后并不消失；它只是为这种比较抽象的社会约定所遮蔽了。每当他听到他生命攸关的存在的任何一个部分被人家喊到时，他私下就听到人家在喊他自己的名字。"①

同样出自现象学的门庭，海德格尔则走出了一条与他的老师胡塞尔根本不同的道路。胡塞尔始终无法从自我当中脱离，把"先验意识"之外的存在都吸纳进了自我之中，从而无法真正地完成对于他人的建构，也不能完全实现对于属他的世界的理解。海德格尔的哲学基础则是存在论的，从胡塞尔的对于"纯粹意识"的探寻转移到了对于"此在"的生存论结构的揭示中，从而发展出"此在的现象学"。正是由于根本的哲学立场的转变，使得海德格尔明确了与他人共在的世界的意义。

（三）作为具体存在的个人

人并不是一个理性的存在，而是作为一个具体的此在而生存的，这是他所能获得其生存意义的唯一途径。这个具体生存是唯一的和独特的，是无法复制的存在。此种对于人的存在的理解具有着巨大的颠覆性，改变了西方世界中对于人的理解的理性主义传统。

首先，人的存在不能够被理性所普遍化。在西方哲学的传统中，康德无疑是一位伟大的理性主义者。然而，他也提出了一个非常重要的观念，即要为理性及其运用划定自身的界限，而不要滥用理性，因为一旦滥用理性就会陷入不可逃避的二律背反中。在这个意义上，康德是现代哲学的鼻祖，因为他对于理性的界限有了清晰的批判意识。与之相对照的，在尼采的超人哲学的作品和俄国作家陀思妥耶夫斯基的《死屋手记》中，又可以见到理性限度的另外一种形式，它不是要划定理性运用的特定范围，而是批判性地寻求理性合理性的根据和来源。在他们对于理性的批判性研究中，可以见到另一种区别于康德的批判性传统，即不仅仅要关注康德式的为

---

① ［美］巴雷特：《非理性的人》，段德智译，上海译文出版社 2007 年版，第 231页。

理性划定范围的做法，而且要为理性寻找到其独立化并对西方思想产生决定性影响的根源，在源头去寻求西方精神的另外的一种发展可能性。尼采把理性的源头回溯到了古希腊的文化传统，在其悲剧中就蕴含着代表着理性的日神和代表着非理性的酒神之间的冲突，而在这样的冲突中，理性寻找到了自身的位置。这无疑是一种归本开新的意识，是基于古代的哲学传统来对当下的理性加以当代性的界定。这种返本开新的意识在海德格尔、福柯等人的著作中得到了充分的现代展示。现在的西方哲学所展示出的是，任何一种理论都不是独立的，而是具有自己的原初的视域，这个原初的视域决定了自己的精神路线，自己精神所选择的对象，并决定了它所摆放的位置。

　　同时需要注意到，本能、直觉和意志等对抗理性主义的哲学与存在主义的哲学还是有所区别的，它们并不能真正地推动反理性主义的理论发展。这是由于，无论是直觉、本能、情感或意志，都是在同一个层次上与理性加以对抗的，这个共同的平台就是业已构成为实体的自我。也就是说，它们都是在一个共同的预设的自我平台上，去摆弄这些抽象的物件。人是一个除了拥有理性，还有本能、情感、意志等非理性方面的存在体，这就是它们的预设。它们之间的不同就仅仅在于，谁以谁为本，谁支配着谁的问题。然而，真实的问题恰恰在于，这个自我存在，这个人的概念本身是很成问题的。接着需要继续追问而这些反理性主义者又没有继续问下去的，是这个自我存在本身是如何形成的呢？是怎样的视域构成了如此这样的人的规定性？

　　其次，人之存在是具体的，有着丰富的生存内容。人生之真理需要通过具体的个人生存去展示出来，而不是预先的对于人生的理性定义可以得出的。在人具体的实存性生活之中，理性是为了他的生活而服务的，而不是反过来，让生活为了一个理性的目标设定而服务。在对于人之具体生存的理解上，克尔凯郭尔无疑是一位先驱式的人物。他旗帜鲜明地主张具体的个人存在，以反对黑格尔所代表的理性哲学体系，所以他被认为是存在主义的先驱之一。作为理性主义的反对者，克尔凯郭尔对于理性主义的反对是基于对于一个基本问题的思考，就是一个人要成为一个基督徒具体意味着什么。他认为真实的基督徒首先意味着放弃对于上帝和基督的理性主义理解，而真正地以基督徒的方式去存在。而真正地以基督徒的方式去存在就是进入基督化的世界，深刻地进入到基督徒的存在之中，才能够听到神的召唤，感受到那种深刻的恐惧和战栗，并顺从神的旨意。克尔凯郭尔的哲学之立脚点就在于个人的具体生存性，而不是思想性。他的生存论哲学并不只是把"存在先于思想"或者"一切思想都是对某个具体存在的一种表达"这样的结论加以理论的言说，而更加重要的是用自己的行动把这条真理活生生地展现给了世人。因为他所展现给世人的直接的就是他的生存本身，而撕掉了任何一种理性思维的包装和纠结，即便是在他的思想之中，他也是他自己，作为一个基督徒之存在的无所隐藏的展露。可以说，克尔凯郭尔从来不曾想到要成为一个哲学家，而他的全部哲学，相对于成为一个基督徒的生存目标来说，只是从其具体的存在中涌现出来的东西。从他的生命中揭示出一个基本的道理，即人在根本上是一个具体的人，热情的人，行动的人，一句话就是存在着的人，而不是抽象的人。

海德格尔的哲学无疑在这方面进一步推进了克尔凯郭尔对于人之存在的具体性理解。此在在他的原初情态中，是以一种情绪的、言谈的等现身情态参与到世界之中的，一句话，就是以一种具体的展开情态在世间生存的。生存着的人总在与世界的繁忙中理解自身。人首先存在着，并依凭着这个存在来理解自己。人也是首先有情绪地介入到生活之中，深刻地与世界交织在一起，从而形成了自我的存在。自我的存在并不是自我，而是一个在世界中的存在，它就是一个世界。与理性主义的自我相对的，自我并不是理性本质的展开过程，而是在世界中的热情地介入者和无限展开者。在热情地无限展开过程中，人展露出自己的存在。因而，人并非理性的存在，而是存在本身，它就是存在着。因而，对于此在整体生存的规定，也是在"烦""畏"等具体的现身情态中展露出来的。海德格尔对于"畏"的描述，等于描述了人对于世界整体性把握的具体体验源头，非常的生动和形象。

最后，人的具体存在是唯一的，是在时间之流中独一无二的存在本身。人在面对自己存在进行选择的时候，才会发现自己独一无二的存在。而此种存在才是他的具体的存在。每一个具体的存在都是唯一的，而这样的存在恰恰在理性的普遍性的视角下被遮蔽了。克尔凯郭尔哲学的价值就在于对于人之存在价值的唯一性和独特性的揭示。他对于人之为人的由理性所限定的存在提出了挑战。他仿佛是在理性的旷野中呼告，痛诉人并不是心灵中的自我映像，人生也并不是从预先的理性的设定出发，去在一生中用内容去充实理性的形式。每个人都需要通过具体的生存去获取那独特的自我存在。在具体的存在之中，他才能够知道什么是情感，什么是意志，什么是理性，什么是本能。

克尔凯郭尔哲学揭示了一个至关紧要的事实：即我自己的存在对我完全不是思辨问题，而是一种我个人热情介入的实在。我在自己的生活里遭遇到它，它就是我的生活，是在我的生命里奔腾不息的洪流，而并不是被我的心灵所反映出来的映像。但是，如果存在不是作为一个表象在心灵里被反映出来，那么在何处我们才能真正地把握到它呢？在克尔凯郭尔看来，同自我存在的决定性的遭遇存在于"非此即彼"的选择中，而在这样的选择之中人才会达到自身存在的独特性。从克尔凯郭尔个人的生活经历来看，当克尔凯郭尔放弃了丽琪娜，从而永远地放弃了他所渴求的常人生活的慰藉，他也就遭遇到了他自己的具体存在，他这种存在的实在性比任何一个概念的实在性都要猛烈和有力。同样地，任何一个人只要他决定性地选择了或是被迫选择了，也就是作出了本质性的选择，他就经验到了超越出理性以外的真实东西的存在，并由此种经验而获得自身的规定性。他遭遇到他存在这个自我，不是由于思想的超然的认识论途径，而是由于遭遇性的选择而进入到真实的生存并承担起存在的后果。这个后果所形成的人格力量和状态使得他成为了真实的存在本身，并形成了他自身存在的唯一性。

（四）此在作为在世的存在

人之存在所具有的具体性和独特性对于"理性人"来说具有着颠覆性的意义和价值。同时，作为独特而具体的个人，人的存在是面向世界的，具有在世界之中的存在结构。人的存在是作为在世的存在。

人的存在的基本结构就是"在世界之中"。此在并非是单子意义上的主体，也不是笛卡尔式的思维的主体，而是"在世界之中"的在场。"海德格尔一举摧毁了笛卡尔式的人的形象：他说，人的本质特征在于他是'在世界中的存在'。莱布尼茨曾经说过，单子没有窗户；而海德格尔却回答说：人并不是从他的孤独自我透过窗户去看外部世界的，他本已站在户外。他就在这世界之中，因为他既生存着，他就整个地卷入其中了。根据海德格尔的看法，存在本身意即站在自身之外，超越自身。我的存在并不是某种发生在我的体肤里面的事件（也不在那体肤里的某种非物质实体之内）；毋宁说我的存在扩展到一个领域或地带，也就是它所牵挂的世界。海德格尔的人的（以及存在的）理论可以叫作人的场论（或存在的场论），类似于爱因斯坦的物的场论；我们当然只能把这看作一个纯粹的类比，因为海德格尔会认为，从高度抽象的物理学理论推导出哲学结论，是一种假冒、伪劣的哲学思维方式。但是，爱因斯坦把物质看作一个场（比如说，一个磁场）——这同牛顿的物体概念正相对立，牛顿是把物体看作存在于它的表层界限之内的——照此方式，海德格尔也把人看作是一个存在的场或域。如果设想有一个磁场，它的中心没有磁石这样一种坚实物体，人的存在就是这样一种场，不过，在它的中心也没有任何精神实体或自我实体向外辐射。"[1] 人的存在与世界的存在并不是主客之间的对立关系，而是具有着在存在上的一体性。

人的存在必然具有着一个世界，世界并不是人的存在的居所，而是他的存在的一部分。人并不是孤零零的游魂般的理性存在，而是总有一个世界。这个世界并不是意识可以拒绝或者视而不见的，它和意识是一起呈现，如影随形的。在世界之中是意识这个曾经的超越存在不得不依托的结构，这样才使得意识得以站立在大地上，

———————

[1] ［美］巴雷特：《非理性的人》，段德智译，上海译文出版社 2007 年版，第 230 页。

才有一个可以凭依的大地，才有一个可以翱翔的天空。这个在世界之中的生存性结构从根本上规定了人之为人的存在，即此在。因而，对于理性的功能和价值需要从在世的角度来考察认识和理解。理性与精神并不是先在的，然后再有一个现成的属我的世界作为理性的观察和理解的对象。世界首先不是作为现成的存在而在的，它根基于此在本身的在世性，而人类的理解和领会首先是作为在世的存在方式而在，人预先地进入到一个充满着意义的世界，或者说，人预先就是存在的意义本身，而这些意义并不是后来才被填充进来。理解与领会本身就是此在如此这般去生存的方式，就揭示着此在的存在本身。这也就意味着，在存在论的意义上，理解与诠释并不具有超越性的地位，而是作为在世之在，构建着此在本身。

二 他人存在的生存论形态

理性意识曾经以为自身是超越性的，可以为自身立法的存在，然而，经过现代哲学的洗礼才发现，它并非是在世界之外的超越存在，而是牢牢地扎根在世界之中。也就是说，我在世界之中，有世界才有我，有了与他人共在的世界才有我。世界与我并不是首先分离的，然后再努力地使二者合一，相反，世界与我在根本上的一体性保证了我对于世界理解的可能。同时，我与他人的共同存在，才使得人类之间的相互理解成为可能。因而，世界并不是为理性所宰制的对象，而是所有人共同生活的家园。这个家园既是精神性的，也是身体性的。世界不止为我所有，而且为他所有，交互主体的出现表明了世界观的多元化。世界并不是一种颜色，一个声音，而是丰富多彩、五颜六色的。在世界之中的此在所遭际到的是与他人共在的"烦心"和"操心"，而在"烦""畏""死"等诸种生存论现象中，此在进入到对自己存在更深层次的领会当中。

从海德格尔对于"烦""死"和"时间性"等概念的分析中，可以看到他人存在于每个人的最本己的内在结构之中，它不是人可以抛弃的"客观对象"，而是如影随形的伴随者。在存在论的根本处，在世界之中，每个人不可能以一个孤独自我的面貌而出现，而必然地是与他人共在。在这点上，海德格尔超越了他的老师胡塞尔，从存在论的角度超越了唯我论的意识困境。因而，现实中的他人具有这样两个基本的内容：

首先，他人具有在世性，他是作为另一个"此在"而在世的。在这个意义上，海德格尔深刻地意识到，从来不是先有一个孤立的自我然后走进世界；同样也不是先有孤立的自我，然后进入到与他人的关联之中。他人与自我是杂然共在地生存于在世性的结构之中。因而，"共在"并不是指在我之外的余下的那些"他人"，而我作为个别的存在从其中特立而出，而是说，在生存论的意义上，他人是与我没有根本区别的，我也是在其中的一个人。他人在其根本性上也是作为此在而在世的。他们并不是首先分离，然后又通过某种方式成为了一个整体。也就是说，他人和自我并不是作为现成的存在并列在世的，而是处在一种"此在式"的共同存在中。他人并不是作为我的意识的意向性对象，也不是作为我理性的同一化的"他我"，而是作为另一个"此在"而在世。

他人也是一个在世的"此在"，他人也会有与我同样的繁忙和操心，这个世界同样地向他人所展开。所以，我所面对的世界总是有他人和我一起分享，"此在的世界是共同的世界。"[①] 此在的世界并不是此在所独有的世界，而是与他人共有的。他人之存在是作为构成此在之存在而存在的，他人之存在构成此在之存在的"在之中"，共同地构成此在的"在世界之中"。"由于这种有共同性的在世之故，世界向来已经总是我和他人共同分有的世界。此在的世界是共同世界。'在之中'就是与他人共同存在。他人的在世界之内的自在存在就是共同此在。"[②]

因而，在根本上，海德格尔改变了人们对于他人的理解。他人也构成了自我面对世界的视域，这种视域并不是可有可无，无关紧要的，而是一种在生存论上无可避免的"境遇"，"共同存在是在

---

① ［德］海德格尔：《存在与时间》，陈嘉映、王庆节译，生活·读书·新知三联书店1987年版，第138页。

② 同上书，第146页。

世的生存论组建者之一。共同此在表明自己具有世内照面的存在者的存在方式。只消此在存在，它就有了共在的存在方式。"① 这也就意味着从胡塞尔那里的难题，即如何来超出我个人的视域而进入到他人的更加普遍的视域中，即进入到一个文化和社会的世界中，这个难题被海德格尔从存在论的角度来解决了。因为，此在在其存在中就是与他人共在，进入到了一个与他人共同分享的世界里面，我不只是处在我的世界里，同样也生存地处在他人的世界里，而这个世界在根本上是与我的世界共在但不同的。所以，通过"共在"论，海德格尔揭示了一个广阔的社会和文化的空间，一个主体间的空间。

由于他人的在世性，所以，他人并不是与我无涉而并列的一个现成的主体。共在并不是说，不仅仅有一个独立现成的我，而且还有一个跟我一样的他人摆在那里。如果是这样的话，那就意味着自我每一次都要根据一个他人的出现来为自己定性，但是，实际上这是不可能的，他人并不总是实际地摆在那里成为我的规定者。他人对于自我的关系是在世的，而不是现成的并列，共在对于此在的规定是生存论的。因而，即使他人实际上不现成地摆在那里，没有被当下地感知，他人与自我的生存论关联也不会消失。海德格尔说："他人只能在一种共在中而且只能为一种共在而不在。"

海德格尔揭示了他人的在世性，把他人真实地理解为另一个"此在"，从而真正地使他人的论证超越出了意识范畴，而进入到了存在哲学。在胡塞尔的现象学之中，他人仅仅是作为"先验自我"的延伸而存在的，他人并不具有独立的地位，只是作为"他我"而存在。海德格尔则从存在论的角度把他人理解为另一个"此在"，与我一样具有着"在世界之中"的生存结构，他人在根本上是与我的"共在"，因而，真正地确立起与我不同的另一个"此在"。这样也就超越了胡塞尔对于他人论证的唯我论倾向。

其次，共在具有着开放性而并不是孤独主体的拼凑。由于共在

① ［德］海德格尔：《存在与时间》，陈嘉映、王庆节译，生活·读书·新知三联书店1987年版，第146页。

对于每一个此在的根本的组建作用，所以他人在生存论的意义上是开放的，而不是自我封闭的，自我也不是孤独的，而是与他人共在的。

共在的在世性说明，他人和自我都不是作为现成的主体而在的，所以自我也不能通过随意地抛离他人而让自己陷入到绝对的孤独。实际上，孤独的主体是不存在的，它只是共在的残缺的样式而已。独在不仅不说明"共他人存在"的无效，而且恰恰证明了他人的可能性。"共在是每一自己的此在的一种规定性，只要他人的此在通过他的世界而为一种共在开放的话，共同此在就表明它是他人此在的特点。"① 如果独在是可能的，那么无论在自我身边放置多少的他人，他人都不可能增加或者减少我的孤独。正因为共在的存在，所以无论彼此之间如何的淡漠和疏远，他人也都在这种形态中来照面。因而，共在是此在在世的根本结构，决定了孤独自我的不可能。"只有当自己的此在具有共在的本质结构，自己的此在才作为对他人来说可以照面的共同此在而存在。"②

同时，自我和他人之间的开放性并不仅仅是认识论上的，而更加是生存论上的。同时，生存论上所具有的共在才为认识论的相互理解奠基。也就是说，在此在中就已经具有了对于共在的领会和对于他人的理解，共在是自我与他人交流和理解的前提。否则，自我与他人的相互理解就变成无源之水、无本之木了。"他人的共同此在之属于共在的展开状态等于说：因为此在之在是共同存在，所以在此在的存在之领悟中已经有对他人的领悟。"③ 所以，对于他人的认识和领会并不是由认识而得来的知识，而是一种原始生存论的存在方式，这种方式保证了理解和交流的可能性。因而，"自我认识以原始地有所领会的共在为基础。"④ 因而，并不是先有一个认知的主体面对世界，然后把他人作为需要了解的现成的客体来加以

---

① ［德］海德格尔：《存在与时间》，陈嘉映、王庆节译，生活·读书·新知三联书店1987年版，第149页。

② 同上。

③ 同上书，第152页。

④ 同上。

把握，而是说，在生存论上，他们已经原始地共同存在相互理解了。如果没有这个理解和解释的"前见"，那么人与人之间的沟通与了解都是不可能的。在人与人之间的理解过程中，经常会发生隔膜和阻碍，这样就会造成自我去反省"内心"而寻求自我的答案。但是，如果这样的反省落入到了"矜持、隐秘、乔装"这些方式之中，自我就会寻求一条"移情"的途径去接近他人。所以，我们可以看到，并不是移情组建起共在，而倒是移情要以共在为其生存论的基础。而同时，之所以移情的方式总是阴魂不散，就是因为在世沉沦的共在的诸残缺样式所造成。所以，只有从生存论的原初共在，才能为人与人之间的开放和封闭，合群与孤独找到根基。

三　作为与他人共在的自我

思辨哲学或认识论哲学把存在作为思维的对象，而进入到一种本体论上的二元论的结构之中。而存在论哲学则从根本上推翻了认识论哲学的逻辑架构，从而为自我与他人的共同存在提供了一种生存论的一体结构。正是从这样的存在的形而上学路径中，此在把自身揭示为与他人的"共在"，而不是一个孤立的自我主体。因为此在在其生存之中，必然就遭际到他人的存在。他人的存在如父母、亲属、朋友等必然是人所无法回避的。在从生存论的立场来看，他人的存在并不是与人的本质无关的，而是从根本上规定着人的生存，每个人总是与他人操劳着相遇，并把自身揭示为与他人的"杂然共在"。就像多尔迈在《主体性的黄昏》中所说的，"人从来不是简单地或原初地作为具体主体与世界并列，无论人是单个或群体，都是如此。他原则上不是或不是一种其本质存在于主体—客体关系中的意向地指向客体的（认识论）主体。相反，人在本质上是首先存在于存在的开放性中。"① 这种开放性即意味着在生存之中此在之在的展开状态，而在此在的展开中，此在总是与他人操劳

---

① ［美］多尔迈：《主体性的黄昏》，万俊人译，上海人民出版社 2004 年版，第43 页。

着相遇，并把自身揭示为与他人的"杂然共在"。这种"共在"形态并不是"我"可以选择进入或者离开的境遇，而是在根本上规定了"在此"本身；而恰恰是因为"共在"的存在，"我"才可以在经验中选择离开或进入到某个"圈子"。所以，胡塞尔意义上的唯我论的意识立场是站不住脚的。海德格尔说："无世界的单纯主体并不首先'存在'，也从不曾给定。同样，无他人的绝缘的自我归根到底也并不首先存在。"① 此在必然地是与他人共在，人与他人的关系并不是意识之中和主体之中的反思的关系，而是前反思的原始地展开的生存论状态。于是，世界并不仅是单纯的属我的世界，更加是属他的世界。世界在其生存论的意义上，必然地有他人参与进来。

（一）关于存在的"此在诠释学"

作为在世的具体存在，每个人在世界之中都会遭遇到他人的存在。该如何理解他人的存在，如何澄明出来他人的存在，实现理解他人存在的目标呢？把存在之意义澄明而出，把存在本身如其本然地展示出来，这是现象学为自己规定的任务，即面向事情本身。对他人的存在如其本然地观看，就必然是对其原初地本源性的观看。而对于他人存在的原初揭示，就应该从在世的具体的存在出发，而不能从抽象的理性的视域出发。海德格尔的现象学走的就是这样一条存在论现象学之路，而与其师胡塞尔不同。海德格尔从"此在现象学"或"此在诠释学"的角度出发，为在世的存在以及他人存在的澄明找到真正的基础。

在对于存在的追问中，海德格尔发现只有通过"此在"这个独特的在者，才能够通达"存在"。在所有的存在者之中，"此在"这个在者与其他的在者不同，此在的独特之处在于，这个在者与存在的相关性，"这个存在者在它的存在中与这个存在本身发生交涉"②，此在这个在者与存在的关联在于，"它的存在是随着它的存在并通过它的存在而对它本身开展出来的。"③ 此在的展开过程并

---

① ［德］海德格尔：《存在与时间》，陈嘉映、王庆节译，生活·读书·新知三联书店1987年版，第143页。

② 同上书，第14页。

③ 同上。

不等同于意识给予自身的过程，也就是说，存在之显现并不是由笛卡尔式的我思或胡塞尔的先验意识所能提供。对海德格尔来说，此在现象学就是要把此在之存在澄明出来，澄明的过程也是一种存在论的诠释学，或者说，此在现象学就是此在的诠释学。此在诠释学之任务不仅在于要把此在本己存在的基本结构澄明出来，而且也要把一般存在的本真意义揭示出来。正是由于此在诠释学这样的使命，才使海德格尔认为此在诠释学是最基础的解释行为，它使存在自身从遮蔽状态走到无蔽，把存在之意义通过此在而传达到切近。海德格尔说："现象学描述的方法论意义就是诠释。……通过诠释，存在的本真意义与此在本己存在的基本结构就向居于此在本身的存在之领悟宣告出来。此在的现象学就是诠释学。这是就诠释学这个词的原始含义来说的，据此，诠释学标志着这项解释工作。但只要发现了存在的意义与此在基本结构的意义，也就为进一步对非此在式的存在者进行种种存在论研究提供了视野。如果确实如此，诠释学就也是另一种意义上的诠释学——整理出一切存在论探索之所以可能的条件。"① 可以说，整个的《存在与时间》就是把"此在"诠释出来的具体的诠释过程。

在海德格尔整个的探索过程中，此在把自身揭示为"烦""畏""死"等生存论上的情绪现身，而在"罪责"和"决心"的生存论样态中把自身揭示为原始时间性的存在，这不能不说是由于海德格尔诠释此在和存在而得来的辛苦结晶。在这里，我们要问的是，在这样的对于存在的追问和诠释过程中，他人在此在和存在之中的可能性在哪里？在"此在"的生存之中，在存在的构架里面，是否有着他人的影子？如果有的话，那么它扮演着怎样的角色，具有怎样的地位呢？

（二）他人对于自我存在的原初性构成

在世的基本关系就是人与世界的关系和个人与他人之间的关系，对于这些基本的关系，海德格尔用了"烦""畏""死""时

① ［德］海德格尔：《存在与时间》，陈嘉映、王庆节译，生活·读书·新知三联书店1987年版，第44页。

间"等概念来揭示其基本的生存论内涵。海德格尔认为，在"烦""畏"和"死"等"此在"的整体现身情态中，他人的存在作为在世的基本现象是不会消失的，这是由"此在"的基本生存论结构本身所决定的。"共同此在"作为原初的和前反思的在世现象，成为了此在的基本的生存结构，它是每个在世的个体所无法摆脱的原初视域和基本生存结构。

首先，世界的结构之中包含着自我和他人的存在，也就是说世界是主体间的存在。海德格尔认为，现实中的他人是在操劳之中来照面的。海德格尔说，"他人并不是首先作为飘飘荡荡的主体现成摆在其他事物之侧，而是以他们繁忙于周围世界的存在方式从在世界中的上手者方面显现出来。"① 他人作为另一个"此在"，即共在。对于在世的此在来说，他人是随着世界一起照面的，也就是随着使用的工具和工件一起出现的，因为这些工具不仅仅是为我的，而且也是为他人而设的。世界的工具互相指引的整体性总是指向着一个可能的使用者，比如我们在校园里行走，这栋楼是作为某个人或某个群人居住或办公的地方而显现出来，被这些人安排和设计成现有的样子；这条路是由某些人修的，是由某些人走的；路边的大树是为了给某个可能的人遮风挡雨，种植的花卉也指向着某个即将看到它的人。因而我们可以看到，这个他人具有这样三个特点，第一，他人并不是在我们世界中的工具和物件，尽管他也可以以工具和物的形态出现，但是，这并不是他的原初的生存论意义上的存在。第二，他人也是像"此在"一样，以在世的方式"在世界之中"。在"此在"中为我而存在的工具和物品也可以为这个他人所用，世界不仅仅是为我而存在的，而且也是为他而存在。这也就意味有，有另一个他也在此，和我一样作为在世的存在。第三，对于此在来说，他人就成为了与我共同在此的存在，于是，此在就成为了共在世界中的成员。此在居留在"共同此在"的世界里繁忙和操心。他人的"在此"向来就是面向着"此在"的，是此在在世

① ［德］海德格尔：《存在与时间》，陈嘉映、王庆节译，生活·读书·新知三联书店 1987 年版，第 152 页。

界之中构成自身的结构。这是因为，此在总是从繁忙着的周围世界来领会自身，就如海德格尔所说，"它又在这个世界中以在世界之内的方式来照面"①。同时，共在也是以在世界之内的上手之物那里来揭示自身的。当此在面对他人的时候，此在并不是把他把握为一件工具和物件，而是把工具和物件作为同样可能的上手之物指向他人那里，此在的世界同时也是他人的世界，于是，此在也作为了共在而在他人的世界之中。

这个世界不仅仅是我的，同时更是"我们"的。这个世界是我与他人共在的世界。世界并不是我的世界，自我也不是属我的自我。主体性其实是主体间性。在欧陆的许多现当代哲学家都基本上采取了这个立场，这无疑意味着人类看待自身和世界的观点的一次大转变。马克思也采取了普遍的社会性作为人性的根本属性，并以对象性的实践概念和视角来看待自我和他人的关系。

其次，他人存在于自我的"先行于自身"的结构之中，因为"此在"总是"先行在世界之中"。按照海德格尔的讲法，"此在被交付给它本身，总已经被抛入一个世界了。……先行于自身的存在，说得更充分一点，就是：在已经在世的存在中先行于自身。"②本真的此在就是向着自己的"最本己的能在而自由存在"，而最本己的能在在存在论上就是"此在在其存在中已经先行于自身了"。那么这种先行于自身的存在，作为此在的最本己的能在，就是"烦"。海德格尔说："因此此在的存在论结构整体的形式上生存论上的整体性须在下述结构中来掌握：此在之存在说明；先行于自身已经在（世）的存在就是寓于（世内照面的存在者）的存在。这一存在满足了烦这个名称的含义，而这个名称则是被用于纯粹存在论生存论的意义的。"③ 所以在"烦"的结构中，此在总是已经在世界之中了，并从世界自身来领会自身。而在此在先行的在世界之中存在中，就已经蕴含着与他人的共在。因为，在"烦"的先行

---

① ［德］海德格尔：《存在与时间》，陈嘉映、王庆节译，生活·读书·新知三联书店1987年版，第137页。

② 同上书，第222页。

③ 同上书，第233页。

在世界中的结构中，恰恰揭示了"共在"现象的无法消除和他人的如影随形。在此在的最本己的能在中，此在把自身揭示为与他人的共在，这是由此在所具有的本己的被抛在世的结构所决定的。

　　同时，海德格尔发现了"畏"这个现身情态对于此在整体性的揭示，这是因为"畏"之所畏就是在世本身。海德格尔说："畏把此在抛回此在所为而畏者处去，即抛回此在的本真的能在世那儿去。畏使此在个别化为其最本己的在世的存在、这种最本己的在世的存在领会着自身，从本质上向各种可能性筹划自身。"①"畏"的现象揭示了此在的整体性，这个整体性就是此在的在世本身，所以在对"畏"的领会之中，此在向着最本己的能在筹划自身，也就是说，向着本真的此在而照面。

　　最后，他人也存在于自我的"在世界之中"的原初结构中。每一个个体都是在世的存在，而在世的存在结构从根本上规定了个体存在的基本视域。每一个个体对于世界和他人的存在关系，对于每一个个体而言都是他的基本的在世存在的组成部分。海德格尔把个体对于世界的操劳和对于他人的操心，统一地归之于"烦"的基本生存论结构。也就是说，需要从"烦"的概念来理解和把握个体与他人的共在现象，他说："如果共同此在在生存论上始终对在世具有组建作用，那么共同此在也必须从烦的现象来阐释，正如和世内上手的东西寻视打交道的活动须从烦的现象来解释一样（我们前已把这种活动称为繁忙）：因为此在的一般存在即被规定为烦。"②而"烦"就是此在的一个基本的整体规定性，"烦"这个概念是海德格尔从生存论上追问此在结构整体的整体性的时候所发现的概念。从这个概念中就揭示出"此在"在先地就具有"沉沦"的结构。所以海德格尔说："此在的实际生存不仅一般地无差别地是一个被抛的能在世，而且总是也已经消散在所繁忙的世界中了。"③那么，在寓于世界之中的此在中，海德格尔发现，上手

---

①　［德］海德格尔：《存在与时间》，陈嘉映、王庆节译，生活・读书・新知三联书店1987年版，第210页。
②　同上书，第149页。
③　同上书，第204页。

事物的存在是此在预先进入的世界，他说道："在先行于自身已经在世的存在中，本质上就一同包括有沉沦地寓于所繁忙的世内上手事物的存在。"① 我们也可以补充来说，不只是繁忙着的上手事物在世界之中来照面，而且还有同样在世的他人的存在。因而在寓于世界的生存论结构中，此在把自身揭示为共在。因而，"在世界之中"揭示的现象是，在此在的最本己性之中总是有向着消散于和沉沦于世界的可能性，这种可能性与"畏"之现象一样的原始。

由上可见，在对于"存在"的追问过程中，在对于"此在"的整体性结构的澄明中，与他人的共在并不是作为次要的现象，作为理性所解释的外在对象加以对待，相反的，他就在在世的生存整体之中。一个鲁滨孙式的孤单的理性主体是不存在的，是虚构的，每个自认为孤独的个体在他在世生存的时候，都是在用着与他人共在的语言、思维、文化的诸种模式去生存和实践，最显明的现象就是他必须用语言去思考，而语言能力作为社会习得的能力就是一种与他人共在的明证。海德格尔用"畏""烦""死"以及"时间"等现象来揭示此在所具有的整体结构，即对此在之在世作出诠释。在这些生存结构之中，与他人的共在意味着"自我"的世界并不是由绝对自足的孤零零的"自我"来构建的，而总是有着另一个同样作为"在此"的他人。在此在最本己的能在中，他人具有根本的存在论地位。当然，海德格尔对于共在和他人的说明，是为了阐发他对于"烦""畏""死"等诸种"此在"整体结构的概念，这种诠释学的目标也限定了他对于他人存在的理解并不能够彻底，这点也被列维纳斯所抨击。然而，与他人共在的生存论解释，为他人的存在作出在世的基础存在论说明，无疑是海德格尔的一大杰出贡献。

因而，共在并不是此在可以随意取消的对象，他人也不是可有可无的存在，它存在于此在的最本己的可能性之中，是由它的生存论结构来决定的。因而，此在永不可能是一个孤立的主体，它的

① ［德］海德格尔：《存在与时间》，陈嘉映、王庆节译，生活·读书·新知三联书店1987年版，第222页。

"自身"总是在先行的在世结构之中，而这个在世的结构把自身揭示为与他人的共在。也可以这么理解，即在本真的此在的存在之中，就已经蕴含着被抛的在世结构在内，此在总不是在此的，此在自我分化，而这也就揭示了后面要提到的此在的"时间性"问题。而这个被抛的在世就是与他人共在的常人，所以海德格尔说："因而在先行于自身的存在中，这个'自身'总是指常人自己意义之下的自身。即使在非本真状态中，此在本质上也仍然先行于自身，正像此在沉沦着逃避其本身也还显示着这样一种存在机制：这个存在者为的就是它的存在。"①

（三）自我作为共在的日常形态

自我所表现出的日常形态就是"常人"。"常人"是海德格尔对于日常共在的称呼。他把他人与此在的非本真状态的日常在世联系在一起，他人作为日常共处的存在就是"常人"，而此在往往从常人那里来领会自身，并把自己把握为常人中的一员。常人就是他人，但他并不是某个具体的他人，而是在日常共处中首先与通常"在此"的众人。"这个谁不是这个人，不是那个人，不是人本身，不是一些人，不是一切人的总数。这个'谁'是个中性的东西：常人。"② 常人就意味着共在的庸庸碌碌，被他人所宰制的平均状态。"此在作为日常共处的存在，就处于他人可以号令的范围之中。不是他自己存在，他人从它身上把存在拿去了。""常人"概念因为它模糊了具体的人的面貌，使得人之生存被平均化，并由此种平均而试图实现一种特异化的存在，因而被列维纳斯所抨击。

实质上，海德格尔说的"常人"，与我们常常说的"一般人"的概念相通。一般人常常就意味着中性的大众品格。常人就是为平均状态而操劳，他本身就是为这种平均状态而存在。"因此常人实际上保持在下列种种平均状态之中。本分之事的平均状态，人们认可之事和不认可之事的平均状态，人们允许他成功之事的和不允许

---

① ［德］海德格尔：《存在与时间》，陈嘉映、王庆节译，生活·读书·新知三联书店1987年版，第234页。

② 同上书，第147页。

他成功之事的平均状态，等等。"① 在日常的行为中，我们常常是履行着自己的常人的责任，当然往往都是无意识地行为。我们大家常常都是以非个人性的"我们"来进行思考、说话、感知和行为的，我们许多人都是作为"常人"在社会中这样地生存，这样的度过。但是，在真正地需要承担生命的责任的时候，常人却总是溜走了。这是由于常人总是从我这里拿走了决断，也把我的责任从我的身上拿走了。"常人就这样卸除每一此在在其日常生活中的责任。"② 所以，常人所为他人就具有这样一些特征：同处共在、庸庸碌碌、平均状态、平整作用、公众意见、卸除存在之责与迎合等。这就是海德格尔称为"常驻状态"的常人形态。

我们总是在与"常人"打交道，当我们做了一件"越格"的事情，人们常常会这样来劝说，"一般人可不会这么做。"在这里，"一般人"成为了某种行为的规范，成为了注视我们行为的法官。我们常常会依照常人的标准来规范自己，把常人的目光看作为自己的目光，在背后注视着自己的日常行为。我们总是力图去躲避一般人眼光的指责，所以，只有融入到一般人的规范中，躲入到常人的赞许里，自己的言行才不会被嘲笑。"常人怎样享乐，我们就怎样享乐；常人对文学艺术怎样阅读怎祥判断，我们就怎样阅读怎样判断；竟至常人怎样从'大众'中抽身，我们也就怎样抽身；常人对什么东西愤怒，我们就对什么东西'愤怒'。"③ 一般人就是海德格尔所说的常人，它常常表现为匿名的面孔，它并不化身为某个具体的他人，但是却又可以化身为每一个人，因而它不可能成为可以批驳和反叛的具体对象，它是具有绝对权力的无位者，也是不断出席的缺席者。所以，常人也具有着不证自明的权力，"常人展开了他的真正的独裁"。因为常人的目光构成了我原初的视域本身，构成了我反省自身的前见本身，所以，它本体地具有着权威。因为它的触目而又不可触及的无处不在，所以它威力巨大。我总是沉沦地

---

① ［德］海德格尔：《存在与时间》，陈嘉映、王庆节译，生活·读书·新知三联书店 1987 年版，第 156 页。
② 同上书，第 157 页。
③ 同上书，第 156 页。

和日常性地服从着"一般人"的意志，同时，我也不断被一般人所同化，成为新的"常人"。同样的，对于他人来说，我也是作为一个常人而出场的，于是，我也就成为了一个没有面孔的在世的他人。

这种日常的与他人共在，即常人在生存论上具有着积极的作用，它是日常此在理解其存在的先在结构，先于其他任何形式对于自身的理解和认识。本真的此在也不能够离开这个先在的结构，常人的状态并不是此在可以随便脱离的外在环境；相反，它是此在走向本真能在的生存论根基，"本真的自己存在是常人的一种生存变式，而常人在本质上是一种生存论上的东西。"①

从上可以看出，海德格尔所论说的常人，并不是一个具体的人，而是一个抽象的生存样态，其目的也是在于说明此在如何能够摆脱此种存在样态而进入到本真性的存在中。本真的存在尽管并不是能完全摆脱作为抽象的他人样态的常人，然而，他人之面貌在海德格尔哲学中所具有的消极价值则一览无余，因为它是常人，恰恰是对本真的遮蔽，是需要被遗弃的样态。无疑，这样的一种对于现实的他人面貌的解读并不能让人满意。

---

① ［德］海德格尔：《存在与时间》，陈嘉映、王庆节译，生活·读书·新知三联书店 1987 年版，第 160 页。

第 四 章

通达他人的语言

  语言是自我面对他人，也是他人展现自己的重要途径，是"他者的面貌"的基本的构成部分。同时，语言和话语是他人存在的明证，因为理性的独白并不能真实地反映语言的结构，语言的结构显示自身为主体间的存在。现代哲学发现，语言并不是属我的，内在地具有着对话的结构，它必然是交互主体的。在海德格尔那里就已经发展出存在论的语言哲学，揭示了语言对于人类存在的基本的构成作用，这就是"道说"对于人的言说和生存的本体论架构。他的语言观就为后来的语言哲学尤其是为伽达默尔的哲学解释学奠定了存在论的基础。伽达默尔创造性地发展了海德格尔的语言观，从哲学解释学的角度重新诠释了人类的理解和解释的现象，从而为人类的智性生存提供了更加基础的本体论框架，这种智慧的生活就如同伽达默尔在《真理与方法》一书中所引用的"如果你只是接住自己抛出的东西，这算不上什么，不过是雕虫小技；只有当你一把接住永恒之神以精确计算的摆动，以神奇的拱桥形弧线，朝向你抛来的东西，这才算得上一种本领，但不是你的本领，而是某个世界的力量"。①

---

  ① ［德］伽达默尔：《真理与方法》，洪汉鼎译，上海译文出版社 1999 年版，第 1页。

一　生存论的在世的语言

如果想真正地理解语言，就需要从传统的理性的语言观走出来。理性的语言观认为语言为意识所拥有，而在语言被表达之前，意识已经拥有了需要表达的意义，语言就把这种意识内的意义传达到外界。同时，语言所承载的意义具有着唯一性，而理解所要通达到的就是去除杂多意义之后的这个唯一的意义。然而，如果语言并非为理性所私有，它也并不是表达意识内容的工具，也不为某一意识所独占，就好像意识是住在黑暗的空屋子里的主人，让语言这个仆人传达自己的神秘的声音，那么，该如何来理解语言的存在呢？在上面所预设的意识中蕴含的意义是否是存在的呢？如果它是不存在的，那么，语言就会像卡夫卡在寓言般的小说片段中所述的，成为世界上的邮差，却不再有自己所要传达命令的国王了。在这里需要思考的问题是，意识和语言到底是怎样的存在，它们之间的关系如何。理性的语言观所遭遇到的矛盾，与认识论上的二元论所遭遇到的矛盾是相似的，即内在的意识如何被语言向世界和他人道出，意义是如何被编码到语言之中而成为凝固的意义链接，语言的意义所具有的歧义性和灵活性是如何而来的等这样的问题。因而，语言观同样需要进行革新而获得新的生机。

其实，语言所表达的并不是先验的意识内容，语言也并不是传递思想的质料性工具。事实是，人类通过语言来面对世界和他人，就好像人通过眼睛来看，通过耳朵来听，人也是通过语言来把握和理解世界和自身，就好像它是人身体上的一个精神器官，离开了它，人对于世界的知识将一无所获。从这个意义上讲，语言并不是人身体中可以拆卸的工具或器官，而是内在地构成着人类自身。随着人类一同生成的语言自身所蕴含的所指永远是不透明的。由语言所展开的问题和提供的答案也不会是现成的，也没有大写的答案，仿佛靠着理性的编排，把既定的话语结论加以编制，就能获得终结的世界解释。答案恰恰是未完的，永远不会完结的，它必然是多元的，是在无尽的对话中展现的。这里面涉及理性和疯癫之间的对话、不同文明之间的对话、意识和潜意识之间的对话等。

（一）对于理性语言观的批判和消解

传统中的理性认为通过语言可以了解到语言所投射过来的他人的心灵。这种语言观无疑使得许多理性的信奉者欣欣鼓舞，但是，这种对于语言的单义性和透明性的预设并不真实；相反，生存着的语言始终是多义的和含混的。语言所蕴含的意义也并不归属于自我的理性，而是内部地分裂为自我和他者，由在世的自我和他人分享。

在语言的意义结构中，自我和他人的共在就得到了具体化，具体化为语言中交流和理解现象。正如列维－斯特劳斯所说："语言（Langue）是一种非反思的整合化过程，它是一种自有其根据的人类理性，对此人类并不认识。如果有人反对说，语言之所以如此正是因为有一个依据语言理论而把它内在化的主体，我则认为必须拒绝这种遁词。这个主体是说话的主体，因为向他揭示语言性质的同一明证也向他揭示：当他以前还不了解语言时语言就已经如是存在着，因为语言已经使自己被人们理解了；而且语言以后将仍然如是存在而无须为他所知，因为他的话语从来也不是，也将永远不会是语言法则有意识的整合化作用的结果。"[①] 把语言和文字作为承载着说者和作者内在意识的工具，以为在语言中凝结着言语主体意识中的意义，就会形成诠释学之中的移情和体验学说。移情和体验说的代表要数施莱尔马赫和狄尔泰了。按照施莱尔马赫的诠释学传统，理解和解释的目标是重构作者的思想，是一种深度的移情。狄尔泰则把理解看成对于他人生命的直接体验。以移情现象和体验说为突破口，就可以了解为什么语言并非是由自我意识所专属的，而是具有着主体间性的意义。

首先，把语言理解为意义和符号二元结构，实质上就是认识论上的主客二元论的延续，是站不住脚的。海德格尔就从"此在诠释学"的角度，反对以移情的方法来理解和诠释他人，也颠覆了

---

① ［法］列维－斯特劳斯：《野性的思维》，李幼蒸译，中国人民大学出版社2006年版，第228页。

传统哲学的对于理解和解释的观念。用"移情"的方法去理解和体验他人，其实质也是二元论的认识论滥觞。其实，无论是移情还是体验，都预设了一个现成的自我意识作为理解的主体，和一个现成的依托于文本的他人意识作为客体，这种不自觉预设的前提是根本站不住脚的。海德格尔说："如此这般从现象上'首先'以领会方式表现出来的共处，同时却被一般地当作'最初'而原始地使向他人存在成为可能的东西。于是乎，这种并不见得十分幸运地被称为'移情'的现象就仿佛在存在论上首次搭了一座桥，从首先被给定为茕茕孑立的自己的主体通到首先根本封闭不露的其他主体。"① 他指出，理解并不是进入他人心理的特殊能力，也不是在精神的意义上对于生命的深度体验，在根本上，理解是此在对于自己在世的生存可能性的把握，是此在在世存在的一种基本方式。

其次，语言在自我与他人那里所具有的单义性是虚幻的，正如我与他之间的精神同构性是虚幻的一样。在狄尔泰的哲学中，正是自我和他人在精神上的同构性，保证了体验的合理性和可能性。海德格尔认为这种同构性的实质就是把他人作为了自我的一个复本，把语言预设为单一意义的存在。海德格尔说道："对各是自己的此在来说，这种此在对此在的存在关系已经发挥其组建作用了，因为每一此在都从它本身而具有存在之领悟，从而就是同此在发生关系。于是对他人的存在关系变成了一种投射，即把自己对自己本身的存在投射'到一个他人之中'去。他人就是自我的一个复本。"② 对此，海德格尔提出了一个关键性的问题，"这种貌似不言自明的想法是立于软弱的基地上的。这个论证所需要的前提：此在对他本身的存在就是对一个他人的存在，而这个前提是靠不住的。只要这个前提还没有被明白无误地证明为正当的，那么它如何把此在对其本身的关联向他人之为他人开展出来，就始终还是个谜。"③ 海德格尔所提出的问题在于，只有我的精神对于我来说是可见的和透

---

① ［德］海德格尔：《存在与时间》，陈嘉映、王庆节译，生活·读书·新知三联书店1987年版，第144页。

② 同上书，第145页。

③ 同上。

明的，我才可能把此种对于精神的理解推及到他人那里。然而，恰恰相反的是，我自身存在的意义和结构对于我来说并不是自明的，是需要真正地加以解答的问题。因而，只有当此在之在世与他人之共在成为"透彻可见而无所伪饰"时，这个谜才可以被解开。语言所具有的单义性的意义并不应该成为不证自明的预设，并隐秘地成为移情和体验学说得以建立的基础。这种基础性的概念才是真正需要加以拷问的对象，这种拷问就需要以基础存在论为方法，重新理解语言之生存论的意义。由此可见，海德格尔之所以反对以"移情"或"体验"为根本方法来理解他人，是因为它遗忘了其存在论的基础，所以成为了无根基的方法；在其存在论的根本点上，它并没有得到阐释。这种悖论的产生就在于孤立主体的预先确立，而这种确立本身却是虚假的、没有根基的。海德格尔说道："并不是'移情'才刚组建起共在，倒是'移情'要以共在为基础才可能，并且'移情'之所以避免不开，其原因就在于占统治地位的乃是共在的诸残缺样式。"①

只有从根本上重新理解人类的理解活动，才能够避免理论上的悖论。海德格尔指出，理解和解释并不是自我对于他人、主体对于客体的意识活动，而是此在作为共在的原始样态之一。人作为共在原初地就居于或沉沦于对于他人的理解和解释之中，因而人才能够从中抽身而出而成为理解和解释的主人。话语和言谈因而就并不是对于内在无声意识的有声表达，而是把此在中对于与他人共在的理解展示出来。语言因而是一个把有他的意义世界通过我而向他人展示出来的分音节的有声过程。故而，理解和解释行为在根本上是此在存在的方式，在理解和解释之中，此在展露自身。而此在总已经在解释和理解中而与他人处于共在，并通过理解和解释的活动而把此在带到澄明之中。可见，语言所蕴含的意义，并不是对于内在意识的承载和传递，而是对于此在的真理性展开，是对于此在自身的展开过程。于是，理解和解释就并不是对于客观存在的世界和对他

① ［德］海德格尔：《存在与时间》，陈嘉映、王庆节译，生活·读书·新知三联书店 1987 年版，第 145 页。

人心理实体的理解和解释，而是转变成为对存在本身意义的揭示。

最后，真实的语言之所指并非是说者的本意，而是对于真理的面向。因而，对于说者或作者本意的追寻注定是失败的，因为这种做法与语言所承载的功能南辕北辙。最后所形成的对于语言和文字的解释，也注定是多元的和多义的。如果说海德格尔是从一种此在的生存论角度批评移情和体验的无根基的解释学立场，那么，他的弟子伽达默尔就是从哲学解释学的角度来批驳移情和体验在解释学上的虚假性。伽达默尔反对施莱尔马赫和狄尔泰的理解观，认为他们都是把理解和解释视为以语言的解释为媒介通过"体验"某个陌生意识而"重构"某个陌生的心理东西。按照他的看法，如果我们想理解一个文本，我们其实并不试图使自己设身处地于作者的心灵生活中，他写道："正如我们所说的，所谓理解就是对事情取得相互一致，而不是说使自己置身于他人的思想之中并设身处地地领会他人的体验。"① 如果说"设身处地"是有意义的，那么是在这一意义上，即我们设身处地于作者关于他所讲的事情的意见之中，就此而言，我们必须让事情本身及其真理要求得以表现。语言的原初的功能并不是为了表述某个神秘的主体意识和心灵，而是为了表达关于世界和真理的观点。语言所面对的并不是意识，而是真理。所以只有当我们参与文本并认真取其真理要求时，我们才能正确理解该文本。如果我们只是把文本带回到单纯的元材料、单纯的传承物，或只是认为它们是关于事件的报道，那么我们就永不会理解作为文本的文本。文本决不只是单纯的源泉，借助它我们能重构某个他人生命的心理过程。伽达默尔写道："施莱尔马赫并不是第一个把诠释学任务限制于使别人在讲话和著作中所意味的东西成为可理解的人。诠释学技艺从来就不是研讨事物的工具论。……可是，凡是在我们致力于理解——例如对《圣经》或古典文学进行理解——的地方，我们总是要间接地涉及隐藏在原问里的真理问题，并且要把这种真理揭示出来。事实上，应当被理解的东西并不

①　[德] 伽达默尔：《真理与方法》，洪汉鼎译，上海译文出版社 1999 年版，第 387 页。

是作为某种生命环节的思想，而是作为真理的思想。正是因为这一理由，诠释学才具有一种实际的作用，保留了研讨事物的实际意义。"① 伽达默尔还进一步分析说，如果我们了解了话语与书写文字的差别，那么话语一旦变成了文字，它所包含的作者思想就已不是原先的思想。他说道："通过文字固定下来的东西已经同它的起源和原作者的关联相脱离，并向新的关系积极地开放。像作者的意见或原来读者的理解这样的规范概念实际上只代表一种空位，而这空位需不断地由具体理解场合所填补。"② 正是在这里，伽达默尔从黑格尔的遗产里找到了克服施莱尔马赫和狄尔泰问题的理论基础。他写道："黑格尔的遗产，尤其是'客观精神'这一概念，经过狄尔泰，甚至经过新康德主义和本世纪才出现的现象学，终又获得了新的生命力，而这指出了一条克服现代主观主义的片面性，尤其是'心理学'解释的片面性的道路。施莱尔马赫的移情体验的天才之处，不仅把这种心理学解释加进解释理论的传统方法，而且还将其选定为独特的方法。关于客观精神的理论，成了狄尔泰学派的最有影响的遗产。因而这使我面临一个抉择——就是'在心理上重构过去的思想'，还是'把过去的思想融合在我们自己的思想中'？——我决定反对施莱尔马赫而赞成黑格尔。"③

在这个意义上，对于某个具体文本的理解和解释，就是对于文本中所面对的真理问题的，随着作者所一同展开的对话和解答过程。它必然并不是对于作者内在心灵的重构，也不可能形成对于作者的精神而言更好的对于真理的理解，因为真理是无限开放的，它彰显出对于真理的多元的解释成果。从这个角度来说，柏拉图的和康德的对于世界的解释，都是真理展开自身的多元方式，并不能评价二者之间孰优孰劣。然而，施莱尔马赫却认为，我们不仅可以复制作者的内心世界，而且更可以重构作者的心理，这种重构就具有

---

① ［德］伽达默尔：《真理与方法》，洪汉鼎译，上海译文出版社1999年版，第189页。

② 同上书，第399页。

③ ［德］伽达默尔：《科学时代的理性》，薛华等译，国际文化出版公司1988年版，第40页。

着解释者的创造性，从而他认为解释者甚至可以比作者更好地理解作品。伽达默尔对此持反对意见，他认为与其说是"更好的理解"，还不如说是"不同的理解"。他写道："理解就不只是一种复制的行为，而始终是一种创造性的行为。把理解中存在的这种创造性的环节称之为'更好理解'，这未必是正确的。因为正如我们已经指出的，这个用语乃是启蒙运动时代的一项批判原则转用在天才说美学基础上的产物。实际上，理解并不是更好的理解，不管这种理解是由于有更清楚的概念因而有更完善的知识这种意思，还是因为有意识性对于创造的无意识性具有基本优越性这个意思。我们只消说：如果我们一般有所理解，那么我们总是以不同的方式在理解，这就够了。"① 伽达默尔同意把理解作为创造性的行为，而不是简单的复制，但是，因为并不存在所谓作者的本意那种存在，所以，我们并不能够有一个现成的标准来评判何者是"更好的理解"。而在历史传承物的流传中，每个时代的解释者都从自身的问题出发，对其进行新的理解和解释，从而使得流传物体现出不同的面貌，并呈现出"不同的理解"。在这些不同的理解基础上，新问题也会随着产生，从而又会有新的不同的理解的出现。因而，对于文本的解读也不是随意的，文本只有进入到可能解释的空间才是存在的，文本的内容依赖于解释的空间，这是任何解释都需要具有的前提。因而，在这个空间之外，去妄说什么在文本中自在存在的意义，是没有意义的。

（二）语言的生存性和反思性

首先，语言是面对真理的，而在对于真理的面向中，我的话语获得了它原初的含义。对于语言的理解其根本是在于语言中实现存在真理的澄明。因而，正是在对真理的面对中，语言才找到了自己活的灵魂。在这个问题上，伽达默尔基本继承了从胡塞尔到海德格尔以来这种观点，即反对把文本只作为作者内在心理意图的单纯表达的主张。理解也并不是解释者对于被解释者实在心理的探求，这

---

① ［德］伽达默尔：《真理与方法》，洪汉鼎译，上海译文出版社 1999 年版，第301—302 页。

种观点仍是在近代认识论的二元论的哲学基础上工作的。海德格尔把这种主客二元对立的思考模式和背后所蕴含的本体论承诺称为"存在的遗忘"。事情的真相是，理解本身是存在自身的事件，随同这一事件共同展开的是存在的自身澄明。所以，理解并不是主体去理解客体，而是存在之去蔽和澄明。理解是存在自身的一个事件，这个事件本身就具有着历史性和现实性。因而，海德格尔努力强调面向事物自身，他把对于理解的研究放到生存论的意义上，并开启了一个完全不同的视域。

因而，理解的本真意义就是对于真理的揭示，表现在对话中就是在语言中对于事件本身达到同意或相互一致，即对话的双方在同一问题或事件上取得一致意见。伽达默尔说，"我们从这一命题开始：'理解首先指相互理解，了解首先是相互一致。'所以，人们大多是直接地相互理解的，也就是说，他们相互了解直到取得相互一致为止。了解也总是对某物的了解。相互理解就是对某物的相互理解。语言已经表明：谈论的东西和涉及的东西并不只是一个本身任意的相互理解不必依赖于它的谈论对象，而是相互理解本身的途径和目的。"① 在这里，会遇到在语言学上对语言所作的一个经典的区分，即语言的能指和所指。语言之所指就是语言所指向的某物或某事，而语言之能指，指的就是语言的名称，具有约定俗成的性质。然而，语言之功能却并非仅仅是指示的，它同时赋有含义的功能，在这点上，胡塞尔是正确的。在语言所指向的某物上，比如一只钢笔、一辆汽车，都被赋予了语言使用者所加其上的丰富的含义，比如喜爱、关于它的故事、新开发的功能等。因而，在这里，伽达默尔所强调的，并不是语言的单义的所指对象，而是指语言的所指对象的意义整体。语言整体所关涉的对象，其实就是对象的存在，就是关于对象的真理。所以，语言所要面对的，恰恰还是关于事物的真理。

在语言中某种东西被主张，这种主张并不只是某个心理生活的

① ［德］伽达默尔：《真理与方法》，洪汉鼎译，上海译文出版社 1999 年版，第582 页。

单纯表现。理解对方所说的话语，意味着我们在语言中的真理要求中取得了一致。这种同意和相互一致就是赞同被理解东西的意见和承认被理解东西的真理，伽达默尔认为，这就好像我问某个行人现在几点钟，我的第一个反应并不是怀疑他的回答，而是我接受和理解他的回答。这种情况可以延伸到对于本文的解读，也就是说，当我面对文本的时候，我就进入到它所提出的问题和真理要求当中。因而，理解某个陌生的文本，并不是指向作者的内心，而是指向它向读者提出的真理要求，而这也就意味着读者已经进入到了真理当中。

对于被理解者内心的解读只是本真性理解的变式，因为只有当本真的理解模式遭到了阻碍时，对方的心理才会成为进入到问题域。例如，别人回答说现在是中午，但是天已经黑了下来，那么我就会开始怀疑他的回答并把意识指向他的真实意图。这也就意味着，只有当理解中的真理要求停止其效用的时候，我才会进入到文本或话语背后去探寻他人的心理和动机。因而，伽达默尔认为，在理解中发生的对于他人心理的移情和体验并不是理解的真相，而是理解中的一种极限情况，是理解本真样式的变式。所以，从这个前提出发把握理解，就会失去人与人之间理解的真实情况。

伽达默尔总结道："在关于浪漫主义解释学的分析中，我们早已看到，理解不是靠'进入'另一个人的内心，也不是靠一个人与另一个人在内心上的直接融合。正如我们看到的那样，理解一个人所说的话，是在所谈对象上取得一致意见，而不是进入另一个人的内心并且重新体验他的经验。……语言是两人之间产生理解和在谈话对象上取得一致看法的中间地带。"①

其次，语言是面对着他人和世界的，解读着他人和世界。语言的意义是无限展开的，它并不是由固定的和现成的真理所限定。事实上，语言及其所蕴含的真理必然是在时间中随着他人和世界一道展开的。

---

① ［德］伽达默尔：《真理与方法》，洪汉鼎译，上海译文出版社 1999 年版，第578 页。

人总是凭借着语言而进入到他人的世界之中，离开了语言及其意义，人对于他人的世界将一无所知。可以说，正是语言打开了一个主体间的世界，而在世界之中，世界之中的万物才熠熠生辉而成为了人可以理解的世间万物。语言也并不是人可以随意拿起又放下的工具，而是人总是以语言的方式去面对世界和他人。语言是人类生存的基本样态和能力，人总是语言地活在世界之中。在这个意义上，并不是人拥有语言，而是语言拥有了人，语言通过人来说话。

在这个意义上，语言并非一种工具性的存在，在其原初的意义上，它总是通过人产生出自己的意义。它总是面对着他人和世界，而拒绝把自己对象化和工具化。而事实上，它也无法被彻底对象化和工具化。语言总是面对着存在的真理，它向着这个真理展开，守护着这个真理。语言就是这个真理的展开。那么，这个真理是在语言作为整体的世界中锁闭着的吗？一旦我们破解了语言的密码，那么对于世界的真理就能一览无余。还是语言与真理一道，都是随着言说者的言说无限地延展下去？什么是他人的语言，他人的语言对于我来说，意味着什么？毫无疑问，他人借助着语言有时是堂而皇之的，有时是偷偷溜进了我的意识世界，共同构成了我的精神世界。是否有原初意义上的我的精神世界呢？还是通过他人的语言，我更加清楚地划清了我与他人的界限，更加清楚了什么是自我？至少，没有了他人语言的介入，我的精神世界将大不一样。

（三）"无意"的和"无我"的语言

首先，生存论的语言是非对象性和非工具性的。也就是说，在活的语言中，语言并不是作为对象化的存在。在人类对于语言的真实使用中，语言并不是思维的对象，也不是外在于目标和对象的工具。语言可以成为反思的对象，这件事情与语言本身同样存在着深刻的关联，尽管目前这种关联还是晦暗不明的。伽达默尔认为，语言"不是自在的，因为它根本不具有对象性的特性"。相反，语言"并不是反思思想的创造物，而是与我们生活于其中的世界举止一起参与活动的。"① 我们在语言的世界里面生活和思考，并不是像人类进入到某种环境中一样，可以把这个环境作为自己观察和认识的对象。相反，我们不可能在语言之外来观察语言，因为根本就不存在外在于语言世界的立场，从这个立场出发就可以把语言变为对象。我们必须语言地观察语言，而不可能非语言地进入到语言的世界里。所以，类似于物理学和语言科学的做法，都可能嫁接到对于语言研究中来，因为，语言不可能成为科学分析的对象。所以，伽达默尔说道："语言地表现并被语言地把握的世界，并不像科学的对象那样在同一意义上是自在的和相对的。"②

在海德格尔那里，就已经力争破除掉语言工具化的观念，他认为，并不是人在说语言，相反，是"语言说"，语言把自身带向自身的整体性，语言就是把事物带入到切近。它唤来或是呼往。把语言做工具性的理解，也就是把语言做"物化"的理解，把语言作为可控制可操纵的对象。把语言工具化和观念化就是按照某种程式，把语言现成化为固定的僵死的工具，使语言丧失了其生存论上的意义，而仅仅具有了工具化和程式化的意义。语言成为了可制作的对象，成为了具有内在"本质"之物了。语言被千篇一律地与其他的客观物一道纳入到了科学的轨道上，成为了科学程式中的一个角色，或者语言成为了科学的代言人，成为了人类思维的新的控制者。海德格尔揭示了这种语言科学化的进程，"可是，在语言上取得一种经验这回事情却大相径庭于人们去获得关于语言的知识。语言科学，不同语言的语言学和语文学，心理学和语言哲学等，为我们提供这种语言知识，而且不断地无限地输送出这种知识。新近的语言科学和语言哲学研究越来越明显地把目标锁定在对所谓的'元语言'的制作上了。致力于这种超语言之制作的科学哲学，被认为是'元语言学'。这是很顺理成章的了。元语言学，它听来犹如形而上学——不光听来如此，其实它就是形而上学。因为元语言

---

① ［德］伽达默尔：《真理与方法》，洪汉鼎译，上海译文出版社1999年版，第579页。

② 同上书，第581页。

学即是把一切语言普遍地转变为单一运转的全球性信息工具这样一种技术化过程的形而上学。元语言与人造卫星，元语言学与导弹技术，一回事情也。"①

伽达默尔进一步推进了这种观念，他说："语言并不是意识借以同世界打交道的一种工具，它并不是与符号和工具——这两者无疑也是人所特有的——并列的第三种器械。语言根本不是一种器械或一种工具。"② 我们对于工具的一般性理解是把其作为可控制的对象来使用，当需要的时候就把它拿来使用，不需要的时候就放在一边。但是，我们的语言的存在并不是这样，因为我们不可能把语言作为我的对象，而不能够在没有语言的状况下拿起它。相反地，语言构成了我的世界，在所有关于我的知识和关于外界的知识中，我们总是被语言所包围。伽达默尔用我们学习语言的经验来说明语言的非工具性。我们总是已经在一个语言中去学习说话的，因而，学习说话并不是意味着我们用一种工具去了解早已被我们了解的世界，而是随着语言的学习一同展开了新的世界，学会了一种新的话语就意味着视域的扩大和世界的扩展。伽达默尔所要表达的是，语言是我们理解世界得以实现和经验世界得以构成的普遍媒介。人拥有语言并不是无关痛痒的偶然事件，而是人之为人的本质性表现，是人处于世界之内这一结构的表现。人类总是在语言中理解自身，因为他可以在语言所开启的意义世界里揭示在者的存在。

所以，实情并不是人类拥有了语言，把语言作了可以放开和拿来的工具，而是语言拥有了人，占有了人，正是这一点才使得人类的生存成为可理解的。人在其生存之中就是语言性的，语言是人类理解活动得以成立的本体论条件。"诠释学的一切前提无非就是语言"，这是施莱尔马赫的名言。这句话并不是一种语言唯心论，并不是说存在的一切都是语言，存在的一切都是非实在的对象，而是揭示了这样一种观点：我们总是语言地据有我们的世界，即洪堡

---

① ［德］海德格尔：《在通向语言的途中》，孙周兴译，商务印书馆 1997 年版，第 128 页。

② ［德］伽达默尔：《真理与方法》，洪汉鼎译，上海译文出版社 1999 年版，第 593 页。

特所说的语言世界观。我们与世界的关联和经验本身先在地就是语言性的，语言构成了世界的存在本身。语言对我们来说，决不是把握世界的工具，而是构造了我们的世界经验。

其次，生存论的语言具有无意性和无我性。在现实的世界里，我们首先所面对的是生存论的语言。人类并不是有选择地生存在一个语言的世界，而是无选择地被语言所占有。人总是语言地面对着世界，人的在世的存在总是语言性的。在生存论的意义上，语言并非是现成的工具，而总是对于存在的澄明，语言具有本体论的意蕴。所以，我们可以看到，伽达默尔是在生存论的意义上，在前反思、前概念的意义上来谈论语言，在这个意义上，自我和他人还没有对自身形成自我意识，它们都彼此不分地共同生活在语言的世界里面。

语言的无我性所要表达的是，真实的活的语言的非主观性和不可控性。在非主观的语言过程中，我们共同地实现了真实的对话。这里所说的非主观和不可控不是说，我们人类不可能建构起人工的语言，不是说人类不可以控制谈话的进程，而是说，无论是人工语言还是对于谈话的人为控制等，都不是语言进程的真实反映，而这些主观的现象只有以作为世界整体的语言为基础才是可以理解的。伽达默尔对于语言的非主观性总结道："语言的神秘性在海德格尔后期思想中所起的作用足以表明，他集中于研究自我理解的历史性不仅把意识概念从它的中心地位上驱赶出去，而且驱赶掉了自我概念本身。因为，有什么比语言的神秘领域更无意识、更'无我'的呢？我们处于语言领域之中，它允许我们把要表达的东西表达出来。于是存在就'被时间化'了。"①

伽达默尔认为，在语言之中的"无我性"可以用游戏概念来加以描述。我们常常是从游戏者的意识出发来思考游戏的本质，但是，这种对于游戏的把握恰恰遗失了游戏的真实含义，而仅仅变成了主观意识中的游戏。这种游戏中的主观性正是游戏本身需要破除

---

① ［德］伽达默尔：《哲学解释学》，夏振平、宋建平译，上海译文出版社1994年版，第49页。

的习惯，因为它违反了游戏的规则。游戏的本质是一个普遍动态过程，它可以囊括进人类所有的行为。而游戏之所以成为游戏本身就在于游戏者全神贯注地进入游戏，并把自身消失在游戏之中。如果游戏者不再把自己当作在做某种游戏的人，不把自己作为游戏的主体，那么，一个真正的游戏就发生了。相反地，如果游戏者不能进入到游戏，而是在游戏之外观望，我们说这不是一个真正的游戏者，他还是一个局外人。所以，伽达默尔认为，游戏的基本规范在于，"满足游戏的精神——轻松的精神、自由的精神和成功的喜悦的精神——并满足游戏者等"①。所以，在游戏中，不是自我在成为主体，而恰恰自我丧失了主体性，而仿佛语言成为了真正的主体。这种游戏的规范对于语言的现实的对话也具有着结构相似性。一个真正地进入语言的人，不是在对话之外对谈话本身观望，而希图为每一次对话制定规则的人；恰恰相反，他需要放弃掉自己的主观诉求，只有这样，他才可以真正地进入到语言本身的规则之中。所以，当我们进行真正的对话的时候，那就不是单个人的意愿就可以阻止谈话或者控制谈话的发展的。在这个时候，是谈话的主题在引导着对话的双方，他们相互争论，互相交流，并在最后实现视域上的相互交融。所以，一次成功的对话，并不在于对话者内在意图的满足，而是共同完成了语言本身的要求。

伽达默尔从其哲学解释学的角度来论述日常语言学派向人工语言学派超越的意义。语言在其本真意义上，它是一种纯游戏，而只有人真的投入到语言的游戏里，并成为语言的一部分，语言才真的成为语言。人工语言的错误不在于一种深层的结构性的人工的语言的存在，而是在哲学层面上，语言所具有的本体论意义："我们可以在维特根斯坦的《逻辑哲学论》中发现这种纲领最为彻底、最为成功的形式。然而，维特根斯坦在他的后期著作中指出，人工语言的理想是自相矛盾的，但并不像人们常常引证的那样是因为引进任何人工语言都要求有另一种早已在使用的语言，因此，人工语言

---

① ［德］伽达默尔：《哲学解释学》，夏振平、宋建平译，上海译文出版社1994年版，第66页。

必定包含一种自然语言。实际上，对于维特根斯坦的后期思想具有决定意义的知识是，语言总是正确的，这就是说，语言在获得双方理解时有真正的作用，因此哲学的虚假问题并非产生于语言的缺陷，而是产生于一种错误的、教条化的思想，即想把起作用的词实体化。语言就像一种游戏。维特根斯坦谈论语言游戏以便坚持语词所具有的纯作用意思。只有当语言是一种纯操练活动时，语言才是语言，亦即，只有当语言沉浸于使所说的话成为可视的，而自己本身却似乎消失时，语言才是语言。"①

　　最后，生存论语言具有着自我遗忘性。生存性的语言并不是指向自己而是揭示世界，当它越深地隐藏起自己的时候，它才可以更好完成自身的揭示功能，这就是语言的自我遗忘性。语言的自我遗忘并不是语言刻意地对自己视而不见，而是语言在其本性中并不指向它自身，而是展示它所说出的东西。语言所要接近和揭示的对象就是语言所蕴含的真理。语言在对其自身的遗忘中揭示真理，因而，语言就好像光一样，光的特性在于其自身的遗忘性，是照亮它所接触的一切。伽达默尔写道："语言越是一种活生生的过程，我们就越不会意识到它。因此，从语言的忘却中引出的结论就是，语言的真实存在就在于用语言所说的东西。语言所说的东西构造了我们生活于其中的日常世界……语言的真实存在即是当我们听到它时我们所接纳的东西——被说出来的东西。"② 所以，语言就好像光一样，它表达了在者，揭示了存在，与此同时又自我隐藏。从光的经验中我们就可以获得一种语言上的诠释学经验，它有如一道新的光芒而使得被观察的领域得到展示和扩展。"诠释学经验属于这种情况，因为它也是一种真实经验的事件。凡是由传承物说给我们什么东西的地方，所说的东西里总有某种明显（真理）的东西，而这种东西却无须在每一细节上加以确保、判断和决定。传承物通过被理解而肯定自身的真理，并且变动先前一直包围着我们的视域。

---

① ［德］伽达默尔：《哲学解释学》，夏振平、宋建平译，上海译文出版社1994年版，第128页。
② 同上书，第22页。

这在我们所指出的意义上就是一种真正的经验。"① 因而，语言的存在就在它所要表达的东西里面，人们所说的东西构成我们生活于其间的生活世界。当我们说话，我们就是在进入到这个世界当中去生活，在语言所揭示的世界中去生活。因此，由人发明的人工理解系统根本就不具备真实语言的资格。因为人工语言，例如秘密语言或数学符号语言都没有语言共同体和生活共同体作为它们的基础，而只是作为相互理解的手段和工具而被使用。也就是说，人工语言总是以生动地进行的相互理解作为前提，而这正是语言性的。因而，我们可以了解，在语言的自我遗忘性其实质展示的就是语言真实的面貌，它的最原初的存在也是它的最真实存在。

（四）生存论语言所具有的本体论地位

1. 语言的本体论地位

语言的本体论地位说明了语言对于人类意识所具有的根本性的组建作用。如果说海德格尔哲学揭示了人之为人的在世界之中的结构，那么，生存论的语言观则揭示了语言对于人之为人的生存论建构，可以说，这个建构可以被表述为人的"在语言之中"。语言是现代哲学中的核心问题，语言与理解、语言与世界的关系是现象学、生存哲学、哲学解释学和交往哲学的重要内容。而在传统的哲学，乃至到胡塞尔的现象学那里，语言都没有获得在哲学中的中心地位而处于边缘。一直到了海德格尔的存在哲学中，语言的内涵才在生存论的视域里获得了释放，他在对于此在分析的基础上，把言谈放置于此在在世的基本结构中，而使得话语和语言具有了基础存在论的意义。在后期海德格尔哲学中，他更是把语言作为了存在的居所，成为了本体意义上的存在。

伽达默尔在海德格尔之后，把语言看作哲学的核心概念，并且从存在论的语言观出发，重新阐释了诠释学的基本原则，并为理解和解释提供了超越出方法论和认识论的诠释学基础，并揭示了语言与理解、语言与世界之间的内在关联。他认为，语言、理解和世界

---

① ［德］伽达默尔：《真理与方法》，洪汉鼎译，上海译文出版社 1999 年版，第489 页。

三者是相互统一的，其统一的基点即在于作为本体的语言那里，他说道，"语言是理解得以实现的普遍媒介"，又说道，"语言就是我们存在与其中的世界起作用的基本方式，是世界构成的无所不包的形式。"① 我们总是语言地拥有着世界，语言并不是我们理解世界的工具，也不是我们的意识分析的对象，而是构成我们的世界观本身，构成了我们的世界经验本身，它是我们解释世界的根本原则；同时，语言也是本体性的存在，正是语言拥有着我们，人类才具有了精神的历史。而这也正如梅洛·庞蒂所言，"是语言拥有我们，而不是我们拥有语言。是存在在我们之中言说，而不是我们言说存在。"②

所以，语言并不是意识可以拿来又有时抛掉的工具，这点表明，我们总是通过语言去面对世界。语言总是超越出我的自我意识存在，因而，语言的本体性规定了我们每一个人都不是作为自足的个体而存在。人在语言中总是要面对一个超越出自身的"他人"，这个他人在根本上同样是语言性的。所以，当人语言地生活在世界中的时候，我们必然会面对着一个作为语言的"他人"。

2. 作为整体的世界观的语言

在伽达默尔那里，解释学被发展成为了哲学解释学，即解释学作为一种语言诠释的技巧，已经不再局限于经典的诠释和阐发，而是推及到整个人类的语言理解的领域之中，甚至对于整个人类对于世界的理解都是基础性的。对于他而言，语言并不是"现成在手"的对象，它总是在向我展示它的存在和它的意义。语言不可能真正地成为科学研究的对象，因为，恰恰是它构成了我们的世界观本身。从中也可以看出，世界作为语言性的存在也不可能成为我的对象，世界在语言中不被"对象化"。

洪堡特就已经提出过"语言就是世界观"的观点，他认为每一种语言就是一种特殊的世界观，所以，每种人类语言的形式都是

① 《当代西方著名思想家评传》，第 1 卷，山东人民出版社 1996 年版，第 418 页。
② ［法］梅洛·庞蒂：《可见与不可见的》，罗国祥译，商务印书馆 2008 年版，第194 页。

不同的。在伽达默尔排除了洪堡特语言哲学认识论思想的前提下，他基本继承了洪堡特的这一观点。他认为，洪堡特的语言观的核心是把语言作了一种非工具性的理解，它并不是人类可以拥有的对象，恰恰相反的是，人类正是通过语言来拥有世界的。世界在本质上就是一个语言的世界，一旦人类进入到语言中，就意味着他拥有了一个世界。伽达默尔认为，语言与世界是作为整体而存在的，世界是在语言中的世界，语言是世界中的语言，所以，他说道："语言最初的人类性，同时意味着人类在世的基本的语言特性。"[①]

伽达默尔把语言作为解释学的解释原则，并用语言来架构他的本体论。他明确指出，"能被理解的存在就是语言"[②]，这意味着语言是我们理解世界的本体论条件，同时也意味着我们对于世界的理解总是在语言之中的，语言的存在是世界的本体。

世界的语言性并不意味着我们所面对的世界就是语言，但是，世界的存在只能从语言来展示和被理解。从这里伽达默尔得出一见解：我们对语言的拥有或者说我们被语言所拥有，乃是我们理解世界的本体论条件。他写道："语言并非只是一种生活在世界上的人类所适于使用的装备；相反，以语言作为基础，并在语言中得以表现的是，人拥有世界。对于人来说，世界就是存在于这里的世界，正如对于无生命的物质来说世界也有其他的此在。但世界对于人的这个此在却是通过语言而表述的。这就是洪堡特从另外的角度表述的命题的根本核心，即语言世界观。洪堡特想以此说明，相对附属于某个语言共同体的个人，语言具有一种独立的此在。如果这个个人是在这种语言中成长起来的，则语言就会把他同时引入一种确定的世界关系和世界行为之中。但更为重要的则是这种说法的根据：语言相对于语言中所表达的世界并没有它独立的此在。不仅世界之所以是世界，仅因为它要用语言表达出来，而且语言之所以具有其根本此在，只是在于世界是用语言来表达的。语言的原始人类性同

① ［德］伽达默尔：《真理与方法》，洪汉鼎译，上海译文出版社1999年版，第401页。

② 同上书，第432页。

时也意味着人类在世存在的原始语言性。"①

所以，世界并不是作为自在的世界，而是作为语言中的世界而在的。他认为，世界尽管并不依赖我们的意识而存在，但是，不能说世界就是自在存在的；相反，世界必然语言地存在，它只有在语言中才能够被人所理解，而不被理解的存在就不会被人的意识呈显出来，对于人来说也就是不存在的。他说："我们自己的世界图式不断扩大的标准，不是由某个处于一切语言之外的'自在世界'提供的。毋宁说，人类对世界体验的无限完满性，意味着无论使用什么语言，我们获得的不外是一个不断扩大的方面，一种对于世界的'看法'。"②

因而，伽达默尔认为，世界并不是在语言之外的自在存在，世界必然表现为语言，我们必然语言地拥有世界。语言对于世界总是在先的，这种在先也是绝对的和必然的。我们必然语言地面对世界和拥有世界，就意味着语言蕴含着一切自在的存在，我们对于语言的经验对于一切的存在物都是在先的。所以，我们语言地拥有世界，并不意味着世界成为了语言的对象，而是说，任何的事物和对象都已经被语言性的视域所囊括，我们总是"在语言之中"，所以，我们不能把语言作为世界对象化，我们总是在语言之中而面对世界。这也就是伽达默尔所说的"语言的普遍性"的意义。语言的普遍性说的就是语言对于世界的包容，世界总是语言性的。语言并不是一个封闭的、有限的领域，仿佛在这个领域之外还有其他的不可言说的世界，相反，语言是包容一切的，没有任何东西可以从言说的世界中排除。

所以，伽达默尔说道："其实在每种语言中都同存在物的无限性具有一种直接的联系。拥有语言意味着一种同动物的环境束缚性完全不同的存在方式。由于人类学会了陌生的语言，所以他们并不改变他们的世界关系，有如变成了陆地动物的水中动物那样；相

---

① ［德］伽达默尔：《真理与方法》，洪汉鼎译，上海译文出版社 1999 年版，第446—447 页。

② 同上书，第405 页。

反，由于人类坚持其自己的世界关系，所以他们通过陌生的语言世界反而扩充和丰富了这种世界关系。谁拥有语言，谁就'拥有'世界。"①语言作为先在的视域，成为考察世界的世界观。而语言从来并不是只属于自我的，在语言中永远有着他人。人语言地面对世界就意味着，我们总是与他人一起面对世界。在我面对世界的时候，我必然地要用"我们"的眼观去看、去想。语言是超越我们的绝对的存在、绝对的他人，语言是一个超越自我意识的存在，"我们对世界的直观和对我们本身的直观的直接性（我们就保持在这种直观的直接性中）在语言之中被保存和发生变化，因为我们这些有限的生物总是承上启下、有生有灭。在语言之中，超越一切个体意识的实在才会显现。"②语言本身所具有的他人意义，集中体现在语言本身所具有现在结构中，即语言的对话性结构中。在这个语言的本体结构中，语言自身分化为对话的双方，即对话中的我与他，从而在根本上论证了他人的存在。

可见，伽达默尔揭示了语言在构建他人上的普遍性和本体地位，并把他人理解为语言性的存在。这是由于他把语言作为了世界观，人总是以语言的方式来拥有世界的，他人也由语言来构建。伽达默尔继承了海德格尔的"语言是存在的居所"的语言本体论，并发展出了语言的对话逻辑，并在这种对话性之中揭示他人的存在。从而为他人作为语言的存在作了最充分的论证。

二　语言的他异性和超越性

语言具有着深刻的他异性和超越性，不能够被同一化和整体化。这就为语言的自我分化和语言中的他者现象奠定了基础。

（一）时间中的语言

首先，语言的意义在时间之中呈显出来。在语言之中，总是发

---

① ［德］伽达默尔：《真理与方法》，洪汉鼎译，上海译文出版社 1999 年版，第 579 页。

② 同上书，第 574 页。

生着过去和未来意义的交汇。过去的意义打开和开放着自身，而未来的意义开始形成。于是，未来的意义在随之而来的时刻成为过去的，并把其意义开放给下一个未来。伽达默尔用效果历史概念深刻地揭示了语言所具有的时间性内涵。效果历史的概念把语言理解为历史性的存在，因为理解并不是主体意识的行为，而是属于被理解物的历史，是对于被理解物的真理之域的历史澄明。理解和解释是存在的事件，属于存在之事件的历史，并揭示着存在之真理。因而语言所具有的意义在这里就不再是作为主体意识的工具，而是作为在时间之中的存在之去蔽的真理。

任何一种对于文本的理解，任何一种对于语言的意识，都是存在于特定的效果历史当中，因此，对于任何事物的理解都要具有效果历史的意识。于是，在对于语言的理解之中，便没有纯粹和完整的对于它的超越性答案，或者说，在语言背后并没有一个作为超越性的绝对意识，它赋予给语言以内在一致的意义。相反，任何一种对于语言的理解，都是历史性的，都处在具体的时间性当中。伽达默尔说，"理解甚至根本不能被认为是一种主观性的行为，而要被认为是一种置自身于传统事件中的行动，在这行动中，过去和现在经常地得以被中介"①，"理解从来就不是一种对于某个被给定的'对象'的主观行为，而是属于效果历史，这就是说，理解是属于被理解东西的存在。"② 对于历史的理解从来都不是人的主观对于历史事件的设定和判断，而是历史事件在主体间的理解之中的展开和绽放；个体的理解参与到历史事件当中，参与到效果历史的制作，使历史的意义不断地充实又不断地延续下去，在效果历史意识当中，历史的意义永远不可能被完整地揭示出来，它在时间之中永远地开放给下一个时刻。而只有在效果历史意识的前提下，不断的历史研究和历史描述才是必要的和可能的。效果历史概念展开了一个绝对的时间性的空间，并把意识性的理解包容了进去。

---

① ［德］伽达默尔：《真理与方法》，洪汉鼎译，上海译文出版社 1999 年版，第238 页。

② 同上书，第441 页。

其次，时间之中的语言具有着他异性，即揭示了时间性他者的存在。说出的话语总是向着未说出的话语开放着。时间中的语言意义也总是未完成的，它总是向着一个他者开放着和倾听着。而在每个特定时空内的理解都包含着过去和现在进行沟通和交流的具体应用。这种时间中的他异性保证了效果历史中的自我与他人的关系是彼此开放的彼此隶属的，伽达默尔说，"谁想听取什么，谁就彻底是开放的。如果没有这样一种彼此的开放性，就不能有真正的人类联系"。这种我—你关系用于诠释学经验，就是效果历史意识的诠释学经验。在这种经验中，诠释学既不把过去或文本作为规则的典型表现，也不把过去看成与现在无关的他人，而是让过去或传统与今天对话。按照效果历史的原则，我不仅承认传统要求的有效性，而且更重要的是，我也承认我自己的历史性，我所处的具体的历史境遇与前见对理解文本的先在性。对他人的认识不能够离开自我当下的解释学视域，所以，理解事件必然地是一种效果历史的事件，而不可能是一件超历史的事件。伽达默尔说："谁以这种方式对传统实行开放，谁就看清了历史意识根本不是真正开放的，而是相反，当它'历史地'读它的文本时，它总已经先行地和基本地弄平了传统。以致我们自身认识的标准从未被传统提出问题。"① 在谈到如何才能保证人与人之间的理解是彼此开放的，而不仅仅是一种理想的悬设和外在的要求时，伽达默尔用效果历史意识比较了素朴的历史主义的态度。弗里德里希·施莱格尔曾说过："所谓历史批判的两个基本原则是平常公设和习惯公理。平常公设是：一切伟大的善的和美的东西都是或然的，因为它们是异常的，至少是可疑的。习惯公理是：事物必须到处都像它们对我们所呈显的那样，因为这对于一切事物都是这样自然。"② 与此相反，伽达默尔指出，效果历史意识超出这种适应和比较的朴素性，因为它让传统与当下对话并对传统所具有的真理要求保持开放。"诠释学意识并不是在

---

① ［德］伽达默尔：《真理与方法》，洪汉鼎译，上海译文出版社1999年版，第469页。

② 同上。

它的方法论的自我确信中得到实现，而是在同一个经验共同体中实现。"①

（二）语言自我分裂为对话的双方

在活的语言之中，语言本身即意味着自身的断裂和分离，在语言之中，总是蕴含着谁在说和向谁说的内在结构，所以，每一片段的语言，每一个此时此刻的话语，都是自我分化的，分化为不可分割的两个部分，即自我和他人，他们作为对话的双方而存在。因而，语言中的对话，或者说对话性的语言揭示了作为本体的语言所具有的内在的分离，在这种分离和断裂中，他人把自身揭示出来，而他人是作为语言而存在的。

因而，语言在其本然的意义上是对话，就如伽达默尔所说的，"语言只有在谈话中，也就是在相互理解的实行中才有其根本的存在。"② 语言并不是自言自语，在本质上是对话和交流。在语言内在的结构中，就已经包含着他人的存在，这个他人与我对话，同我交流。当然，按照伽达默尔的说法，这一切都是语言自身的行为，并不是我在谈论，也不是他在谈论，而是语言在超越自我和他人发生着对话，仿佛语言自身在借用着我们来实现自身的运转。在这个意义上，语言是超越出每个人的自我意识的真实的无限的他人，但是，语言作为他人只有发生在对话中才是真实的。所以，自我与他人并不是作为外在的分离的对象而存在的，而是共同地生活在语言世界里面，如果他们在语言中是外在的关系，那么他们之间的交流和理解就是不可能的，他们必然是语言的两个内在的方面。语言的世界为我们提供了理解和对话的前提。

生存论的语言观从根本上克服了唯我论的认识论，突破了独白式的自我意识而进入对话式的语言之中，完成了在人文哲学传统内部，从胡塞尔式的意识哲学向语言哲学的转向，从而全面而充分地论证了语言在理解之中所具有的性质、形态、地位和作用。这样的

---

① ［德］伽达默尔：《真理与方法》，洪汉鼎译，上海译文出版社1999年版，第469—470页。

② 同上书，第570页。

语言观把他人从语言的领域中完全地释放了出来，在语言所具有的本体论性质，语言在无我和自我遗忘性之中呈现出的与他人的对话性都表明了语言对于他人的揭示作用。伽达默尔就在语言观的基础之上发展了海德格尔的理解观，彻底转变了主客对立的二元论的理解观，而把理解看作为自身分化和差异化的本体论事件，从而在理解内部揭示出理解的根本现象，即主体间的理解现象，从而在根本上为理解中的他人作了充分的论证。

首先，生存论的语言关突破了理性主体的自明性和自足性。理性主体作为认识客观世界的主体，把主体看作自明的和自足的存在，认为此时此刻的自我是自明而自足的，并以此自信地以为他人就是自己所认识的样子。伽达默尔揭示理解所具有的本体结构的同时也就消解了理性的自欺，理解总是背负着一个作为阴影的他人，这个他人内在地存在于理解的先在条件之中，它作为"视域融合"和"效果历史"之中的他人一同作为理解的前提。它是我们理解行为不自觉和无法消解的前提。这样，理性主体所具有的自明性和自足性就不攻自破，在人类当下的理解行为之中，总有着作为他人的阴影伴随着它，但它却不可致诘，无法面对。

其次，"无我性"的语言展开为对话。语言的无我即意味着进入语言，而与他人真实的交流，从而实现我与他的在更高层次上的融合。伽达默尔认为，语言存在的一个基本特征就是它的"无我性"。"无我"指的就是在生存的语言中，控制语言进程的理性主体的消失。伽达默尔使我们注意到一种例外情况，就是当一个人说的不是其他人所理解的语言，那么，他就不是在真正的讲话。通过这种情形，伽达默尔想要说明，讲话的真实含义就是对某个人讲话，而讲话中所使用的词应该是别人能够理解的词，通过相应的语言，我可以把我所要提到的事情放置到他人的面前，并与他人交流。因而，从这个意义上可以说，语言并不属于主体自我的领域，而是超越了个体的主观意识的存在。语言对每个人展现它自身，但同时，作为超越性的一面，它又总是无限地隐藏自身。

伽达默尔认为，真实的语言就是谈话的语言，语言按其本质来说就是对话。在人与人之间的相互理解中，并不是按照某个主体的意志和目的来达到理解，而是在理解中我们会忽视对于语言词义的控制。互相理解的过程是并不是主体间分离又融合的过程，他们在其本质上就是在语言之中的，是语言整体中的部分，这样他们才会有可能"分开"。语言构成了"我们"共同所在的世界，语言就是"我们"。伽达默尔说："相互理解是一种生活过程，在这种生活过程中生活着一个生命共同体。"① 这个生命的共同体就是语言的世界，人类在语言的世界中以语言性的相互理解而显现出来，这个过程就是对话的过程，谈话的过程，这是一个特别而独特的生活过程，就是生活本身，而不是作为自我意识中的反思对象而存在。在对话之中，语言性的相互理解把共同的论题放到相互理解的人面前，他们在这个语言的整体中自由地生活。伽达默尔说："世界是这样一种共同性的东西，它不代表任何一方，只代表大家接受的共同基地，这种共同基地把所有相互说话的人联结在一起。一切人类生活共同体的形式都是语言共同体的形式，甚至可以说：它构成了语言。"语言构成了我们人类所理解的世界和可能理解的世界，在这个世界之中必然地被两种势力所占据，那就是对话的双方，"因为语言按其本质乃是谈话的语言。它只有通过相互理解的过程才能构成自己的现实性。因此，语言决不仅仅是达到相互理解的手段。"②

最后，语言在"自我遗忘"中就必然呈现为"对话"。因为这是当语言不指向自身的时候，语言本性所要求的内在结构。语言有所说，语言有所答，语言有所倾诉，语言也有所倾听，语言总是在对其自身的遗忘中，形成了本体论上的分离，形成了对话中的自我与他人。语言本身的内在结构决定了一个异于"自我"的他人的存在，他在对我倾听，他也在跟我诉说。这个"他人"可以是在我身体之外的一个具体的他人，也可以是在我"意识"内部的跟我说话的另一个"自己"，但是我们也知道，跟我对话的这另一个

---

① ［德］伽达默尔：《真理与方法》，洪汉鼎译，上海译文出版社 1999 年版，第570 页。

② 同上。

"自己"永远不会走到前台，变得透明而和我一致。在语言的自我遗忘中，他人显露自身。这个他人根本上也是一个语言的存在，和我共同地分享着这个语言的世界。

三 有他的语言世界

语言并非为理性所独占，其本质也并非是理性的。语言首先是生存性的。语言并不是主体所拥有的，而是具有着主体间性。在语言理解之中，一个独白式的自我意识是虚幻的和不可能的。人总是在语言之中，语言地面对世界，语言地面对彼此，因而，在语言的对话之中，他人的存在无所遁形。

福柯在《词与物》这本著作中，提出了一系列的关于语言的问题："什么是语言？什么是符号？在世界中、在我们的姿态中、在我们的行为的所有神秘的讽刺诗中，在我们的梦想和我们的疾病中缄默不语的一切——所有这些会讲话吗，用什么样的语言，依据什么样的语法？万物有意义吗，或者是什么，并且为谁而存在并依据什么规则？语言与存在之间有什么关系，并且语言始终谈论的真是存在吗？于是，不是什么、从未沉默并被称为'文学'的这一语言是什么呢？"无声的存在与有声的语言之间存在着怎样的关系呢？对这些问题的回答恰恰表达了从古典意义上的（实则是近代哲学）语言观向现代语言观的转折，这种转折就存在于有意或无意的语言间隙之中。"对尼采来说，当有人说善神表示自己而说恶神表示他人时，问题并不是知晓善恶本身是什么，而是要知道谁被表示了，更精确地说，是要知道谁在说话。因为正是在那里，在话语的特有的持有者那里并且更基本地是在言语的拥有者那里，语言完全集中起来了。通过指出，就其孤独、脆弱的颤抖、虚无而言，正在谈论的是词本身，而非词的意义，而是词的神秘而不确定的存在；马拉美回答了并且不停地回复尼采的问题：谁在讲话？尼采把自己的问题'谁在讲话'一直坚持到最后，尽管最终冒险进入那个提问内部本身，以便把它建立在作为讲话和提问主体的他本人的基础上：瞧！这个人！而马拉美本人则不停地从他自己的语言那儿消失，达到了这样的程度，即除了作为书本的纯仪式的执行者之外，他不想被语言包括。"① 尼采总是力图把话语的意义重新聚集到言说者的身边，他这个人是言语意义的最初的赋予者；马拉美则在语言中把自己的面孔隐藏起来，不让言说者干扰语言意义的传达，而仿佛是让语言自己把自己的意义呈现给读者，其中没有任何人为的干扰，把语言还原为一种"纯粹的语言"。尼采把一个大写的"我"置入语言的意义之内，而马拉美则在语言的意义中把"我"给放逐了，在喧闹的语言世界里，"我"恰恰是沉默的。那么，在语言之中，我到底是沉默的还是喧嚣的？我与语言之间存在着怎样的一种无声而隐秘的默契，从而使得语言把我带到世界之中？

（一）我的语言面向着他人

生存论的语言总是面对着他人的。自我总是通过他人的语言而去面对另一个世界，接触到范围更宽的真理。语言在其根本意义上是与他人对话。语言的对话性就意味着，对话总是面向他人的。同时，对话也总是回应他人的。当自我进入语言，就意味着我进入到了与他人的对话中。语言中的对话中的他人未必是作为"他人"而存在的，当然，他人的存在是其最显明的表明。在对话中，总有一个"他人"在跟我对话，这个他人可以是具体的外在的一个他人，也可以没有这样的他人，而仅仅是自己在跟自己在对话。但是，"自己跟自己"对话的结构中，就内在地包含着一个不被自己掌控，作为自己不可见的阴影的一个人在说话，他在跟我说话，我也在跟他说话，这就是语言自我分离的结构表现。伽达默尔写道："我所赞成的真理是这样的：这种真理只有通过'你'才对我成为可见的，而且只有靠着我让自己被告诉些什么才成为可见的。……'能被理解的存在就是语言'这个陈述，正应在这个意义上来领会。"②

---

① [法] 福柯：《词与物》，莫伟民译，上海三联书店 2001 年版，第 399 页。
② [德] 伽达默尔：《真理与方法》，洪汉鼎译，上海译文出版社 1999 年版，第 13 页。

语言在它的原初意义中，就是指向着世界的，它就好像是我的身体一部分，指向着我的身体所意指的对象。语言是在这种面对之中，发挥着它的全部机能的，因为在这种具体的指向之中，语言获得了它的全部的存在。而我对于它的反思性判定，是对于此种存在的分析和抽象。也就是说，我在他人的面孔中，遭际到一个有意义的世界，更加重要的是，这个世界并非对我无关痛痒，而是在不停地启发我、改变我原本的语言世界。我通过语言触摸到一个全新的另一个人的精神世界。"阅读是我的言语的自命不凡的，不可触知的躯体和作者言语的自命不凡的、不可触知的躯体之间的一种遭遇。正像我们刚才说过的，阅读的确超出于我们自己的思想把我们投射到了他人的意指意向中，就像知觉超出于我们只是在事后才发觉的视角把我们投向事物本身一样。"①

（二）他人的语言建构着自我之语言意义

自我的语言世界的意义由他人的语言所建构，两个世界之间并不是相互隔绝的，而是相互渗透、相互依存，形成你中有我、我中有你的格局。

1. 在我的前见之中，有着他人的语言意义

自我的"前见"是自我的语言中的原初意义和原初视域。自我所形成的对于语言的任何理解都是以其前见为其源头的。"前见"就是起初的对于某物的领会，就是语言的内在的起源意义。因而某人对于语言的理解，就是他对于"先行领会"或"先行视见"的澄明，正如海德格尔所说，"把某某东西作为某某东西加以解释，这在本质上是通过先行具有、先行视见与先行掌握来起作用的。解释从来不是对先行给定的东西所作的无前提的把握。准确的经典注疏可以拿来当作解释的一种特殊的具体化，它固然喜欢援引'有典可稽'的东西，然而最先的'有典可稽'的东西，原不过是解释者的不言而喻、无可争议的先入之见。"②

---

① ［法］梅洛·庞蒂：《世界的散文》，杨大春译，商务印书馆 2005 年版，第 13 页。

② ［德］海德格尔：《存在与时间》，陈嘉映、王庆节译，生活·读书·新知三联书店 1999 年版，第 176 页。

　　无论是前见还是偏见，都构成了人类理解的前提，也构成了自我语言世界的原初意义。人类通过理解和解释所获得的就是语言的意义，而语言的意义就是依着此在的先行领会而寻获出来的东西。"先行具有、先行视见及先行掌握构成了筹划的何所向。意义就是这个筹划的何所向，从筹划的何所向方面出发，某某东西作为某某东西得到领会。"① 此在永远在"向着可能性筹划它的存在"，理解所澄明出来的就是此在的这种独有的意义，而解释就是指"理解使自身成形的活动"，因此，"理解在解释中并不成为别的东西，而是成为它自身"②。理解在其生存论上具有筹划性质，因为理解总是对于未来的筹划；而此筹划总是发生在有所意蕴的世界之中，此在总是生存在充满着意蕴的世界中，意蕴同时也限定着筹划的可能性。所以，在这个意义上，理解揭示出此在在世的可能性。海德格尔通过对于理解和解释的生存论的阐释，为真正地理解与他人的共在现象找到了真实的根基。

　　"前见"所构成的语言的原初意义内在地具有着他人语言的意义，从而使得"前见"本身并非是由主体所单独拥有而是具有主体间性的性质。伽达默尔用"视域融合"来强调语言的原初意义并非是专属于理性主体的，而是具有主体间性的内蕴。理解的发生也并不是两个孤立主体的行为，仿佛在理解的过程中，他们各自拥有着自己的观念，坚持自己的立场，都固执己见而要求对方接纳自己的意见。其实，这种我—你关系从根本上说，不是一种直接的关系，而是一种反思的关系，即他人只是被认为投射于我的反思意识，我是从自身出发去理解他人，甚至还要求比他本人理解自己还更好地理解，事实上他人丧失了对我提出要求的直接性。在这样的关系之中，也就丧失了生存论语言所具有的活的内容。这种态度就是把我与他人都作为了孤立的主体，他们之间保有着固定的距离，而我是在我与他人的交互关系之外去认识他人，所以，这仍然是一

---

① ［德］海德格尔：《存在与时间》，陈嘉映、王庆节译，生活·读书·新知三联书店1999年版，第177页。

② 同上书，第173页。

种形式的"自我相关性"。这正如伽达默尔所说的，"谁在这样一种交互关系之外反思自己，谁就改变了这种关系，并破坏了其道德的制约性"①。这种我—你关系表现在诠释学经验上，就是历史主义的诠释学方式。在历史学研究中，历史意识不要求从对象中获得普遍规则，而只是找寻某种一度性的东西，而且认为我们必须摆脱现在和前见，纯客观地了解过去，不让传承物在现在和前见中来理解，而只让它在过去中生存。这种不承认自己被历史性的前见与现在境遇所统治的人将不能看到历史性光芒所揭示的东西。伽达默尔认为，自我与他人之间，理解者与被理解者之间并不是先在一种绝对的分离和孤立中，然后再去理解对方。他们之间的理解之所以发生是由于他们预先地就进入到了一个共同的意义视域中，使得他们可以就一个共同的问题参与到对话当中，这个共同的意义视域就是"视域融合"，它是理解得以发生的先验条件。

可见，"视域融合"所展现出来的对于语言意义的理解，并不是对理解过程的客观描述，而是理解得以发生的先验条件，尤其是作为文本理解可能性的条件。在我们理解他人或者文本的时候，我们都是从它们与我共同的意义视域出发的，我与他人总是先在地处于某种相互理解的状态下，然后才会有我对于他人的理解发生。这也就是说，在某个人原初的语言世界意义之中，作为他所有对于语言意义领会的起点，就已经具有的他人语言意义的内蕴。梅洛·庞蒂对此也有非常精彩的论述。当我听到某个熟悉的语音，某个可识别的文字，在我心中所召唤起来的，是我对于此种语音和文字所携带的意义的某种领会，我一贯地居留在此种语言的领会之中，然后我才能去理解此语言所要表达的内容。当然，此时的我并不是作为反思的我而在场，而是作为语言意义的阐发者而在场。"视域融合"先在于每一个具体的解释行为中，但是我们经常会忽视它的作用。只有当我们解释某个遥远的文本而发生困难的时候，才会注意到它。因而"视域融合"也是我们解释文本和理解他人的可能

① ［德］伽达默尔：《真理与方法》，洪汉鼎译，上海译文出版社1999年版，第366页。

性条件。

2. 语言原初意义的开放性

语言的原初意义作为"前见"总是在遭际着他人语言的意义，并进一步构成为新的语言的意义世界。因而，语言的意义总是开放的，而不是封闭的，总是属于主体间的，而不是属于孤立主体的。在"视域融合"的概念中就内在包含着语言的在自我和他人之间的意义的相互开放。语言的主体并不是从在世的语言中抽离出来的绝对主体，而是在世界和他人的语言中的交互主体。

"视域融合"的概念从根本上揭示了语言意义的对于他人的开放性。这种对于他人的意义开放并不是偶然的，不是在我的语言的结构之中，必然发生着对于他人意义的开放性，就产出他人与我的语言共同构成的"意义视域"。这个意义中的他人并不是我可以丢弃的，这是因为，作为活的生存论语言必然要指向着他人，并且有话语所指向的某物跟随着语言一起发生，语言所指向的事件与意义所发生的更新都是意识所不能预测和决定的。当意识想控制我的视域并转向它的时候，意识自身就仅仅成为我的语言的对象，而我也已经进入到了另一个全新的视域之中了。因而，语言按照其本性来说，其意义始终是开放着的，不断更新着的。在我们所理解的文本和事件中，我们总是我们遭遇的他人，这个他人不按照我的计划而出现，外在于我原本的语言世界，震动我、启发我、改变我，使得我进入到更大的视域之中，而这一切的发生都是以语言的初始意义所具有的开放性为其基础和前提的。一个封闭的语言的意义空间是无法想象的。

因而，语言的原初意义更像是一种"处境"，"处境"是意义所充满的空间，这个处境不是封闭的，而是开放着的。这个开放的空间是人类进行任何理解行为的前提和基础，是人类的语言所无法逃避的境遇。如伽达默尔所说的，"我们并不处在处境的对面，因而也就无从对处境有任何客观的认识。我们总处在这种处境中，我们总是发现自己已经处于某种处境里，因而要想阐明这种处境，乃是一项绝不可能彻底完成的任务。……所谓历史地存在，就是说，永远不能进行自我认识。"① 因而，当我进行理解的时候，也就意味着总有一个他人进入到我的视域之中，和我一同构成了理解的原初的视域。这个视域并不是我所独有的，而是与他人的意义紧密相关。所以，我们可以看到，"视域融合"中的他人并不是意识可以控制的存在，它存在于我们的理解行为之外，是作为理解得以可能的条件而出现的。当我们力图去把握它的时候，它就不再存在了。从根本上说，它并不是一个对象性的存在，就好像一个身处其中而无法置身其外的命定的处境一样。

3. 语言所形成的意义并不是现成的，而是未完结的和历史的

它也并不是单一的，而是多元的。伽达默尔用"效果历史"概念来说明语言意义的历史性和多元性。伽达默尔认为，并没有一个超脱出历史之外的主体，每个进行理解的人，所得到的历史的意义，都是在具体的历史传统之中，并规定着他对于历史的理解。而历史的对象也不是自在的对象本身，而是与理解者对于历史的理解相统一的。所以，任何一种理解必然地进入到一种效果历史之中，而并不是纯粹主观的孤立的对于文本的断裂式的理解。在这里鲜明地揭示出语言理解所具有的主体间性。一种对于文本的解释并不单为创造出此观点的作者所拥有，而是该文本内在真理自我表达的历史之中的一部分，它也必然地会由他人所拥有。伽达默尔说："真正的历史对象根本就不是对象，而是自己和他人的统一体，或一种关系，在这关系中同时存在着历史的实在以及历史理解的实在。一种名副其实的诠释学必须在理解本身中显示历史的实在性。因此我就把所需要的这样一种东西称之为'效果历史'。理解按其本性乃是一种效果历史事件。"② 毫无疑问，这种实在性与理性实在性或实在论所讲的实在性不可同日而语，它指的是由主体间的自我和他人共同建构起来的在不同主体间交织起来的实在性。因此，任何一种理解行为和解释文本的活动，都具有了客观的历史性内涵，这是

---

① ［德］伽达默尔：《真理与方法》，洪汉鼎译，上海译文出版社 1999 年版，第307 页。

② 同上书，第305 页。

任何从事理解工作的人都需要自觉到的一种思维前提。伽达默尔这样说道，"理解甚至自身根本不能被认为是一种主观性的行为，而要被认为是一种置自身于传统事件中的行动，在这行动中，过去和现在经常地得以被中介"，"理解从来就不是一种对于某个被给定对象的主观行为，而是属于效果历史，这就是说，理解是属于被理解东西的存在"①。在伽达默尔看来，效果历史是人类理解活动的根本境遇，我们的理解活动根本上是在交互主体的意义上完成的。

由此可见，在任何理解行为发生的同时总有一个超越性的"效果历史"存在，它也就是"被理解物"的客观历史的存在。"效果历史"的提出并不是为理解提供具体的理解方法和诠释工具，而是致力于揭示在各种理解背后，使理解成为可能的基本条件。这里所提出的任务始终都是哲学的，而不是科学的和方法的。伽达默尔说道："我本人的主张过去是、现在仍然是一种哲学的主张：问题不是我们做什么，也不是我们应当做什么，而是什么东西超越我们的愿望与行动而与我们一起发生。"② "效果历史"的存在，对于当下的自我理解就构成了一种历史性的境遇，使得自我的目光必然地与他人的目光交织在一起。我对于文本的某种理解，也会被他人同样的揭示，同样地，他人对于文本的理解，也可以在我这里凸显出来。在对于某物和真理的理解上，我可以为他人作嫁衣，他人也可以为我铺路搭桥。

（三）他人对于我的语言意义的更新

在考察完语言所具有的原初意义和它所承载的完成意义之后，应该进一步考察语言的新意义的产生，以分析在语言新意义的产生过程中，他人对于此意义所具有的价值和作用。

1. 语言的新意义获得过程。"能言说的语言，乃是书本向没有偏见的读者打招呼，它是这样一种活动：符号和可以自由处置的含义之间的某种安排由于它而发生了变化，接下来它们双方都产生改

---

① ［德］伽达默尔：《真理与方法》，洪汉鼎译，上海译文出版社1999年版，第441页。

② 同上书，第438页。

变，以至于最后，一种新含义分泌出来。"① 对于我而言，语言所具有的含义已经发生了改变，一种新的含义被确立起来。梅洛·庞蒂举例说，就好像我通过阅读司汤达的作品，使得我原本所认为的"无赖"这个词的内涵发生了改变。我通过一种阅读他人作品的过程，而使得自己的语言世界发生了改变。

然而，这种语言意义所发生的改变，并不是通过我致力于获取司汤达对于这个词的"本意"而获得的，因为那样的话，我所建立起的就是在反思中的"无赖"的词意，而这个反思中的词意是无法真实地改变我对于"无赖"概念的理解的，因为它仅仅是"我认为"的含义。作为反思中确立起来的司汤达，"他不再向我们说话，这是因为他的写作对于我们而言已经丧失了其表达的效力。"②

2. 倾听所揭示的语言开放性。语言意义的开放性就体现在倾听之中，因为对话得以实现的前提就是在于倾听。如果没有倾听的话，语言所具有的对于真理的引导作用就无法实现。通过倾听，在对话中的自我和他人是开放的。伽达默尔说道，"倾听者并非仅仅被人攀谈，毋宁说，被攀谈的人不管它愿意或不愿意都必须倾听。他不可能像观看那样，通过观看某个方向从而不看对方来不听他人所讲的东西"，"所谓隶属的东西是从传承物的诉说而来的东西，谁这样处于传承物中，谁就必须倾听从传承物向他涌来的东西"③。人总是在对话中倾听和倾诉彼此，这样才会实现人的存在本身，所以，人在根本上是一个开放性的存在，并不是一个仅仅对自我开放的存在，而同时也是对于他人开放的存在。

3. 面对真理使得语言的新意义形成。"视域融合"也是一个动态的概念，在我的诠释学经验中，我总是从不同的"视域融合"出发，又往往在理解的过程中会形成新的融合。"视域融合"所要

---

① ［法］梅洛·庞蒂：《世界的散文》，杨大春译，商务印书馆 2005 年版，第 12 页。

② 同上书，第 13 页。

③ ［德］伽达默尔：《真理与方法》，洪汉鼎译，上海译文出版社 1999 年版，第 342、438 页。

达到的目标并不是解释者对于他人的心理的复制和重构，而是在相互开放和理解的基础上达到一个更高的第三者，从而突破原本的双方的视域而达到视域的融合。在这个融合的视域中，我们一起推进了对于真理的研究，从而为进一步的理解奠定了坚持的基础。所以，在视域的融合中，并没有发生一方对于另一方的压制和吞没，而是实现了对于他人的融合。用伽达默尔的话来说："这种自身移置既不是一个个体对别一个个体的同感，也不是用自身的标准来使他人服从于自己，而是始终意味着向一个更高的普遍性的上升，这种普遍性不仅克服了自身的局限性，而且也克服了他人的局限性。"① 伽达默尔所说的更高的普遍性也就是"视域融合"的结果，它属于效果历史的范畴，是被诠释物的历史，属于被诠释物的存在。可以说，自我和他人在理解中都消融在了被诠释物中，按照伽达默尔的理解，就是都消融在了语言的存在中了，成为了语言自身历史的一部分。这个语言就是澄明出来的真理，双方的视域在更高的意义上构成了真理，因为真理把双方共同的但是又差异化的语言接纳进自身，同时也为下一次的理解和解释开放着自身，从而迎接自身新的效果历史。我们可以看到，在"视域融合"的理解观众，无论是被诠释的他人，还是诠释者本人，都是一个动态的历史过程。被诠释的他人并不是一个自在的心理实体，不是一个现成的摆在那里的意义，所以，理解行为并不是要求诠释者去抛弃掉自己的视域，而完全地进入到他人的视域之中，这既无可能，也没有必要；真实的理解发生于自我与他人的面对共同问题时的语言理解中，产生于彼此交融的"视域融合"之中。

四　语言的规范性应用

伽达默尔把语言作为了世界的本体，这样就使得语言成为了所有问题的基础，所有问题也都可以归结为语言问题，都可以在对话

———

① ［德］伽达默尔：《真理与方法》，洪汉鼎译，上海译文出版社1999年版，第391页。

性的语言中解决。如此这般的做法就夸大了语言的范围和作用，而没有看到人类的实践活动对于语言所具有的基础性地位，从而也就使得他所揭示的语言性的他人没有了实践论的根基。并且，在强调"偏见"、"视域融合"等诠释学概念的同时，又忽略了语言在理解中的反思和批判性功能，因而就造成了对于他人理解的绝对化，于是遭到许多人的质疑和批判，哈贝马斯就是其中的一个哲学家。

与伽达默尔不同，哈贝马斯尽管同样强调语言在主体间交往的重要性，但是，他更加强调对于语言的使用需要以交往理性为其基础和目的，对于语言对话的解释也不是无意中见真理，而是有意中求效果。哈贝马斯首先重视语言在交往中的作用和价值，他顺应时代的潮流把语言作为他理论中非常重要的部分，认为西方哲学中所发生的语言转向，已经使得语言问题取代了传统的意识问题，语言的先验批判取代了意识的先验批判。对于哈贝马斯来说，语言转向的意义首先在于，它彻底否定了传统意识哲学的独白性质，而凸显了对话式的交往活动。在对话式的交往中，必然蕴含着他人的存在，而不单单是一个孤立的独白式的自我意识。所以，语言转向对于交往活动的揭示，也就凸显了包含于理性内部的他人的存在。因而，语言先验地具有交往的机制，是交往得以成立的必要条件。随着人类的第一句话的说出，就意味着一种普遍的、非强制的交往意向。

然而，哈贝马斯不赞同伽达默尔对于语言所持有的本体论观点，伽达默尔认为语言才是理解和交往的真正的本体，而哈贝马斯认为尽管语言是交往理性中不可或缺的成分，但是与伽达默尔相反的是，语言必须要以交往理性为其基础。在交往行为之中人类需要合理规范地使用语言，使得人们在自由而真诚的交流中达到理解和共识，哈贝马斯说："这种共识以主体间的相互关联为结果，包括相互理解、共享知识、彼此信任及相互一致共识的基础是确认真实性、真诚性及正当性这些相应的有效性主张。"[1] 这种共识的达成并不是以一方压制和消除另一方来实现的，而是在双方平等、公正

---

① [美]莱利斯·豪：《哈贝马斯》，陈志刚译，中华书局2002年版，第29页。

的主体间来实现的，所以，达成的共识包容着主体双方的个性和差异，是在理解和宽容的基础上形成的。

（一）语言对于理性的现实需求

1. 语言及其误用。语言在其生存论中，通常会有很顺畅的交流和展开，并不会遇到理解的阻碍。然而，异常的情况总会出现，尤其是当语言面对到语言的时候，也就是说，当语言反思自身的时候，则会产生许多理解上的困难。在培根那里，就把人类在使用语言和面对语言问题时候所产生的困境称为"市场假象"。而到了现代，为了防止语言的误用，语言分析哲学进一步为语言自身划定了理性的界限，而主张，在人类对于语言的使用中，有许多虚假的问题和虚幻的意义，是不需要追问和解答的，因为这些问题毫无意义，是源自于对于语言的误用。尤其是形而上学的语言问题，分析学派认为它们并不是真实的语言问题，而其实是伪问题，是语言所造成的假象。如早期维特根斯坦就指出"哲学的正当方法固应如此：除可说者外，即除自然科学的命题外——亦即除与哲学无关的东西外——不说什么"① 之后宣称："对于不可说的东西必须保持沉默。"② 后期维特根斯坦则又指出："哲学只是将一切摆在我们面前，既不解释，也不演绎任何东西。由于一切显现在我们眼前，没有什么要解释。"③ 进而认为"哲学问题应当完全消失"④。

早期维特根斯坦哲学和后期维特根斯坦哲学分别表征着语言分析哲学的两大学派：逻辑语言学派和日常语言学派。早期维特根斯坦在语言与世界间建立起严格的逻辑对应关系，认为处于这种逻辑关系中的事物才是可说的世界，而语言和世界的逻辑形式本身以及传统哲学中的逻辑本质、上帝存在、生命意义等则是不可说的，传统的哲学问题之所以纠缠不清，其原因正是企图超越语言的界限、强说不可说的东西的结果。哲学的任务和意义正是要勾画出可说的

---

① ［德］维特根斯坦：《逻辑哲学论》，何绍甲译，商务印书馆1996年版，第104页。

② 同上书，第105页。

③ ［德］维特根斯坦：《哲学研究》，李步楼译，商务印书馆1996年版，第76页。

④ 同上书，第77页。

和不可说的东西的界限，此任务一旦完成，哲学就可以完成使命而"得鱼忘筌"，销声匿迹了。后期维特根斯坦批判性地改造了前期的对于语言的理解，而认为试图建立语言与世界间严格的逻辑对应关系是对语言逻辑的误解，并没有真正地逃脱形而上学的牢笼。因而，后期维特根斯坦转向到了对日常语言的分析，致力于"把词从形而上学的使用带回到日常的使用上来"①。他认为在语言的日常用法之中，存在着语言产生其逻辑和意义误用的根源。因而，需要通过对于日常语言的回归和对于语言游戏运作规则的展示，而实现对于哲学的"语言病"的治疗。在他看来，哲学的作用无非是人类进行语言游戏的提示品和清醒剂，语言需要理性的净化才能够摆脱迷乱和虚幻。由此，语言是需要加以净化的，为了避免语言的误用，需要对其加以理性的控制。这是基于以下几点原因。

首先，语言是人类所有理性现象的基础。可以说，语言是理性的客观的立法者。所有理性自身所无法解决的问题，都可以在语言中找到根源。理性的逻辑就是语言的逻辑，意识的意义就是语言的意义。因而，当人的理性认识出现了逻辑的混乱或意义的矛盾时，就需要在语言逻辑和日常语言中找到其根源，并加以解决。罗素就认为哲学的任务主要是对语言进行逻辑分析，维特根斯坦也认为全部哲学就是语言批判。在这种意义上，语言成为了解释世界唯一合法的工具和方式。

因而，语言对于人类理智的决定性的价值和地位，是由两方面来决定的，一是由于语言现象是人类思维的本质现象，语言及其逻辑结构规定人理解世界的逻辑和内涵。二是由于哲学混乱产生于滥用或误用语言，许多哲学争论都可以归结为关于语言问题的争论。用维特根斯坦的话来说，当我们的语言没有正常地发挥作用时，哲学问题便产生了。人需要在进行语言活动的时候，避免对于语言的误用，而一旦陷入到了语言的陷阱而无法自拔的时候，也需要回到语言那里，通过语言分析的技术来指明正确的方向，避免在语言逻辑的途中迷路。因为，语言是人类理性无法逾越的天然界限。

---

① ［德］维特根斯坦:《哲学研究》，李步楼译，商务印书馆1996年版，第73页。

维特根斯坦认为，全部哲学就是语言批判，哲学不是理论，而是活动，即对思想进行逻辑阐明。石里克也说，他们不把哲学看作一个认识体系，而是看作一个活动体系，哲学是一种显示或者确定命题的意义的活动。卡尔纳普主张，哲学应当被关于科学的逻辑所取代，也就是被对于各门科学的概念和语句所作的逻辑分析所取代。赖尔认为，语言分析是哲学的唯一的和全部的职能，哲学的目标就是在语言的用法中找出那些反复出现的误解和荒谬理论的根源。总之，他们一致认为语言是哲学研究的首要的，甚至唯一的对象，哲学的任务就在于弄清楚科学语言或日常语言中的概念或命题的意义。哲学家自己并不会发明所谓一般的概念或命题，它们早已存在于科学语言或日常语言之中，哲学家所应该做的工作只不过是对它们进行分析，使其意义得到澄清。因此，哲学家的活动不过是一种语言分析的活动。

其次，语言的误用会产生无法理解的问题。当人的理智想要越过语言的界限，就会产生对于语言的误用，于是就会产生出许多无法理解的问题。在这些问题之中，首当其冲的就是哲学中的形而上学问题。哲学问题曾经吸引了许多优秀的头脑为其殚精竭虑，造就了许多伟大的精密的体系，但是，从语言分析的角度来看，辉煌的体系建构仅仅是海市蜃楼，连违章建筑都算不上。维特根斯坦说："由于我们的研究似乎只是摧毁一切有趣的东西，即一切伟大的和重要的东西，那么，这种研究的重要性何在呢？我们摧毁的只是些纸糊的房屋；我们是在打扫语言的大基础，而纸糊的房屋正是造在这个基础之上的。"①

对于哲学问题的探讨持久而令人迷惑，分析哲学认为，其根源并不是在于人类并没有找到答案，而是因为问题本身的错误，在于人类的思维遇到了自己的界限，这是语言所划出的界限。维特根斯坦说："哲学的成果是使我们发现了这个或那个明显的胡说，发现了理智把头撞到语言的界限上所撞出的肿块。正是这些肿块使我们

---

① ［德］维特根斯坦：《哲学研究》，李步楼译，商务印书馆1996年版，第73页。

看到了上述发现的价值。"① 他把这个界限划为人类的日常语言，人命定地要在日常语言的运作之中游戏，不能跳出它的界限。而当人类力图跳出这个界限的时候，就会有理智上的困惑和不解。"当我谈论语言（词、语句等）时，我必须说日常的语言。这种语言对于我们所要说的东西是不是太粗糙、太物质性了呢？那么，又怎样去构造另一种语言呢？——而用我们已有的那种语言我们竟能开始做一些事情，这是多么奇怪！当我对于语言作出说明时，我已经必须使用完全的语言（而不是某种初步的、临时的语言）；这本身就表明，我能够陈述的只是语言的外部事实。"②

于是，对于语言的误用就会产生无法回答的哲学问题，而许多形而上学所追问的答案其实是不可言说的，是神秘的，因而，是虚幻的。"若解答不可说，其问题也就不可说。谜是不存在的。当一个问题可以提出，它就可能得到解答。怀疑论不是不可反驳的，而是因为它试图在不能提出问题的地方产生怀疑，所以显然是无意义的。因为怀疑只能存在于有一定问题的地方，一定问题只能存在于有一定解答的地方，而解答则只能存在于有某种东西可说的地方。"③ 这些无法理解的形而上学的问题需要被消除，因为它的答案存在于人类的语言之外。"我们觉得，即使一切可能的科学问题都已得到解答，也还没有触及到人生问题。当然那时不再有问题留下来，而这也就正是解答。人生问题的解答在于这个问题的消除。（有些人在长期怀疑之后发现他们明白了人生的意义，但是又不能说出来意义是究竟是什么，不就是这个道理吗？）确实有不可说的东西。它们显示自己，它们是神秘的东西。"④

再次，语言的误用需要被理性控制和排除。人如果任由语言的自然运作，就必然会产生许多人类理智上很难回答甚至无法回答的问题，在语言分析学派看来，这些问题大多都是语言误用的结果。

---

① ［德］维特根斯坦：《哲学研究》，李步楼译，商务印书馆1996年版，第73页。
② 同上。
③ ［德］维特根斯坦：《逻辑哲学论》，何绍甲译，商务印书馆1996年版，第104页。
④ 同上。

因而，类似的问题不需要对它进行解答，而是需要用理性的方法来批判它们的真实性。人类需要合乎理性地运用语言，在正常的语言逻辑和语言意义之中使用语言，而避免出现语言的误用。因而，哲学所要处理的问题既不是关于世界整体的学说，也不是对于世界的科学解释，而只是一种通过语言分析进行语言逻辑澄清的活动。它的宗旨是获得一种"正确的逻辑观点"，理解能说的东西及其界限。

所以，语言对于理性的需要就好比语言自身是一个会患病的人，他大多数时候是健康的，但当他患病的时候，就需要理性作为治疗的药物来消除掉语言给人类造成的幻象和陷阱，使得人类在思维的时候可以站在结实的地面上。正如维特根斯坦所说："哲学是一场战斗，它反对的是用我们的语言作为手段来使我们的理智入魔。"所谓"着魔的理智"，又叫"精神上的疾患"和"精神上的不适"，而哲学家便是这样的人，他能够首先解除自己精神上的疾患，进而达到健全的理智。维特根斯坦的哲学就是这种治疗活动的范例，是对于语言运用上的错误的清除。他的哲学就是这样一种语言上的治疗活动，它并不关切传统意义上的实在和理性的内容，而是对语言规则进行描述，并把超出语言规则之外的理智活动清除掉，从而实现人类理智上的健康运作。维特根斯坦就把哲学理解为语言逻辑的澄清活动，而并不是关于存在的学问。他说道："历来关于哲学事物所写的大部分命题和就此而设置的问题并不是假的，而是无意义的。因而我们根本就不能回答这些问题，而只能确定它们的无意义性。哲学家的大部分问题和命题都是因为不理解我们语言的逻辑而引起的。"[①]

在对于语言进行清理的活动中，许多的形而上学命题就成为了重灾区，是需要理性对其加以限定的范围。因而，对于语言疾患的治疗行动中，许多的形而上学问题是需要作为无意义的问题而被清除掉的。因为，形而上学所追问的实在，甚至实在的问题本身也是

---

① ［德］维特根斯坦：《逻辑哲学论》，何绍甲译，商务印书馆1996年版，第41页。

无意义的，仅仅是一种语言的幻象。维特根斯坦说道："哲学中正确的方法是：除了可说的东西，即自然哲学的命题——也就是与哲学无关的某种东西之外，就不再说什么，而且一旦有人想说某种形而上学的东西时，立刻就向他指明，他没有给他的命题中的某些记号指谓。虽然有人会不满意这种方法——他不觉得我们是在教他哲学——但是这却是唯一严格正确的方法。"① 形而上学所追问的终极原理和最高存在都会被"奥卡姆剃刀"剔除，因为它们是语言逻辑所无法说出的东西。"我的命题应当是以如下方式来阐明作用的：任何理解我的人，当他用这些命题为梯级而超越了它们时，就会终于认识到它们是无意义的。（可以说，在登上高处之后他就必须把梯子扔掉。）他必须超越这些命题，然后他就会正确看待世界。对于不可说的东西我们必须保持沉默。"②

最后，对于语言的正确和健康的使用与人类的日常生活方式是一致的。因为日常语言逻辑却是和生活本身的一体两面，澄清对于语言的误用与对于日常生活方式的革新是密不可分的。形而上学的思维逻辑需要回归到日常语言的逻辑之中，才可以找到它得以出现的根源。人类理解上的困惑来自于人类日常语言的误用和滥用。维特根斯坦说道："当哲学家使用一个词——'知识''存在''对象''我''命题''名称'——并试图把握事物的本质时，人们必须经常地问自己：这个词在作为它的老家的语言游戏中真是以这种方式来使用的吗？——我们所做的乃是把词从形而上学的使用带回到日常的使用上来。"③

所以，处理语言误用的问题不仅仅是个思维方式转换的问题，更加是一个生活方式转换的问题。因为哲学家的疾患实在也是时代的疾患，"属于一个时代的疾患需要通过人们的生活方式的转换来医治。因而哲学问题造成的疾患只能通过思维方式和生活方式的转换，而不能通过某个个人所发明的药物来加以医治"。因而，解决

---

① ［德］维特根斯坦：《逻辑哲学论》，何绍甲译，商务印书馆1996年版，第104页。

② 同上书，第105页。

③ ［德］维特根斯坦：《哲学研究》，李步楼译，商务印书馆1996年版，第73页。

人们在生活中遇到的问题的途径，是以促使疑难问题消失的方式去生活。其实，维特根斯坦也看到，哲学问题的解决归根结底在于思维方式的改变，而思维方式的改变则需要人类社会在生活方式上作出改变，而一旦这种改变发生，哲学中的疑难问题自然就不会发生。这是一种釜底抽薪式的解决，那些令人困惑的问题并没有得到终极的答案，然而人类却不再触碰那些问题。"生活难以应付这个事实说明，你的生活方式不适合生活的模式，所以你必须改变你的生活方式。一旦你的生活方式适应生活的模式，疑难问题就随之消失。"①

2. 语言的意义受到工具理性的影响。20世纪以来，人类的启蒙理想在事实上受到了摧毁，一个自由、平等、博爱的社会成为了空中楼阁，而带有讽刺意味的是，工具理性的泛滥导致了人类生存的危机和对于未来世界的恐慌，尤其是第二次世界大战的残酷现实，使得对于工具理性的批判更加强烈，如阿多尔诺所说，"奥斯维辛之后写诗是野蛮的"。

霍克海默和阿多尔诺追本溯源地把工具理性的泛滥追究到了概念思维的同一性逻辑上。工具理性的这种单向度发展并未能实现启蒙所许诺的理性社会，而是导向意识的物化和对人的压制，那么，如果启蒙理想还有可能，如果人类还不愿放弃解放的旨趣，那就必须要超越出概念化的同一性思维，而发展出一种否定的辩证思路。可见，当下社会中的现实话语，被同一性的工具理性所控制和制造，语言的意义也被此种理性所规定着。因而，此种情况需要得到彻底的改变，而不能任由工具理性话语的制造者对于话语生产的肆意滥造。

晚年的阿多尔诺改造人类语言的希望寄托在审美理性之上，也把人类解放的启蒙理想放诸于审美经验之上。他认为现代艺术的本质是否定性，而艺术是对于现实世界的扬弃和否定，也是对整体的同一性世界观的扬弃。艺术所具有的异在性、超前性、非模仿性、

---

① ［德］维特根斯坦：《文化与价值》，黄正东、唐少杰译，译林出版社2011年版，第36页。

无概念性等是艺术得以成为与工具理性所对抗的原因。因而，艺术同时被赋予了救赎的功能。在阿多尔诺那里，真正的艺术成了抗拒理性化、形式化和同质化的压抑逻辑的最后领地，通过审美的综合，艺术启示着一个调和的秩序。现代工业社会所造成的人格分裂、精神丧失、人人疏离、世界碎片化等现实，只有通过审美理性才能够得到拯救，因为艺术能够把人从丧失掉的理想和梦幻、被整体化的思维、异化掉的人性等之中通过艺术的再现重新唤回，如阿多尔诺所说，"幸福就是对被挤掉了的幸福的展示"。

3. 语言意义也被目的（合）理性所制约。现实中的话语也常常被目的理性所左右，此种话语的生产和制造造成了人性的物化和异化。马克斯·韦伯把人类社会的现代化进程理解为一个合理化过程，并在这个过程中形成了合理性行为和非合理性行为的社会学解释，传统的社会总是向着合理性的社会进行转变，而一个以价值取向为主的体制，比如一个信奉权威和道德的社会体制，会被以目的取向为主的体制所取代，而以公共行政和法制为制度的主体。韦伯认为，一个不断理性化的社会将会使得人类生活套牢在以权力统治和理性为根基的"铁笼子"里面，启蒙时代的思想家所梦想的自由和平等，最终在理性化的时代中是无法容身的。一个理性化的社会就是大量生产理性话语的社会，然而这个社会的合理性却会带来许多不良甚至是悲剧性的后果。

韦伯进一步把合理性行为划分为目的—工具理性行为，即形式合理性行为和价值理性行为，即实质合理性行为。工具理性是以追求功利的动机所驱使，通过量化的方法，以行动去获取功利性目标的理性。在工具理性的驱使之下，人借助于运算、操作、控制、行政等实践手段，而追求效果价值的最大化，漠视人的情感和精神价值，由此而体现出人的本质力量的物化和异化。韦伯在《新教伦理与资本主义精神》一书中指出，新教伦理强调的勤俭和刻苦等道德价值，它们作为一般意义上的世俗的行为规范，却具有内在的超世俗性和宗教价值。其宗教价值就在于通过这些行为的成功来荣耀上帝，以获得上帝对自我的拯救。于是，工具理性在资本主义的发展中与新教伦理合二为一，成为了推动资本发展的精神动力。然而，随着资本主义的深化发展，工具理性成为了脱离宗教羁绊的世俗价值，金钱和物质成为了工具理性的最后目标。于是，丧失了宗教关怀的工具理性就成为了冰冷地套在人民大众身上的"铁笼"。

价值理性与工具理性相反，是以人自身的本质需求为导向，不把自身和他人作为实现功利目标的工具。人的本质必然是包括自然属性、社会属性及其精神属性在内的整体。因而，价值理性强调的是自我的本质和价值的实现，并以此作为自身行为的导向，而并非为了某种外在效果的实现，与工具理性相比更加重视行为的动机和选择正确的手段去实现自己的目标，至于最终的结果常常并不十分关注。韦伯认为，官僚体制在社会风行的现代社会，工具理性必然会形成对于价值理性的挤压和挫败，而工具理性所造成的人的本质力量的物化是价值理性弱化的必然结果，人也将在这两种力量此消彼长的情况下成为情感和价值感荒漠化的行尸走肉。韦伯对于资本主义话语情景下的人类前景，抱有一种悲观主义的态度。

那么，以价值理性为依归的人性自我拯救工作是否是可能的，一种目的工具合理性的社会如何才能得到拨乱反正，如何使得语言的意义摆脱开工具理性的纠缠，这些问题都是当代的社会设计师们所无法回避的问题。

（二）交往理性的优先性地位

对于语言的理性的规范就不能是以工具理性、目的理性或与权力共谋的理性来加以承担，在这些理性概念之中都不可以释放出语言真实的意义，而恰恰是对于语言意义的遮蔽和掩盖，所以，需要凭借保证话语双方都可以自由表达并展开为真实意义空间的理性架构来实现，这种理性的架构就是交往理性。对于交往理性的内涵加以充分表述的哲学家是德国的哈贝马斯。哈贝马斯主张，理性应当在人类语言交往之中占据核心位置，但是理性不应当是近代以来的同一性的理性，无论它是工具理性还是目的理性都是如此，而应当是生活世界之中的交互理性。哈贝马斯的学术渊源广泛而复杂，主要的是接受了法兰克福学派的批判哲学、语言哲学和理论社会学的理论，从而凝练出他自己的"交往行为理论"，在此，"各种理性形式的艰难合作取代了某一包罗万象的理性。各式各样的东西在这个理性大联盟中找到一席之地：语言实用学、论证学、行为理论、系统理论、批判理论、解释学，其中还有生活世界的现象学。"①哈贝马斯对于他人，首先要面对的任务就是要吸取胡塞尔建构交互主体的教训，而突破唯我论的束缚，强调主体与他人的对话交往的重要性。同时，他从交往理性出发去规范他人对于交往行为的越轨和破坏，因而，他分别从行为和语言两个方面去建构规范性的交互主体。

　　哈贝马斯创立交往行为理论的背景是复杂而广泛的，在语言日益成为哲学中心的境遇下，哈贝马斯受现代语言哲学尤其是奥斯丁等人的言语行为理论影响甚大。同时，在改造马克斯·韦伯的社会合理性理论的基础上，融合了胡塞尔生活世界和交互主体性的思想，米德的符号互动论、马克思实践学说等，继承了早期法兰克福学派的批判理论的传统而创立了交往行为理论。在《认识与旨趣》《交往与社会进化》《什么是普通语用学》中，哈贝马斯交往行为理论已初具雏形；但是到了《交往行为理论》一书中，哈贝马斯才"以理论建设与对经典思想家的思想进行历史重建相结合的方式"创建了交往行为理论的体系，用交往行为理论进一步地推动了传统社会批判理论的发展。后期的《话语伦理学解说》《在事实与规范之间》等著作，又从话语伦理学、文化政治学的角度发展和扩充了交往行为理论。

　　首先，交往理性以生活世界为基础。交往理性概念是从胡塞尔的唯我论的认识论框架中突破出来，同时吸纳了胡塞尔的原初性和奠基性的"生活世界"观念，并继承和发展了胡塞尔的"交互主体性"而建构起来的。"生活世界"揭示了一种原初的和根本的生存状态，在此状态中交往行为理论找到了直接的可靠性和确定性的基础，从而为交往行为理论确立了生活世界现象学的基础。当然，交往理性概念并不是完全因袭着胡塞尔的生活世界而来，而是批判继承了胡塞尔的生活世界概念。因为在胡塞尔那里，生活世界概念

---

　　① 倪良康：《现象学及其效应》，生活·读书·新知三联书店 1994 年版，第 340 页。

还没有摆脱传统认识论的自我意识的理性范式，而将对于世界意向性的出发点定位为"纯粹意识"，从而在实际上脱离了作为基础的生活世界。胡塞尔哲学的这种内在矛盾，就使得哈贝马斯首先要重新思考并架构社会交往行动的理论开端，并突破在社会哲学中一直存在的认识论传统。所以，哈贝马斯抓住了语言在人类交往行为之中的先验效用，而从对话和行动两个方面来规定理性的范围，使得理性不再是作为传统的单子式的认识论的理性，而是在语言行为之中的交互主体理性。从这个意义上讲，胡塞尔的先验现象学是"单个主体的哲学"，而哈贝马斯的交往行为理论应被叫作"交互主体的哲学"，正如哈贝马斯批评胡塞尔所说："由于主体哲学看不见语言交互主体性的特殊意义，因此胡塞尔无法认识到，交往的日常实践本身已经建立在观念化的前设的基础之上。"① 而哈贝马斯所理解的生活世界也就是交互主体的生活世界。

其次，工具理性应当被交往理性所取代。审美理性并不能够真正地超越同一性的理性主体概念，工具理性的同一性逻辑在审美理性之中也没有完成对于自身的否定。因为，审美理性总是与工具理性存在着内在的关联，而无法真正形成独立而超越性的批判视角。而且，审美理性自身甚至都无法保证自己不被工具理性的世界所同化，因为在当下的世界，大众的审美情趣和艺术的商业化进程已经严重损害到了审美理性的完整性和高尚性，审美理性在现实性上也无法摆脱被同化的危险。这是因为他并没有从理性主体走出交互主体理性，而只是审美理性来对抗工具理性，这样的抵抗也是无效的。所以，哈贝马斯就是要把人类对于启蒙理想的重建的可能性放在交互理性上。

启蒙精神在现代所遇到的困境，其问题的根源并不是在于工具理性本身，而是由于工具理性吞没了人类的生活世界，并把工具理性的自我同一性普遍化为世界的逻辑结构。因此，现代性问题的根本解决的希望并不在于对于工具理性的大拒绝，而在于把工具理性

---

① 倪良康：《现象学及其效应》，生活·读书·新知三联书店 1994 年版，第 357 页。

的价值放在交互理性之中来考量。哈贝马斯所设想的一个理想的规范社会即基于此种理性，在交往理性之中，必然地需要在理性考量中放置入他人。

再次，目的理性应该被交往理性所取代。韦伯对于现代社会的目的合理性描述是深刻的，然而，正如哈贝马斯所发现，韦伯的合理化概念尽管把价值和意义作为行为理论的基础，但是却把工具理性作为社会行为的主导，把自身限制在了主客对立的认识论模式中，从而把社会的现代化进程理解为以价值理性为主导向工具理性为主导的社会变迁过程。韦伯虽然"提出了一个实践理性的复合概念，这个复合概念以目的合理性与价值合理性的连接为出发点。但是韦伯在另一方面，却完全按照目的合理性来考察社会合理化"①。哈贝马斯认为，人类在社会交往中的"合理性"行为除了目的合理性之外，还具有交往合理性，而这种合理性就建立在交互主体的主体间性之上。因为哈贝马斯的社会行为"合理性"是作为一种"通过论证演说促使自愿联合和获得认知的力量的中心经验"，也就是"具有语言能力和行动能力的主体的一种素质。合理性体现在总是具有充分论据的行动方式中，这意味着，合理的表达要经得起客观评价。对有争论的运用要求所做的一切明显得到检验，都要采取一种具有论证前提和充分要求的交往形式"②。哈贝马斯认为，交往行动与目的合理性行动是相互关联但是又不能相互规约的，它们共同体现了人类生活再生产的两个基本方面，目的合理性活动与人类同自然间的物质交换过程相联系，而交往活动则与人类主体间的社会生活相联系。所以，与目的合理性行动的工具主义价值取向不同，交往行为受人类主体之间的共识性规范的制约。所以，交往行为不能离开主体间性而独白式的完成，而由于语言在人类理解和交流过程中的触目地位，要想阐明交往行为的一般结构，那就一定要从语言在交往中达到应有切入。在这里，我们实际

---

① [德] 哈贝马斯：《交往行动理论》，洪配郁、蔺青译，重庆出版社1994年版，第40页。

② [美] 莱利斯·豪：《哈贝马斯》，陈志刚译，中华书局2002年版，第29页。

上已经看到哈贝马斯的语言观，语言实际上是人类交往行为的一般性前提，而他的普遍语用学就是要对理解的普遍条件进行形式的和逻辑的规范。

从以上可以看到，哈贝马斯力图把从现代理性话语中逃逸出去的"他人"重新纳入到理性的轨道上来，但是，这个作为主体的理性已经不再是工具理性，而是交往理性了。

最后，规范性话语以交往理性为基础。在人类的交往行为之中，话语无可避免地会受到工具理性、目的理性以及言语的误用的影响，进而造成交往行为活动的阻碍甚至失效。因而，需要用更加合理的交往理性来对交往行为进行规范。这是由于当传统哲学中由启蒙时代以降的理性原则已经失效的时候，而同时这个时代的人类交往还需要一种超越性的批判的理性精神的时候，就需要从孤独的理性主体走到交往理性那里。交往理性就可以为交往活动中所遭受到的系统扭曲的意识形态得到批判和修正，并为交往行为找到真正客观的理性立场。交往理性能够在现代社会之中为人类的交往行为提供规范性的力量。

对于语言的规范性思考就是在这样的理论背景中提出来的。语言并不是人类交往中可有可无的环节，而是交往活动得以形成的前提性条件，所以，一种规范性的普遍语用学的建立与否直接关系到批判理论成败。可见，语言交往的规范化就是要通过系统地建构交往的一般性前提从而为交往活动理论奠定规范性的基础。哈贝马斯对于语言问题的持久关注实质上就是为人与人之间的交往提供先验规范。正如他所宣称的，"人类对于自律性和责任的兴趣并非纯粹的幻想，因为它可以先验地予以把握。使我们超越于自然界之上的就是那唯一我们了解其本质的东西：即语言。正是通过它的结构，我们才被赋予了自律性和责任。我们说出的第一个语句就已经毫不含糊地表达了希望达成普遍的、不受强制的共识的意愿"[1]。在这里我们看到，哈贝马斯的语言交往的模式表明了人类的语言内在地

---

① ［德］哈贝马斯：《认识与兴趣》，郭官义、李黎译，学林出版社1999年版，第275页。

包含有相互的理解的指向，这种指向是实现自我与他人之间的自由、平等和达成共识的意愿。在语言中就内在地蕴含着一个和自己对等的他人，这个他人也是一个语言交往的存在，在与我发生着话语的联系。所以，在哈贝马斯的普遍语用学的构想之中，他人作为平等、自由和具有批判精神的交互理性主体在行使着自己的权利，他在自己的话语中也同样地这样看待我，把我看待为一个平等、自由和具有批判精神的主体。哈贝马斯在这样的交往理性的观念下，勾画着语言交往的规范性蓝图。

由上可见，尽管交往理性的提出在于克服纯粹主观的理性而实现与他人的对话和交往，但是，由于对交往和对话的规范性强调，所以在实际上其目标是以交往行为理论为框架，以避免交往行为中出现的越轨行为和约束住个体在话语中的无限性诉求。在这一点上体现出哈贝马斯和伽达默尔的区别。哈贝马斯认为："这种交往理性概念的内涵最终可以还原为论证性话语在不受强制的前提下达成共识这样一种核心经验。其中，不同参与者克服掉了他们最初的那些纯粹主观的信念，同时，为了共同的合理信念而确立了主观世界的同一性和生活世界的主体间性。"① 这样，交往理性就力图把伽达默尔哲学诠释学中自由诠释的主体规范起来，把"偏见""视域融合""效果历史"等观念放置入规范性的话语体系之内。在哈贝马斯的心中，需要在"共同信念"的基础上建立主观世界的协同性和生活世界的主体间性，从而约束住在伽达默尔那里过于放任的作为理解前提的"他人"存在。在规范性的交往社会中，每个个体都不是绝对自由的。他们只能够通过平等的协商和对话，以达成普遍的和一致的共识，在这个交往理性的平台上，人类在行为实践之中就可以实现每个人的交往自由。所以，自我与他人之间并不是原初冲突的或先定和谐的关系，而是一种相互交往和相互理解的关系。所以，"这种交往理性概念的内涵最终可以还原为论证性话语在不受强制的前提下达成共识这样一种核心经验。其中，不同参与者克服掉了他们最初的那些纯粹主观的信念，同时，为了共同的合

---

① ［美］莱利斯·豪：《哈贝马斯》，陈志刚译，中华书局2002年版，第38页。

理信念而确立了主观世界的同一性和生活世界的主体间性。"①

（三）交往理性所规范的话语系统

为了满足交往理性的规范性要求，人与人之间的话语行为就需要制定相应的规则。哈贝马斯就从交往理性出发来规范人类的语言行为，从而勾勒出他的普遍语用学。由于语言行为对于交往行为理论的基础性作用，所以，能否实现对于语言行为的规范，对于交往理性来说是至关重要的。这点与伽达默尔非常不同。在伽达默尔那里，语言是作为世界的本体，和人类解释自身的本体而存在的。语言带来存在的消息，语言超越于主体意识，具有绝对的统治权。所以，在伽达默尔那里，我们不可能发现对于语言的批判和构想，因为语言并不是可以控制的对象，而是本体对于自身的展开过程，当它越不受控就越接近本体的彰显。而在哈贝马斯的交往活动理论中，语言是为交往理性服务的，或者说，语言只是交往理性成立的必要条件和前提，同时，也成为交往理性需要批判和构想的对象。因而，在哈贝马斯的语言构架中，语言不仅仅要满足语言自设的要求，并且也必须把一般性的交往规则融含进去，所以，哈贝马斯认为只有在普遍语用学的模式中，才能为人类的交往活动和相互的理解提供前提和保障。

1. 交往理性对于语言交往的基本要求

首先，交往理性要求交往主体之间存在着平等、理性和自由的规范性关系。这是哈贝马斯交往行为理论的交互主体理性的内在要求，即一种主体间的平等、理性和自由的规范性要求，哈贝马斯指出，承认主体间的共在，承认共识中的多个主体，并不是意味着他人的真正的独立，意味着他人可以超越交往行为的有效性规范。交往行为意味着交往的主体之间通过语言和对话，而达到相互的理解和共识，必须按照有效的规范来进行。所以，交往理性便为交往主体之间的理解和交流提供了互相之间普遍认同而自觉遵守的规范性前提。他认为，只有交往行为可以为把人类世界中的"目的行为""戏剧行为"和"规范调解行为"都包括进来，从而为整个人类的

---

① ［美］莱利斯·豪：《哈贝马斯》，陈志刚译，中华书局 2002 年版，第 38 页。

行为寻求到一般性的规范要求。而这些规范性要求的提出就是为了保证主体间的平等、自由和理性的关系。

其次，交往理性要求交往行为具有着真实性、真诚性和正确性的规范性内容。交往行为是主体之间通过符号、语言和对话达到人与人之间的互相理解和协调一致的行为。人类之间的交往行为并不是各个孤立主体的行为，而是交互主体之间的行为，这是由于在主体之间存在着内在的关联，这样的关联性深深地植根于人类的生活世界之中。也就是说，交往行为的主体是必须是主体间的：交往行为的媒介是语言；交往行为的形式是对话；交往行为的目标是通过主体间的对话而达到互相理解和协调一致；交往行为的原则是以主体间公认的社会规范来建构自己的行为规则。交往行为内在地包含着语言行为和对话行为，同时，也在规范和调节个人和社会的对话和行为，而努力达到双方的和解和一致。它在理论上的诉求就是主体之间通过语言的媒介展开真诚的对话而达到共识和一致。所以，交往行为关联着"客观世界""主观世界"和"社会世界"三个领域，因而相应地就有哈贝马斯所认为的在交往行为必须遵循的三个有效性要求：即真实性要求，"言说者必须提供一个真实陈述的意向，以便听者能分享说者的知识"；真诚性要求，"言说者必须真诚地表达他的意向以便听者能相信说者的话语"；正确性要求，"言说者必须选择一种本身是正确的话语，以便听者能够接受，从而使言说者和听者能以公认的规范为背景的话语中达到认同"①。因此，交往行为内在地要求着自身的合理性，它是凭借着交往理性而建立起来并规范自身的。交往中所应当遵循的真实性、真诚性和公正性是交往理性对于言语交往的基本规范和要求，也是我们的生活的世界是否具有合理性的标志。

2. 普遍语用学的构想

对于他人的交往行为的规范，不仅仅要满足于在某一个情境中达到语言对于自身的规范，同时，也要满足在具体情境交往之中的

① 龚群：《道德乌托邦的重建——哈贝马斯交往伦理思想研究》，商务印书馆2003年版，第141页。

语言规范。也就是说，他人在交往之中尽管可以完全有能力去自己构造一个合乎语法的语句，但是同时他更需要在话语中恰当地满足该语句的诸项语用条件。因而，一种单纯的语言构想和语言能力并不能涵盖语言现象的全部，而恰恰遗漏了作为根基的语用环境和生活世界。因而，根据语言总是在具体的语用环境中被言说，在具体的交往活动中被使用，哈贝马斯认为人类的语言交往行为就必须同如下三方面的现实发生关联："（1）被假定为现存事态的外在现实；（2）言说者愿在公众面前作为自己的意向而表达的内在现实；（3）作为合法人际关系而获得主体间认可的规范现实。"相应地，一个语句就被置于若干的有效性要求之下，当一个言说者在某一特定的情境中言说一个语句时，他必定至少隐含地声称："（1）他所言说的语句是可领会的，亦即该语句是合乎语法的（可领会性要求）；（2）他所作出的陈述是真实的，亦即被陈述的命题表征着一个事实，或者被提及的命题内容之存在性先决条件得到了满足（真实性要求）；（3）他的意向表达是真诚的，亦即被表达的意向与言说者实际意向的东西相一致（真诚性要求）；（4）他的言语行为是正确的或适宜的，亦即该项行为符合于一个获得主体间认可的规范背景（正确性或适宜性要求）。"① 在这 4 项有效性要求中，只有可领会性的要求能够在语言中单独地实现，而真实性要求、真诚性要求和正确性要求则是在把语句运用在现实交往中才实现的，体现了表征、表达和合法人际关系这 3 项基本的普遍语用学功能。所以，必须要把语言的概念加以扩展而实现普遍语言学的要求，才能够体现交往活动的全面性。所以，在语言能力之外，哈贝马斯特别重视"交往能力"，在他看来，交往能力并不是语言之外的能力，而是在语言内部的必然要求。这是由于交往能力直接关联到一次成功的语言交流是否可以实现。所以，在交往行为之中，他人不仅仅满足交往中语言本身的语法要求，而且更要满足"交往情境"的要求，他人在这样的交往行为中才会合乎交往理性要求的规范性。

---

① 转引自刘峰:《语言与人类的交往理性》,《北京大学学报》1992 年英语语言文学专刊（二），第 81 页。

（四）生存论语言与规范性语言间的关联

首先，规范性语言对于语言的使用具有着重要的调节作用。毫无疑问，交往理性在人类的交往行为之中具有着重要的价值，它所具有的对于意识形态的批判性视角和对于语言误用的自觉对于语言的日常使用都具有着拨乱反正的作用。哈贝马斯的交往行为理论强调了语言在人类交往行为之中的基础地位，凸显了交往理性在克服生活世界的殖民化、实现社会合理化的重大价值，同时把交往行为理论延伸到伦理学和政治学领域，强调要用理解、宽容、和谐的立场来协调不同群体、信仰、价值观和生活方式之间的矛盾和冲突，并处理好相互之间的人际关系、文化传统和国际关系，主张在交往理性中所规范的平等和民主是人际交往、文化交流的行为准则，是理想、公正、稳定的社会秩序建立的前提条件，也是未来文明发展的方向。这是哈贝马斯在交往理性基础上，为整个人类社会所勾画的美好蓝图。但是，交往理性对于语言的调节作用仅仅是反思性的，而不会是原初性的；是批判性的，而不会是建构性的。

其次，生存论语言对于语言交往来说具有着奠基作用。语言的原初的意义并不能够被交往理性所规定，而只能通过生存论的语言所奠基。语言交流中所产生的结果也常常是不受控的，也就是说，它并不是由交往理性所规范出来的，这也是实质上所发生的新意义的状况。同时，交往理论自身很难为自身的合理性作出说明，因为语言的本体性只有在生存论的语言中才能够得到确立，而不能在交往理性之中找到根据。交往行为是为了什么而作出的呢？不是为了抽象的真理，也不是为了主体间利益的合理分配，那么，为什么要建构这样的模型呢？无疑，在交往行动理论中，已经预设了一种价值和真理判断，可以说，在哈贝马斯那里，这个价值和真理判断依然是启蒙以降的自由和理性精神，因为在他的交往行为模型中所要实现的目标就在那里。而这个自由和理性精神却违背了主体间性的基本预设。因为，在主体间存在着爱与恨、他人与自我理性之间也存在着不可弥合的距离，这些在他的理论模型中都是不能够合理地处理的。哈贝马斯发现在后现代的话语之中，他人已经作为绝对的超越性和差异性跳到了理性的范围之外，从而一切带有普遍性的价值观，包括自由、平等、理性等，都失去了可信的基础。在这样的语境压力之下，哈贝马斯高举理性的大旗是难能可贵的。但是，他把真实性、公正性、真诚性作为交往行为的三个有效性要求，同时也把话语共识、交往成功当作交往理性是否实现的标志，这样就把共识性的真理作为了交往行为理论的基础。不过这一共识性的真理却只能通过理性自身来检验，所以，哈贝马斯转了一圈之后，从主体间性又退回到了理性主体这里，而这一方案无疑是康德"绝对命令"的先验论的翻版并且带有实用主义的强烈色彩。而且，语言交往中的真实性、公正性和真诚性并不是话语共识所能保证的。因而，哈贝马斯想要通过交往理性来实现对于他人的规范性设计，更加类似于一个乌托邦的模型，是不可能在现实中兑现的。

第 五 章

他人身体的奥秘

　　身体是我们平时看到他人时，所直接呈现出来的部分。身体是自我对于他人最直观的把握对象，是他人直接展示的"面貌"。他人体现为他的五官、四肢，举止言谈，为人处世，这些基本的人的行为都需要通过身体展示出来，以至于很多人认为，透过他人的身体，可以理解到他人身体内部所隐藏的隐秘的精神，比如面相、手相等，都是通过外在的身体部分去猜测内在所蕴含的影响甚至决定未来的某种神秘力量。人们也常常相信，身体是"灵魂"和精神的通道和居所，灵魂通过身体而得到展开和实现。但是，同时，他人的身体也遮蔽着他人内在的真相，因为人们常常会想到，作为整全的精神不可以通过身体片断地展现，身体也常常会矫揉造作而无法真实地反映出内在的灵魂。许多人会赞同身体无疑在每一个个体都具有着重要性，但也常常不会认为，身体在了解他人时具有着核心的作用，甚至说每一个个体就是身体的。人们常常以为，他人的身体甚至自己的身体都具有着某种假象，而内在的和超越的东西才是真实的。在这里需要进一步分析的是，身体是怎样的一个概念，身体和他人之间的关系到底如何，以上对于身体和他人的观念是如何形成的？

　　身体在现代哲学之中是一个日益受到关注的重要概念，其在当代之地位隐隐如精神理性在近代哲学之中的核心地位。正如法国哲学家罗兰·巴特所强调的，我与你的不同，就是因为，"我的身体和你的身体不同。"[①]　身体如何取得了如此辉煌的王冠？当然是因为此时对于身体的理解已经发生了根本性的转变。身体不再是理性关照下的一堆消极的器官和质料，而是具有自身结构的生存主体。以哲学史的发展为线索可以看到，在现代哲学的起点处，尼采就颠倒了灵魂与肉身之间的传统关系，不再把灵魂或理性作为本体，而是以身体为灵魂的主人，灵魂为身体的工具。"我完完全全是身体，此外无有，灵魂不过是身体上的某物的称呼。身体是一大理智，是一多者，而只有一义。是一战斗与一和平，是一牧群与一牧者。兄弟啊，你的一点小理智，所谓'心灵'者，也是你身体的一种工具，你的大理智中的一个工具，玩具。""兄弟啊，在你的思想与情感后面，有个强力的主人，一个不认识的智者——这名叫自我。他寄寓在你的身体中，他便是你的身体。"[②]　如果说尼采对于身体颠覆性的解释尚是发其先声而未明其究的话，那么，后来的胡塞尔的现象学对于身体的再发现，海德格尔以生存论的现象学对于此在的在世的理解，还有马克斯·舍勒对于人格现象学的对于身体价值的揭示，一直发展到梅洛·庞蒂的身体现象学，可以说就把身体之内蕴得到深切的发掘而使得真实之身体重见天日了。

得到重新阐发的身体概念就为他人的出场提供了一个坚实的哲学平台。以胡塞尔的现象学为重镇，现代哲学作出了重新理解理性和身体的努力，然而，无论是胡塞尔还是萨特等人，对于身体内涵的体会和揭示尽管有很大的贡献，但是也有很多的偏颇，也并没有完全从二元分立的格局中脱离。到了梅洛·庞蒂，才彻底地坚持了身体在现象学和存在哲学中的基础地位，他的身体哲学是从肉身概念为基点，认为人所具有的知觉能力包含着身体各感官的协调统一，把意识和身体都纳入到了肉身的结构框架之中，力图弥合知觉器官之间的孤立的分离状态，并克服对于意识和身体的二元对立式的理解，进而说明了肉身具有全面而整体的意向性。同时，他把肉身内部所具有的协调统一关系推广到身体间去，从而在"世界之

---

① 　转引自汪民安：《身体、空间与现代性》，江苏人民出版社2006年版，第3页。
② 　［德］尼采：《苏鲁支语录》，徐梵澄译，商务印书馆1992年版，第27—28页。

肉"之中揭示了他人存在的丰富内蕴。

一 灵性的身体

（一）无声的身体与身心的二元论

身体概念曾长期地处于意识或精神概念的压制之下，一种典型的身心二元对立的格局是由近代哲学的笛卡尔我思哲学所建立。笛卡尔认为，只有思维或者心灵才是世界的存在得到确证的根据，这种理论是通过他普遍怀疑的方法而获得的，他说道："当我怀疑一切事物的存在时，我却不用怀疑我本身的思想，因为此时我唯一可以确定的事就是我自己思想的存在。"普遍怀疑的方法为思维或心灵的至上性奠定了基石，这就是他著名的"我思故我在"的哲学命题。在他的眼里，宇宙间有两种实体的存在，一为思维的；二为广延的，在这两种实体之中，他当然强调心灵的至上性。所以，在人的存在上，他首先坚持一种身心二元论的看法，即人的存在是由心灵和肉体共同组成的，但是它们之间是作为不同的实体而在本质上相互分离的。同时，他坚持心灵实体在身体二元模式中的根本性和超越性地位，他言道，"我"必定是一个独立于肉体的，在思维的东西，"严格来说，我只是一个在思维的东西，也就是说，一个精神，一个知性，或者说一个理性。"① 人的存在被本质性地规定为心灵，超然于身体、感觉和欲望之外。在心灵实体的笼罩之下，身体的声音被遮蔽了，它成为了次要的、被宰制的、存疑的存在，最后它逐渐丧失了自己的声音而成为了无声的存在。

首先，身体成为了质料性的身体，它并没有思维的能力。身心二元论的哲学把身体理解为精密的机械，它只是作为心灵的居所而自身是没有思维功能的。笛卡尔就把身体理解为一架精密的机器，以与超越性的思维相对。人的身体只是按照物质规律而运行的机

① ［法］笛卡尔：《第一哲学沉思集》，庞景仁译，商务印书馆1996年版，第26页。

器，它"有脸、手、胳膊，以及由骨头和肉组成的这么一架机器"①。"人类身体和动物身体一样，是一架机器。其中的运动源泉是心脏里面的热，运动的器官是肌肉，感觉的器官是神经。血气在心脏血液中蒸馏净化，通过动脉进入头脑，又从那里传到肌肉和神经。在这架机器中，身体的职能都自然地因器官的安排而起作用，正如一只表或其他自动化的机器的运动必然因摆锤和机轮而产生一样。在身体里面，出去血液和血气以外，不必设想有什么设备或有感觉的灵魂或其他极关重要的运动基质。"② 身体作为质料并没有思维的能力，只能被动地按照自然规律来作出刺激—回应的动作。身体于是成为了毫无生气的机械装置，尽管是非常精密的机器。李梅特里就认为人就是架精密的机器，而"从动物到人并不是一个剧烈的转变"。

其次，身体必须服从于心灵或思维，感觉必须要服从于理智。坚定的笛卡尔主义者马勒伯朗士认为，"我是某种在思维的东西"，这个在思维的我，不可能是身体，因为身体不能进行思维。这无疑是笛卡尔式的"我思故我在"的思想的延续。身体在这样的思路之下，注定是出于被宰制的地位。因为身体被理解为一堆物质性的质料，因而，作为理性的自我就可以把身体作为分析、宰制、切割的对象。它可以被纳入到数学和理性观测的数据之中，成为彻底的对象化存在。"物质世界的所有事实，都可以用几何学术语来表述。"③ 作为质料的身体注定成为了心灵的对象，并进而通过物质的规则来加以解释。在这样的解释框架之内，仿佛思维发现了身体，而其实是把身体的声音用理性的手段遮蔽住了，而身体真实的存在也被遗忘了。笛卡尔说："真正来说，我们只是通过在我们心理的理智功能，而不是通过想象，也不是通过感官来领会物体。"④

---

①　［法］笛卡尔：《第一哲学沉思集》，庞景仁译，商务印书馆 1996 年版，第 24 页。

②　［美］梯利：《西方哲学史》，葛力译，商务印书馆 2005 年版，第 316 页。

③　［美］汤姆逊：《笛卡尔》，王军译，中华书局 2002 年版，第 33 页。

④　［法］笛卡尔：《第一哲学沉思集》，庞景仁译，商务印书馆 1996 年版，第 33 页。

尽管笛卡尔也不无疑虑地表示，在肉体和精神之间存在着某种协调一致的关联，"人的心灵实在有别于身体，然而又和身体紧密结合得就像一个东西似的。"① "自然也用疼、饿、渴等感觉告诉我，我不仅住在我的身体里，就像一个舵手住在他的船上一样，而且除此以外，我和它非常紧密地联结在一起，融合、掺混得就像一个整体一样地同它结合在一起。"② 当然，笛卡尔不认为这些现象说明了两个独立的实体之间具有着实在的联系，可是他必须要对此加以解释，于是，他用既是物质又是精神的一种结合物"松果腺"来沟通两者。"我还看出，精神并不直接受到身体各个部分的感染，它仅仅从大脑或者甚至大脑的一个最小的部分之一即行使我们称之为'共同感官'这种功能的那一部分受到感染，每当那一部分以同样的方式感受时，就使精神感受到同一的东西，虽然这时候身体的其他部分可以有不同的感受。"③ 笛卡尔以松果腺作为统一身体和心灵的尝试，其实是失败的。因为，他无法否认肉体所具有的被动的广延性的属性，也不能摆脱开身体和心灵作为两个实体互相分立的关系。于是，被理性宰制的身体没有了为自己辩白的资格，它间或发出的嘶喊也被理性的巨音所淹没。身体注定成为了无声的身体。

总之，身体成为了无声运作的一架精密的机器，被人驱策，供人驾驭，或成为意识意向性中的被动质料。无疑，这样的身体观就建立在身心二元论的基础之上的，是身心二元论自然的逻辑结果。

（二）在世的作为整体的灵性身体

身心二元论无疑具有巨大影响，但是它的理论具有无法消除的弊端，在逻辑上无法自圆其说。而身体概念则消解掉了身心二元论所具有的内在矛盾，由此展开了一个新的身体的世界。真正地理解他人的存在的前提是不把他人理解为意识的客观对象，因为这首先承诺了意识作为主体的绝对超越的立场和视域，而这个视域的绝对

① ［法］笛卡尔：《第一哲学沉思集》，庞景仁译，商务印书馆1996年版，第13页。
② 同上书，第85页。
③ 同上书，第90—91页。

性是虚构的，是第二位的。这个中性的"绝对客观"的视域也是有着它的存在的前提的，它就是身体本身，当我们描述他人的身体时候，作为观察主体的我们也是以一种对于身体的原初知觉为前提的，否则我们也不会对他人的身体产生知觉，"关于身体，甚至他人的身体，我们应该学会把它和生理学著作描述的客观身体区分开来。"① 所以，我们也不能把他人理解为超越性的意识主体，因为他人的意识并不直接展现出来，相反的是，它必然以身体的样态展现出来，它首先必然是客观的。

首先，"在世"的存在就是身体的存在，身体具有深刻的"在世"性。"此在"具有深刻的"在世"性上这一点，海德格尔无疑是正确的。因为，意识与世界并不是先分隔开来，然后再把它们硬拉到一起，让意识走到世界中。而是它们本就是一体的，具有内在的关联性，然后二者之间的分离才是可能的。然而，意识无法作为在世的存在者，它作为超越性的存在是"不在世的"。与之相对，身体却是在世的存在。以身体为在世的存在，也为原本无声的身体概念，注入了新的内容。胡塞尔有关他人理论的弊病即在于，他首先把他人的身体理解为我意识的客观对象，并预设意识作为身体内部的超越性存在，然后再试图在客观的身体里面论证内在意识的存在。梅洛·庞蒂并不认同胡塞尔对于身体和意识的分析，他用身体的概念取代了胡塞尔的先验意识的概念，并以之消解了胡塞尔的意识概念所具有的内在性。梅洛·庞蒂说道："问题仅在于承认，作为化学结构或生理组织的身体是根据客观思维给出的，但客观思维不需要完成其分析的为我们的身体、人的体验的身体或被感知的身体的最初现象，由于贫乏而形成。关于意识，我们不应该把它设想为一个有构成能力的意识和一个纯粹的自为的存在，而应该把它设想为一个知觉的意识，行为的主体，在世界上存在或生存，因为只有这样，他人才能出现在其现象身体的顶点，接受一种'地点性'。在这种情况下，客观思维的矛盾就消失了。"②

---

① ［法］梅洛·庞蒂：《知觉现象学》，姜志辉译，商务印书馆2001年版，第43页。
② 同上书，第442页。

如海德格尔所揭示，每一个在世的个体都是被抛于世界之中的，他一开始的时候就具有不以他的意志为转移的生活世界，而同时，这个世界也给予给他某种对于世界的理解。然而，海德格尔只是在抽象的"此在"的生存论的意义上去谈在世的存在的，尽管他剥除了意识对于世界和身体的超越性地位，但是他并没有说明"此在"是如何具体化地"在世"的。可以接着海德格尔谈下去的是，每一个个体都是带着一个身体被抛入世界之中的，而不是某种透明的、超越的灵魂状态进入到世界之中的。身体本身就构成了每个个体所无法置辩的"在世"存在，而这也是梅洛·庞蒂所集中关切的理论焦点。他认识到，身体是原初的反思前的图示结构，具有原初的在世性。我以我的身体遭遇到世界，遭遇到他人，我首先就以身体的方式在世，身体也得以使得我敞开了世界的意义，以及敞开了我个体生存的意义。我就是我自己身体的在场，离开我的身体，我的世界就不复存在。在一种生存论的意义上，身体具有根本的、原初的意义。正是由于我对于世界的知觉是平衡的，我才可以遭遇到一个稳定清晰的世界图景。而如果我的大脑在运动平衡的部位受到了损坏，我的世界就会发生景观上的偏差。我是以身体的方式遭遇到世界的，而不是以某种抽象的灵魂植入的方式进入的。在这一点上，身体概念无疑有取于海德格尔的存在论哲学，即人首先是在世的存在，而并不是一个我思的主体。

其次，在世的身体是知觉的主体，是主动地面对世界的，而不是被动的客观质料。在这里所强调的"主体"并不是在一种认识论的主客二元对立模式下的主体，而是在一种生存论的意义上与他人共在的面向世界的在世"主体"。这个在世的身体并不是被动的客观物质，也并不是如其他动物般地牢牢地限制在当下的环境中。在《行为的结构》和《知觉现象学》两部著作中，梅洛·庞蒂指出，人类的意识不可以被完全地还原到"感受性"，即人并不是一堆类似于精密机器的被动的物质和生理机能。所以，人对于世界的反应并不是"刺激—反应"模式的，而应该用一种"情境—反应"的整体性关联来取代。梅洛·庞蒂所理解的知觉行为不单单是一种对于世界的认识能力，更是我们认识世界的基础和前提。这个主客统一的知觉世界揭示的是人类反思前的真实的世界，它类似于胡塞尔所说的"生活世界"，是人类所有认识行为的基础和前提。人在这样的知觉行为中与其世界发生一种原初的、活生生的联结和接触。在其中并没掺杂着任何抽象和分析的内容，没有反思性的和概念性的成分，也未受到物理世界对象的影响。梅洛·庞蒂把这种接触叫作"前意识"水平的接触。在他看来，这是一个真实存在的领域，是整个人类生活的基础，是个人由以开拓和构造与他人及其世界的关系的出发点。

基于这样的观念，梅洛·庞蒂反对经验论把知觉简单地还原为感觉的组合，梅洛·庞蒂认为，马赫等经验主义者的错误在于把知觉理解为纯被动的感觉，而事实上感觉与知觉具有根本性的区别。感觉和知觉具有两点重要的不同：（1）感觉或感觉材料总是处在被动的消极的功能之中，而知觉却是积极的和主动建构的；（2）感觉或感觉材料总是把自身理解为散乱的和杂多的，而知觉却具有整体性和有序性，是具有结构的整体。在此，他有取于以考夫卡、科勒等代表的格式塔心理学理论。格式塔心理学认为，环境对于有机体的刺激以及有机体对于环境的反应，都是以总体性和结构性的形式来进行的。神经系统的反应总是整体性的，并不是由一个部分来决定的。同样，知觉和思维等也都是以整体性和结构性的形态发挥其功能。梅洛·庞蒂借助于格式塔式的心理学，主张在人的意识中所呈现的现实世界从来不是凌乱的、无序的感觉材料的堆积，而是由知觉所构成的具有结构性的整体，它们并不是凌乱的味觉、视觉、听觉或触觉等，而是"一个苹果""一个人""一个宇宙"等。人以这样的整体性的知觉结构去面对世界，构建世界，而不是以一个被动地接受外部世界刺激的白板。而经验主义者所认同的被动的经验的感觉世界，只不过是以抽象的和截取的人类知觉行为为基础的，是对于人类的原初的知觉世界的扭曲。

可见，在人对于世界的知觉中，人总是用整体的统合的主动图示去面对世界和把握世界，整体并不是部分的拼凑，相反，部分只有通过整体才能被理解。换言之，人类的机体是一个整体性的存在，具有统一性的结构和意义，而身体就是这个"特定的结构"，人类总是通过身体的图示去勾画世界，而不是被动地接受外来的感受。正是这个身体图示的整体性才使得我们的感受具有了内在的意义。

再次，在世的身体是整体性的，而不是由各自孤立的知觉器官拼凑起来。作为原初的在世的身体，是以一种整体意向的方式去面对世界的，去在世界之中生存的。当我的眼睛在看一件事物的时候，我的耳朵、鼻子、嘴巴、四肢、头脑等都在共同地参与到整个事件之中。只有我从具体的对于某种事物的知觉中掉头而去的时候，我才会把其中所参与的知觉过程和知觉器官分离开来。如同中国古代的名辩家公孙龙所提出的离坚白的命题，就是把人的知觉机能从具体的情景中抽离出去，而形成的对于知觉判断的孤立性理解。就如同婴儿在一种未反思的状态之中的时候，他会全身心地投入到世界之中并能深刻地融入到人类世界一样，成人是否只有通过一种对于反思的"出神"而进入到对于世界的非反思状态，才能够真实地实现回归生活世界，恢复到"万物皆备于我"的大乐之中呢？无疑的是，现代人在建立了自我反思的巨大的表象镜像之后，距离此种天人合一式的大乐已然越来越远了。

身体所具有的整体性结构，梅洛·庞蒂用"身体图示"的概念来表达，表明身体器官之间存在着相互的协调和统一。当身体面对世界的时候，并不是各器官孤立地起作用去知觉世界的，而是形成了一个整体性的图示结构去面对和知觉的。"我的身体的轮廓是一般空间关系不能逾越的界限。这是因为身体的各个部分以一种独特的方式相互联系在一起：它们不是一些部分展现在另一些部分旁边，而是一些部分包含在另一些部分之中。"① 也就是当我们面对世界的时候，我们的身体并不是分割为肉体和精神两个部分，高级机能和低级机能两个层次，分别去面对世界，而是作为整体相互协调地去面对世界和事件的。作为一个在世界中的实践主体，身体是一个整体。

我就是我的身体，并不存在身体的内与外、客观与主观的分离

①［法］梅洛·庞蒂：《知觉现象学》，姜志辉译，商务印书馆2001年版，第196页。

和连接，它们自来就是统一的。因而，意识与身体的二元对立并不存在，身体把它们整合在一起构成为统一的知觉结构。从这个意义上说，我就是我的身体，我并没有把身体的各个部分分离开，各自地去知觉世界，最后再把它们各自获得的信息整合起来，而是在原初的时候我的身体就是一个统一体，协同一致地去知觉。也就是说，我的身体并不能如外部物体般作一种外在关联式的综合，因为它并不是自然物，我们身体本身即是这种综合。正如梅洛·庞蒂言："我不是在我的身体前面，我在我的身体中，更确切地说，我是我的身体。因此，我的身体的变化及其变化中的不变者不能明确地被确定。我们不仅仅思索我们的身体的各个部分的关系，视觉的身体和触觉的身体的相关：我们自己就是把这些胳膊和这些腿联系在一起的人，能看到它们和触摸它们的人。"[1]

整体性的知觉图示不是把肉体和灵魂分开之后再把它们拼凑组装，而是作为原初性的整体意向面对着世界。这种身体的整体图示就可以摧毁传统西方哲学的身心二元的分立结构。身心二元论不是把意识作为身体的机能，把意识作为物质实体的一部分，就是把意识视为先验的"我思"，成为在物质之上的绝对。真实的情况是，在原初的意义上身体和意识之间并没有绝对的分离，而是存在着不可撼动的统一性，这个统一性的就是"身体"。这个身体并不是指生理意义上的身体，也不是一种客观的外在的和对象化的物质体；相反，它是作为意识和身体未分化前的原初的身体图示而出现的，它是作为世界之为世界整体的必要前提而出现的。也就是说，身体图示是作为前反思的原初视域呈现出来的，在其中，身心并未分化，梅洛·庞蒂说，"我的行为只是由于它们的意义才存在，但显示在它们那里的意义并非是一种康德式的对象，构造它们的那种意向性生活并非还是一种表象，通达它们的那种'理解'尚未是一种理智活动"[2]。

---

① ［法］梅洛·庞蒂：《知觉现象学》，姜志辉译，商务印书馆 2001 年版，第 198 页。

② 转引自莫伟民等：《二十世纪法国哲学》，人民出版社 2008 年版，第 174 页。

最后，灵性的身体是动态的和自我调整的。调整完成以后就成为了身体的习惯，进而构成为当下的身体处境，梅洛·庞蒂说，"在这里，一般的习惯也指出了身体本身的一般综合。"① 梅洛·庞蒂举例子说，当老人用手杖探索物体的时候，手杖逐渐成为了对其身体而言的一件习惯工具。老人对于世界的知觉不再从皮肤开始，而是从手杖的尖端开始。于是，手杖成为了身体的一个附件，成为了身体的一种延伸。我们面对世界时，身体所作的自我调整都可以从此例子中得到启示，于是，身体成为了面对世界时自我调整后的产物。"我们靠目光支配与盲人的手杖类似的天生工具。目光按照询问物体、扫视和注视物体的方式在不同程度上得到物体。学看颜色，就是获得某种视觉方式，获得一种身体本身的新用法，就是丰富和重组身体图示。作为运动能力或知觉能力的体系的我们的身体，不是'我思'的对象，而是趋于平衡的主观意义的整体。有时，新的意义纽结形成了。"② 由此可见，我们可认识的和可参与的世界就是身体的延伸和完成。

从身体与世界内在的关联性来说，身体必然是一个"场"，或者如梅洛·庞蒂所说的，是一个"知觉场"。我的身体必然有一个世界，它在世界之中存在。世界并不是我的身体知觉的客观对象，如果世界不允诺我身体的参与与进入，如果我的身体不能够主动地调整自身去适应世界的变化，那么，我的身体也将不复存在。因而，我的身体与世界并不是分离的，而是具有内在的关联性，这种关联性也并不是认识论的，而是生存论意义上的。我的身体必然有一个与之相应的世界，世界也必然有一个它得以凸显的身体，世界对于身体而言是其生存的必然处境，"事实上，身体的空间性不是如同外部物体的空间性或'空间感觉'的空间性那样的一种位置的空间性，而是一种处境的空间性。"③

总之，身体是在世的和灵性的，它并不是身心二元论中的身体

---

① ［法］梅洛·庞蒂：《知觉现象学》，姜志辉译，商务印书馆2001年版，第137页。

② 同上书，第202页。

③ 同上书，第137页。

也不是超越的"纯粹意识"。在现实中遭遇到的他人真实的身体与胡塞尔的作为意识对象的身体具有着根本性的区别，也与萨特强调身体在意识层面上的存在不同。正如梅洛·庞蒂所揭示，身体是"灵性化"的，它既不是绝对超越的意识主体，也不是作为绝对客观的肉体机器，而是处于主客交织之中的暧昧地带，天然地融合了身心两者。也就是说，人们常常以为的身心的二元对立，并不是对于身体的真切的认识。因为纯粹意识切断了"先验自我"与世界的关联，而完全进入到了内在的意识领域，并在意识中重建与世界的关联。这恰恰失去了人与世界的原初的关联，我们需要做的是通过身体回到与世界那种原初的关联中，这个原初的关联就是灵性的肉身，"意向性不是来自一个中心的我（Je），而是来自后面拖着它的保持界域、前面被它向将来的延伸拉着的我的知觉场本身"①。身体就是灵性的身体，除此之外一无所有。在身体之外，也并没有超越性的精神和灵魂。由身心二元论所引发的对于他人身体的压制和漠视，就是更加无法让人接受的了。

二　身体作为他异性的本体

灵性的身体具有他异性本体，身体就是他异的本体本身。他异性的身体表明我并不是透明的理性，我必然要和某种无可名状的他者一起生存。这就为理解他人奠定了本体论和存在论的基础，而身体所具有的自身分化的时间性，是他人得以成立的必要条件。正如他异性的概念在列维纳斯那里是一个核心性的概念，他异性之于身体概念也是一个核心概念。毫无疑问的是，凡是身体都有死，凡身体也在时间之流中。如果把身体作为在世的整体性存在，那么，身体就是死亡，身体就是时间，因为除开身体这个承担者，没有其他的存在承担死亡和时间。正如梅洛·庞蒂所认为，最能反映身体自身差异的现象是身体性的时间。"在我们看来，知觉综合是一种时

———————

① ［法］梅洛·庞蒂：《知觉现象学》，姜志辉译，商务印书馆 2001 年版，第 521 页。

间综合"，"我的身体把一个现在，一个过去和一个将来连接在一起，我的身体从其自身之中产生出时间"。①

首先，我的身体的知觉能力并不是全能的和透视的，而是具有内在分化的结构。理性常是透明的，具有着内部的同一性，并且把这种"A = A"的自身同一性推及到整个世界及人类社会之中。然而，身体并不是如理性般的透明，它居于一种可见和不可见之间的暧昧地带。此种暧昧并不是消极的，它揭示出人在本体意义上所具有的他异性，正是这种身体的差异性展开了充满意义的世界和各式各样的他人。

所以，先验的主体意识必定不是一种全知全能的绝对的"大全"，而是自我分化的主体间性的存在，"先验的主体性是一种向自己和向他人显示的主体性，因此，它是一种主体间性"②。梅洛·庞蒂认为，摒弃这种直观方法的积极意义在于，我们可以取消对于意识本身和身体本身的单纯的看法，这样的看法认为，身体和意识都是作为在时间上和空间上同一的存在发挥着其机能。

其次，身体自我分化的根源在于身体所具有的时间性。海德格尔和列维纳斯已经描述了时间对于此在和本体所具有的根本性的组建作用。以身体为在世的本体，那么，时间对于身体同样具有根本性的组建作用。而以身体为时间，则进一步把他异性的本体具体化和知觉化了。以身体作为在世的本体，则身体就是时间，时间就是身体。如梅洛·庞蒂所指出的，"在我们看来，知觉综合是一种时间综合"，"我的身体把一个现在，一个过去和一个将来连接在一起，我的身体从其自身之中产生出时间"。③ 因而，身体不仅仅是灵性的整体性的原初结构，同时，它也具有自身分化的内部结构。并在这样的自身分裂之中，绽开出身体间性的意义。

可见，时间是身体的时间，而不是绝对客观的时间。流俗的客观的时间观把时间作为过去、现在、将来的直线性的向前连续，其

---

① 转引自莫伟民等：《二十世纪法国哲学》，人民出版社 2008 年版，第 181 页。

② ［法］梅洛·庞蒂：《知觉现象学》，姜志辉译，商务印书馆 2001 年版，第 455 页。

③ 转引自莫伟民等：《二十世纪法国哲学》，人民出版社 2008 年版，第 181 页。

实，这种对于时间的把握始终是外在的。当我们关注时间的时候，时间其实并不存在，它总在当下虚无化自身，过去立即转化为现在，现在立即转化为将来，随着现在的持续虚无化，时间也不断地虚无化自身。所以，从一个观察者的角度，时间其实并不存在。所以，梅洛·庞蒂说，"因此，时间不是我能把它记录下来的一种实在过程，一种实际连续。时间产生于我与物体的关系。"①

从原初的意义来讲，人唯一能够理解时间的方式是体验时间，因为我就是时间。我并不是时间转变的目击者，而是此种转变的进行者，我就是即将到来的现在，就像我的动作实现我的目标一样。并不是客观的时间在流逝，而是身体性的时间在流逝，而是我的身体就是流逝本身。在这个意义上，梅洛·庞蒂说，"现在的问题在于阐明这种处于初始状态、正在显现、始终由时间概念表示的时间，它不是我们的认识的一个对象，而是我们的存在的一个维度。"② 由此可见，在我身体内部有一个自我分化的时间性，这种时间性使得身体成为既相互分离又统一起来的整体。"因为时间性是使外部事件相互分离，又把它们维系在一起的能力。"③

梅洛·庞蒂把这种具有时间结构的意识或身体称为知觉场，它使得绝对的自我成为不可能，"意向性不是来自一个中心的我（Je），而是来自后面拖着它的保持界域、前面被它向将来的延伸拉着的我的知觉场本身。"④ 在现象学中，对于他人的当下直观一直是一个重要的课题，如果我们的意识可以与他人达到当下的直观，那么，我也就不再需要在反思中去建构他人，因为，如果直观得以成立，那么他人就已经变得透明而纯粹，成为了与我的意识一致的存在。但是，这样的一种直观的理想并不是在建构他人，而是恰恰取消了他人：一旦这样的直观是可能的，那么世界上也只剩下了无所不能的意识本身了，那么这个作为"我"的意识必将排斥

---

① ［法］梅洛·庞蒂：《知觉现象学》，姜志辉译，商务印书馆 2001 年版，第 515页。

② 同上书，第 520 页。

③ 同上书，第 528 页。

④ 同上书，第 521 页。

他人的存在。梅洛·庞蒂认为，摒弃这种直观方法的积极意义在于，我们可以取消对于意识本身和身体本身的单纯的看法，这样的看法认为，身体和意识都是作为在时间上和空间上同一的存在发挥着其机能。而其实，身体本身就是自我分裂的，具有着主体间性和时间性，而身体所具有的时间性即为他人的存在确立了原初的经验和视域。所以，一方面是透明的身体；另一方面是不透明的不可见的身体，而真正的主体是以一种"最初过去的不透明性"的形式呈现出来的。在梅洛·庞蒂看来，他人的明证之所以是可能的，是"因为在我看来，我不是透明的，因为我的主体性后面拖着其身体。"① 在主体的时间性中，我们才能够真正的理解我们的意识和身体，因为主体并不是超越时间之外的东西，而是具有时间性的主体，而这个时间性本身就为他人的存在奠定了基础。

因而，梅洛·庞蒂认为，身体所具有的时间性，是身体自我分化的前提，是我们得以知觉他人存在的必要条件。如梅洛·庞蒂所言，"如果我们能重新发现在主体下面的时间，如果我们把身体、世界、物体和他人的悖论和时间的悖论联系起来，那么我们将懂得，再也没有需要理解的东西。"② 时间性的身体当下分化为过去和将来，并由此开放出无限的存在。过去—当下—将来在身体上的自我异化就形成了身体的主体—客体的结构性存在，梅洛·庞蒂言道，"时间的分析也阐明了我们前面的分析，因为它显示了一个作为呈现的唯一结构的两个抽象因素：主体和客体。"③ 由此可见，身体所具有的时间性也是身体所具有的互逆性现象和自我分化现象的基础。如梅洛·庞蒂所言，"我们不是附在一种被动性上的一种主动性，受制于一种意志的一种自动性，受制于一种判断的一种知觉，而是我们既是主动的，又是被动的，因为我们是时间的

---

① ［法］梅洛·庞蒂：《知觉现象学》，姜志辉译，商务印书馆 2001 年版，第 443 页。

② 同上书，第 460 页。

③ 同上书，第 539 页。

涌现。"①

最后，他异性的本体在身体中具体化为自身的自我分化，身体即是这种自我分化。这是本体在现实中的具体的身体性显现，正如梅洛·庞蒂所说的："与我通过我的现在及我现时的存在把握时间一样，我也是通过我个人的生活并在超越这一生活的某种经验的张力中知觉他人。"② 身体的自我分化指的是我们的身体并不是单纯地作为主体，也不是单纯地作为客体而存在，事实上，身体是作为"被感觉着的感觉""被触摸的触摸"而存在的，是"主体—客体"的存在。也就是说，在我的身体内部发生着分裂，它既是感觉者，又是被感觉的对象。身体所具有的这种自我分化的结构，可以推及到世界之中而构成世界之肉，因而在世界的身体中也存在着此种自我分化的结构。正是由于身体本身存在着根本的他异现象，所以消解了任何形式的绝对自我，从而使得他人的出场成为可能，并使得他人也具有这种主体—客体的自我分化结构。

身体此种自我分化的最显著的证明就是身体的互逆性。这种身体的互逆性可以很好地说明身体所具有的主体—客体的自我分化结构。以握手为例，当我右手握住我的左手的时候，我的任何一只手，都是既作为触摸的主体，又作为触摸的客体而存在的。把这种现象推广到身体的各个部分，则我的整个身体都具有此种身体的互逆性结构。我与他人的关系是由身体的这种主体—客体关系推展出来的。

梅洛·庞蒂不仅仅把对于身体的自我分化的分析停留在个体阶段，而是把它扩展到了整个世界。如同我的手和眼睛彼此协同地面对同一个世界，从而形成了整体性的身体图示，我的身体与别的身体也同样协同地面对一个共同世界，从而形成了整体性的"世界之肉"。在世界之肉中，也存在着此种类似于身体中的互逆性。于是，在他人和我之间存在着一个作为本体的肉身存在，整个世界的

---

① ［法］梅洛·庞蒂：《知觉现象学》，姜志辉译，商务印书馆 2001 年版，第 536 页。

② ［法］梅洛·庞蒂：《知觉首要地位及其哲学结论》，王东亮译，生活·读书·新知三联书店 2002 年版，第 36 页。

肉身把自身多样化为各个不同身体的存在，在各个身体之间如同身体中的各个器官一样，具有相互间的互逆性结构。梅洛·庞蒂认为，我对于他人的手的感觉与我的右手握着左手的感觉并没有根本的不同，"我的手在握别人的手时，如果我有着它在那里存在的明证，这是因为它替换了我的左手，是因为我的身体在它矛盾地成为处所的'这种想法'中与别人的身体合并在一起。我的双手'共现'或者'并存'，因为它们是同一身体的两只手：他人作为这一共现的延伸而出现，他和我就像是唯一的身体间性的各器官。"①自我与他人在世界上也是如我的双手一样是共现和共存的，它们共同属于一个整体的世界性的"身体"。当我触碰他人的手的时候，由于他人的存在与我共在于一个肉身之中，所以，我不仅把它作为我所触碰的客观对象，同样也把它知觉为具有知觉的手，它同样作为主体触碰着我的右手。同时，我的手既是作为触碰对方手的主体，也成为他人的手所触碰的对象。可见，我的身体与他人的身体都是在作为世界之肉的互逆性结构而存在的。在他晚期的《可见的与不可见的》这本著作中，通过"肉"的可逆性，他人与自我的这种交互性内涵得到了强调："因此，通过可见的与可触的可逆性所开放给我们的，如果还不是无形的存在的话，那至少也是一种交互肉体性的存在，即可见的与可触的一个先定领域，它远远超出我在当前所接触到的和看到的事物。"②

梅洛·庞蒂得出结论："不存在着关于别的自我的难题"，这是因为，"不是我在看，也不是他在看，而是一种无名的可见性停留在我们两者全体，某种一般视觉按照原始性质隶属于肉，在此地此时向四处延伸，既是个体，同时也是尺度和普遍。"③这个在我和他之间存在的无名的可见性的前提和基础就是肉身的存在，就是身体间性，就是肉体的开放、分裂和绽出。

---

① ［法］梅洛·庞蒂：《哲学赞词》，杨大春译，商务印书馆 2003 年版，第 214 页。

② ［法］梅洛·庞蒂：《可见的与不可见的》，罗国祥译，商务印书馆 2008 年版，第 142 页。

③ 同上书，第 187 页。

身体所具有的自我分化的整体性结构对于理解他人的存在是至关重要的。因为只有这样，才能够理解为什么他人既是作为身体的主体，又是作为身体的客体而存在，其双重存在的可能性即奠基在身体的他异性之中。这种作为自我分化的身体，作为看与被看，触与被触的"肉身"的相互交织标明了自我与他人的主体间的交互关系。梅洛·庞蒂对于这一点说道："人们总是谈论'他者''交互主体性'等等问题……实际上，需要理解的东西在'人'之外，是生存，我们据此来理解人，同时它也就是我们所有自觉的与不自觉的经验所沉淀下来的意义……它就是我们意向性生活的原初共同体，即他者在我们之中与我们在他们之中的相互交织。"①

正如梅洛·庞蒂所揭示的，我们的肉身并不是单纯地作为主体，或单纯地作为意识的客体而存在，事实上，肉身是作为"被感觉着的感觉""被触摸的触摸"而存在的，是"主体—客体"的存在。也就是说，在我的身体内部发生着分裂，它既是感觉者，又是被感觉的对象。在这一点上，梅洛·庞蒂无疑和萨特是一致的，但二人是在起点上的一致，因为无论梅洛·庞蒂还是萨特都看到了自我存在的分化结构，但是，二者又有结论上的不同，梅洛·庞蒂认为身体概念可以整合和统一自在存在和自我存在，而萨特则是以意识哲学对二者进行了分离，并绝对化了它们之间的分离。

三　灵性身体中的他人

身体是在世的具有整体性的灵性身体，身体作为在世的存在就会发现除了自己的身体之外，还有着他人的身体共同在世。在这一点上，海德格尔是正确的，因为共在是作为此在的基本结构而存在的，身体也是具有与别的身体的共在。那么，身体与他人身体的共在，具有怎样的意义呢？身体与身体之间所具有的共在，在知觉上是如何具体地体现出来的呢？我的身体能够知觉到他人的身体，这

①　［法］梅洛·庞蒂：《可见的与不可见的》，罗国祥译，商务印书馆2008年版，第180页。

件事情是如何发生的？他人身体是我的身体的知觉对象，还是在我的身体之中已经具有了对于他人身体的知觉能力，而他人仅仅是对于此种能力的唤醒？他人的身体仅仅是我身体的复本，还是在我的身体之中已然具有着他人身体的印记？对于以上问题，可以从以下几个方面进行回答。

首先，我与他人的身体共同生活在世界之中，世界本身具有身体间性的意义。在原初的意义上，我并不是一个从他人那里孤立出来的单独个体，而是与他人的共在。就像我与世界的原初的关系也不是主客体分立的对待关系，而是一体相关、水乳交融的。人之异于其他生灵的地方在于，他可以从原初的视域中抽身开去，而获得一种超越性的视角知性地分析自己的处境，然而，此种知性的关照便具有了真实或者虚假分析此处境的两种可能。在世的身体揭示了我并不是在世界上存在的孤立的个体，而是与他人共在的存在。这样的共在是如何由身体组建起来的呢？身体本身即具有综合和统一的图示结构，它并不是内在于我的身体的，而是直接与身体连在一起的，它就是身体本身。所以，身体并不是意识的"寓所"，而就是意识本身。从我的身体可以知觉到我的存在，那么，从他人的身体也可以知觉到他人的存在。因为身体概念取消了意识概念所具有的内在性，我不再把意识作为统摄身体的超越统觉，而是与我的身体共在的统一体。所以，我没有在他人身体内部论证其意识是否存在的难题。他人的身体存在，就是在那里存在着与我相同结构的身体图示的明证。于是，我通过对他人身体的知觉，而当下直观到具有与我类似的身体的另一个身体具有与我相同的结构和机能。可见，在梅洛·庞蒂看来，我与他人的关系首先并不是意识间的关系，而是身体间的关系。我的身体如此，他人的身体也是如此，"当我转向我的知觉，当我从直接知觉转到对这种知觉的思维时，我重新进行知觉，我重新发现在我的知觉器官中起作用、我的知觉器官只是其痕迹、先于我的一种思维。我以同样的方式理解他人。在这里，我仍然只有在其现实性中脱离我的一种意识的痕迹，当我的目光和另一个目光相遇时，我在一种反省中重新实现外来的生存。在这里，没有'类比推理'的东西。"[1] 梅洛·庞蒂否认他对于他人的论证是一种"类比推理"，是因为他把自己的论证作为了一种当下直观的处理，即当我面对他人身体的时候，就会立即把身体所具有的身体图示的结构赋予给它，并把他人的身体作整体性的理解。只有在反思的前提下，我才会把他人的身体与意识区分开来。

其次，他人身体的存在揭示了一个主体间的世界，而这个世界就是真理得以展露自身的世界。胡塞尔所主张的真理展开在交互主体性中的命题，在梅洛·庞蒂的身体间性的概念中得到了真正的落实。如上所述，从身体与世界内在的关联性来说，身体必然是一个"场"，或者如梅洛·庞蒂所说的，是一个"知觉场"。我的身体必然有一个世界，它在世界之中存在。世界并不是我的身体知觉的客观对象，如果世界不允诺我身体的参与和进入，如果我的身体不能够主动地调整自身去适应世界的变化，那么，我的身体也将不复存在。因而，我的身体与世界并不是分离的，而是具有内在的关联性，这种关联性也并不是认识论的，而是生存论意义上的。我的身体必然有一个与之相应的世界，世界也必然有一个它得以凸显的身体，世界对于身体而言是其生存的必然处境，"事实上，身体的空间性不是如同外部物体的空间性或'空间感觉'的空间性那样的一种位置的空间性，而是一种处境的空间性。"[2]

从而，身体与世界具有一种内在的相关性，世界在这种意义上并不是客观的存在，而是我的身体的延伸，是我身体的处境。从这点出发，梅洛·庞蒂认为，从我的知觉场之中，他人绽露出他的作为身体的存在。这是因为，在我的知觉场中有一个他人的知觉和身体参与进来，我与我的世界的内在关联性被另外的一个人以同样的方式所拥有，于是，我的世界与他人之间也具有内在的关联性，我的世界不仅仅是属于我的，而且也是为他的。他人与我一样拥有着

---

① ［法］梅洛·庞蒂：《知觉现象学》，姜志辉译，商务印书馆2001年版，第443页。

② 同上书，第137页。

一个属于他的知觉场，一个属于他的世界，我们的知觉场相互融合，相互交织在一起，也就是说，他人与我共同分享着同一个世界，就如梅洛·庞蒂所说："因为我的看法和他人的看法都汇合于我们都作为来源不明的知觉主体参与其中的一个唯一世界。"① 因而可以说，我凭借我的身体进入到世界之中，而我的身体的意义并不是由我的意识所赋予的，而是因为我的身体与他人身体的共在和交织而赋予的。人的身体具有赋有对象以意义的能力，它并不仅仅是反射性的。这种赋予能力使得他人并不在原初的意义上作为理解的对象，而是作为我获取对于世界的意义的最初根源。我的身体使得我进入一个充满可能性的世界之中，一种充满着文化意义的世界之中。而我作为一个身体的种种机能在世界之中被充分地唤醒了。于是，我发现自己禀赋了语言的能力，可以把我内在的感受表达出来，并理解他人的话语。我成为了一个家庭的成员，被安放在一个伦常的关系之中。逐渐的，会发现自己进入到了一个社会关系之中，里面包含着政治的、经济的、科学的、历史的等关系。我的身体与这些关系发生着这样或那样的关系。所谓的明明德，或许就在于此。在这个唤醒的过程之中，他人的身体的参与无疑是具有决定意义的。

由此，我的知觉场与他人的知觉场就交织在一起，从而这个世界本身就具有了一种主体间性的意义。梅洛·庞蒂说，当我的目光一旦落到正在活动的一个有生命的身体上，在该身体周围的物体就立即获得了一层新的意义：它们不再仅仅是我能使之成为的东西，而且也是这种有生命的行为将使之成为的东西。"在被感知的身体周围，有一个旋涡，我的世界受到吸引和被吸入：在这种情况下，我的世界不再仅仅是我的世界，它不再仅仅向我呈现，它也呈现给某个人，呈现给开始显现在那人身上的另一种行为。另一个身体已经不再是世界的一部分，而是某种设计和某种对世界的'看法'

---

① ［法］梅洛·庞蒂：《知觉现象学》，姜志辉译，商务印书馆 2001 年版，第 444 页。

的地点。"① 这样，我的知觉场就打开了一个开口，从这个开口中确立起来一个开放性的生命，"它在某些生物和感觉功能方面是用之不竭的。它使自然物体失去其直接意义，把它们占为己有，它为自己制造工具和用具，它投身于文化物体的环境中。"② 于是，从我的知觉场中，绽露出他人的存在。这个他人的存在同我一样参与和分享着同一个世界，并形成自己的知觉场，它们相互交织，构成了一个主体间性的世界。因而，他人不仅仅是作为客体而存在的，他更加是一个构成性的主体存在。从这个方面来说，他人的存在是一种不证自明的存在，是一种能动的构成性的存在，此种他人的存在也深化了我们对于自己身体的理解。

再次，身体间性的视域构成我原初的视域，他人的身体渗透在主体理解事物的目光之中。他人构成身体的原初的前反思的视域，他人作为知觉场与肉身的存在，构成身体的知觉，形成我的视域和世界。主体间性即是身体间性，是我之存在的基础。身体图示是作为前反思的原初视域呈现出来的，在其中，身心并未分化，正如梅洛·庞蒂所说的，它并非是一种纯粹的反思活动，"我的行为只是由于它们的意义才存在，但显示在它们那里的意义并非是一种康德式的对象，构造它们的那种意向性生活并非还是一种表象，通达它们的那种'理解'尚未是一种理智活动"③。

这点在儿童身上表现得非常明显。梅洛·庞蒂举例子说，如果我和婴儿做游戏，把他的一个手指放在我的嘴里，装作要咬的样子，则婴儿也会张开嘴巴。其原因就在于，孩子在其前反思的状态的身体中就已经具有了一个主体间的世界，并从这种前反思性出来理解自身与他人和世界的关系。"'咬'具有着一种主体间的意义。"④ 婴儿无须首先建立对于他人的意识，而是直接地在一种前

① ［法］梅洛·庞蒂：《知觉现象学》，姜志辉译，商务印书馆2001年版，第445页。

② 同上。

③ 转引自莫伟民等：《二十世纪法国哲学》，人民出版社2008年版，第174页。

④ ［法］梅洛·庞蒂：《知觉现象学》，姜志辉译，商务印书馆2001年版，第442页。

反思的状态中进入到了与他人的交流，这是因为他直接地以自己的身体知觉到他人的身体和意向，从而在自我和他人之间建立起了一种主体间的交流系统。正是由于这种前反思的身体间性，因而才会发展出主体性的概念，从而构成了自我意识和反思品格的基本条件。

所以，在实际上，我们对于自己的观察总是带着他人的眼光，而只有与他人的交流和观察，我们才能更好地了解自身。因而，他人并不是对于自我可有可无的存在，而是自我构成自身的内在结构，正是因为如此，世界和自我才是可理解的。所以，交往与共处才是主体间的本来面目。因而，在这种知觉场的时间分化中所确立起来的就是主体间性，"先验的主体性是一种向自己和向他人显示的主体性，因此，它是一种主体间性。"① 正是由于知觉场的存在，他人才对我敞明，我才具有了对于他人的最原初的体验。这正如梅洛·庞蒂所说："与我通过我的现在及我现时的存在把握时间一样，我也是通过我个人的生活并在超越这一生活的某种经验的张力中知觉他人。"②

因而，我对世界的理解已经预设了对于他人存在的知觉，或者预设了他人知觉的存在。他人从我知觉的后面滑入我的场，它并不在我的前面，作为我的知觉的对象。作为我对象的他人，只是这个普遍的他人的现实化和片面化而已。我与他人具有原初的共在，然后对此有所了悟，这样才会知觉到在现实中的他人，并理解他人的存在，正如梅洛·庞蒂所说："他只是在我场中才有其位置，但这一位置至少是我开始知觉以后才为他准备的。……他人不在存在中的任何地方，他从后面滑入到我的知觉中：我从我对世界的把握中获得的经验是那种使我能够遇见他人且知觉到别的自我本身的经验——前提是在我的世界内部一种与我的姿势相似的姿势开始显露

① ［法］梅洛·庞蒂：《知觉现象学》，姜志辉译，商务印书馆2001年版，第446页。
② 同上书，第36页。

出来。"①

最后，他人构成了我当下的生存，也就是说，我生存在一个与他人共在的世界里面。这与海德格尔所提出的"共在"概念有几分类似，只不过，从身体的角度对"共在"进行阐明相较于"共在"就更加地深入和具体。在《知觉现象学》时期，梅洛·庞蒂主要从身体的图示结构说明他人的存在，在后期的思想中，他认为他人的存在为身体做了奠基。因而，"知觉场"这个概念就被梅洛·庞蒂表述为"肉身"这个概念。"肉身"就把身体性延伸到了整个世界，整个世界成为了我的身体场。他人对于这样的身体场起着构成作用，也就是说，我的身体场不仅仅是为我的，而且更是具有普遍性和一般性的为他的存在。"在世界就像涅索斯的紧身衣服一样紧贴着我的身体的范围内，世界不仅仅是为我的，而且也是为一切在世界中向世界示意的人的。"② 在这里，世界作为"身体场"一般化自身，并深刻地影响着和构成着我的身体。

同时，梅洛·庞蒂晚期思想中把他者和时间做了相互阐发的理解，即不仅仅时间释放出他者的存在，而且他者的存在也构成了时间的存在，它们之间互为前提。梅洛·庞蒂追问道："在胡塞尔那里，对滞留的描述（以及关于作为时间的主体性、绝对的流动以及前意向性的滞留的描述）是一个起点，但也留下了一个问题：时间性视野的'收缩'、从遥远的滞留直到进入视域的历程以及遗忘又都从何而来呢？"③ 也就是说，如果我们仅仅从自我的时间性出发去解释存在，那么就会恰恰遗失掉存在的历史性，因为自我的时间性并没有包容进他者的存在维度。所以，是存在自身的自我分化或者说存在中的他者使得存在的历史得以发生，也就造就了真正的时间。因而，我们看到，在灵性的肉身中，时间性标明了他者的存在，而同时，他者的存在也为时间的构成奠定了存在论的基础。时间、存在与他者之间是互相说明、互相揭示的。

---

① ［法］梅洛·庞蒂：《世界的散文》，杨大春译，商务印书馆2005年版，第154页。

② 同上。

③ 转引自臧佩洪：《从时间到他者》，《南京大学学报》2004年第1期，第15页。

因而，他人的存在直接就在世界之肉中，正是这个存在构成了"不可见的世界"。"因为不仅他人的身体，而且他所指向的对象对我来说都从来不是纯粹的对象，因为它们内在于我的场，内在于我的世界，因为它们一开始就是这一基本关系的变种。"① 这也就是说，在生存的意义上，他人构成了我的当下生存，因为他人内在于我的世界，构成了与我血肉相连的原初关联。"我们相反地尝试唤醒与世界和与他人的血肉关系，这不是从外部突然来到纯粹认识主体的意外事件，不是诸多经验内容中的'一个内容'，而是我们原始地寓于世界、寓于真实之中。"② 于是，他人身体的存在对于我的身体是至关重要的并且是根本性的和构成的，它不仅仅是作为我观察和知觉的对象，而且是作为我的身体场得以向世界呈现的一个开口，作为我的身体场得以成立的构成者而出现的。这样的生存性的他人的身体存在是我之知觉的视域得以成立的根本。"如果我没有一个身体，而且如果他们没有一个他们借以能够滑入我的场、能够从内部多样化我的场，并且在我看来能够被同一世界所吞噬且同我一样着迷于同一世界的身体的话，对于我来说，就既不存在着别人，也不存在着别的精神。"③

总之，他人构成了我当下的共在，他们是作为一般化的身体而构成了我的存在，正如梅洛·庞蒂所言："这是一个暧昧不明的地方，在此，未经反思的知觉自由自在地行动着，但始终处于反思的边缘，不能够去建构，始终是已经被构成的：我们发现他人如同我们发现自己的身体。"④

四　突破意识哲学和身心二元论

灵性的肉身或身体，突破了从笛卡尔以降一直到胡塞尔哲学中

---

① ［法］梅洛·庞蒂：《世界的散文》，杨大春译，商务印书馆 2005 年版，第 155 页。

② 同上书，第 156 页。

③ 同上书，第 155 页。

④ 同上书，第 156 页。

的身心二元对立的结构，也突破了萨特哲学中的对于身体的意识哲学立场，也正是从这些"破"之中"立"起身体现象学的身体概念。

首先，由身体所建构起的他人突破了唯我论哲学所建构起的"他我"。他我并不是真正的他人，而仅仅是自我意识的复本。无论是笛卡尔还是胡塞尔，都把世界和他人的确证性牢牢地建立在"我思"的先验自我之上，把主体还原为先验自我的代价必然是唯我论。以身心二元对立的结构去思考他人的存在，必然以胡塞尔式的类推的方法去论证他人的存在，通过这样的途径所确立起的并不是与我不同的他人，也只是我的意识的复制品，是"他我"。因而，通过身心对立的二元模式下的先验意识并不能真正地说明他人的存在。在梅洛·庞蒂那里，他把肉身主体看成是生存在世的核心或者实质，我与他人的关系因此不是意识间的关系而是一种身体间关系，并以灵性的身体取代了胡塞尔的先验自我或纯粹意识，从而解决了身心二元论的问题。同时，他通过分析知觉的结构，指出他人的存在对于知觉所具有的构成性的作用，我们所生存的世界本身就具有着身体间性的性质，因此，交互主体性实际上先于自我意识。梅洛·庞蒂通过身体概念突破了近代哲学以来一直延续到胡塞尔的"我思"的先验哲学及其身心二元对立的格局，并超越了他们对于他人理解的唯我论倾向。

其次，身体概念也突破了把他人理解为为他的存在的分立结构。这种萨特的他人理论是胡塞尔、黑格尔、海德格尔等多种思潮的合流。他一方面立足于此在的主体性，把此在的范畴解释为自我的先验结构，使此在表现为一种主体性的意识；另一方面又力图用"此在的存在遭遇"，而不是认识论的方法，来表现自为的存在和自在的存在的冲突，从而使得他人理论呈现出一种带有现象学的、存在论的和辩证理性色彩的综合体。

萨特坚决反对胡塞尔在他人问题上的唯我论立场，认为从认识论出发不可能实现对于他人之内在意识的认识，因为在主体和客体之间隔着有着"厚度"的身体。因而，他与海德格尔一样从存在论的立场出发。但是，萨特认为，海德格尔尽管离开了胡塞尔的认识论的地基，而进入到了生存论的此在分析中，并把自我揭示为在日常状态下的与他人的共在，但是在揭示他人的日常在世的时，他人成为了"常人"，它是一种"平均状态"下的他人，彼此之间没有差别，而日常此在即自我也成为了这个庸庸碌碌的人群中的一员。这样也就抹煞了另一个我的特性及具体经验到的他人的独特唯一性。一种本体的、先验的共在，就难以与"一种具体的人的实在的实体性"联系起来，从而使其孤立起来，再陷唯我论的境地。萨特认为，这个共在的他人实际上不过是康德意义上的理性主体的异化形式，在实际上并没有建构起真正的他人。

萨特在此采取了与海德格尔相反的构思道路，主张从此在的"我思"或"我思的内在性"来演绎出他人。他人的出场是由于一个与他人的存在相关的"我思"。"我思"作为唯一可能的出发点，因为，就每个人的内在性而言，都具有一种绝对的超越性。通过这种内在的超越性的存在，就将我思和另一个他人联系起来。当然并不是说萨特认为在笛卡尔那里就已经建构起来了他人，尽管二者都从"我思"出发，却走了不同的道路。萨特认为，笛卡尔只能够从我思中臆测他人，而他却是直接断言他人的存在。他认为，只有在生存性的我思中，他人才对我的意识直接地呈现，从而实现了自我与他人在生存上的结合。我思向我所揭示的就不是作为对象的他人的身体，而是具体而直接地"从存在者"的角度关涉到我的存在。萨特说，"无论如何，他人都不能作为对象而给予我们。"[①] 他人的存在如同我思一样具有着超越性，它对于意识是不"透明"的。

萨特哲学中所具有的存在论的和意识哲学的特质都通过"注视"概念充分地表现出来。因为，注视一方面揭示出自我与他人的遭遇；另一方面也揭示出无论自我和他人都是一种意识存在。当我注视着他人时，他人是作为一种具体而明确的对象而呈现给我，他人是其所是，是我无法从我的纯粹意识或先验自我上推导出来的

---

① ［法］萨特：《存在与虚无》，陈宣良等译，生活·读书·新知三联书店1987年版，第307页。

而只能忍受的无法怀疑的事实。对于这个确定事实，由于其具有前反思的原初性，所以我不能去怀疑和否定，而只能接受这个不可还原之物。同时，当我注视着他人时，他人也在与某种方式注视着我。在他人的注视下，我的原初经验就会把自己把握为一个为他的存在，我的单纯的自为性被中止了，我的为我的存在中的无限的可能性和超越性，即我的不断去"无"化的方面，在他人的注视下异化和物化，成为丧失掉自由的存在而交付给了他人。于是，他人成为了我不可抗拒的自由主体，而我却成为了为他的存在，成为了失掉自由的客体；这样，他人就成为了我的世界的主宰，而我却成为了让渡了自由的奴隶。

基于一种存在论的意识哲学视角，萨特认为"注视"现象说明了他人在我思存在中所具有的独特地位。在他人的注视之中，我的存在的自在的方面被揭示出来。在他人的注视中，我的存在不仅仅是为我的了，而且也成为了他人所注视的样子，我的存在之中就具有了"为他的存在"的内容。同时，在某种程度上，我也依照着他人的目光来理解自己，我不再是自由的，而是成为了世界中的某一个物。他人的存在对我进行着"物化"。他人在原则上就是注视我的人，无论他人在场不在场，注视把我揭示为为他的存在，一种不自由的物化的存在。

萨特特别关注"为他的存在"的非反思性，也就是说，它不可对象化，它始终是超越的的意识和存在。当他成为我的反思的对象的时候，也就是他停止了其作为生存性的他人的时候，他人的注视—存在的就会被颠覆了。注视本身不可被对象化，因为它是超越出我思的存在，并在我思中被生存论地而不是被反思地揭示出来。

最能体现注视的内在结构的是羞耻现象。在萨特之前，舍勒曾经专门探讨了羞耻现象，在他的文章中，认为羞耻是人类独有的、揭示了精神与肉体间深刻的矛盾冲突的现象。萨特则关注的是羞耻在存在论的意识之内所发生的情况。自我在羞耻现象中遭遇到了他人，当我感到羞耻的时候，我并不是对我内在的自我发生关联，而是我之所以感到羞耻，就是因为我作为对象向他人显现，尽管也许这个他人并不在场，而只是由我来设定的，"羞耻按其原始结构是在某人面前的羞耻"①。萨特举例说，设想如果我正在通过门上的锁孔向别人的房间里窥视的时候，突然听到楼道里传来了脚步声，我立刻意识到有人在注视我，因而感到十分尴尬和羞耻。所以，在羞耻现象里面首先就认肯了作为他人的存在，也承认了自己就是他人所看到的样子。他人的注视使我成为了他人的客体和对象，而我同时也承认了这种"物化"，并从物化出发来把握自己。羞耻现象揭示了我和他人在存在论意义上遭遇时，所发生的相通于注视现象的不同意识间和内在于意识里的结构。

从注视和羞耻现象揭示出，他人不仅仅向我揭示他的存在，而且在一些"新的定性和新的存在类型"上构成了我。他人对于我的存在已经具有构成性的作用，在他人的注视中，我的羞耻感表明我已经成为一个对象，一个客体，这是我的存在的自在方面。与此同时，自在的存在也揭示了他人意识的存在。在此，他人的意识通过注视直接地向我显现出来，使我无法躲避，只能接受。这种主体对主体的关系，把自我和他人的意识存在对立起来，形成了相互性的主客关系，一方的主体性受到了另一方所带来的客观性的限制，从而造成了相互间自由的对抗。

梅洛·庞蒂的身体哲学在许多方面可以说都是针对着萨特的哲学而发的，他认为萨特的他人理论所立足的其实是主体之间的关系，而并没有真正地从主体间性或身体间性去揭示他人的存在。萨特哲学最根本的缺点就是他并没有真正地把握身体的概念，从而把人的生存性和主体性分离开来，而只有从身心合一的生存论现象学出发才能够真正实现对于他人存在的揭示。

梅洛·庞蒂认同萨特所认为的人与人之间的关系首先是一种生存的关系而并不是认识关系。但是，梅洛·庞蒂同样会认为萨特吸收了海德格尔哲学所建构起来的仍然是一种改头换面的意识哲学，并没有真正地发掘出身体所具有的内在意蕴。因为，无论是他人的注视还是自我的羞耻感，在萨特哲学中，都是源自于不同意识主体

---

① ［法］萨特：《存在与虚无》，陈宣良等译，生活·读书·新知三联书店1987年版，第259页。

之间的分离和对立，而并没有把这些现象把握为身体间性的现象，是一个统一的身体意向所产生出来的现象，从而使得萨特哲学有把人的自我意识实体化的倾向。从身体间性的角度去观察，就可以了解到意识和身体是作为统一的肉身而存在的，而他人的存在就是从身体间性中凸显出来的。身体的这种主客一体的存在结构，为他人的存在和展现奠定了基础。也就是说，他人与自我同样作为身体主体而存在的，我与他人的关系就变成了身体间的关系，而不是意识间的关系，所以他说道，"我们既不将他人置于自在之中，也不将之置于自为之中。"① 也就是说，自我与他人并不是互为物化的主体和客体，而都是主客二者的统一体。

当然，他更加尖锐地反对萨特把人与人之间的关系作为彼此物化的否定性关系，归根到底，这仍然是强调了主体对于客体的同化力量，仍然是一种自我中心主义。因而，他主张要用自我与他人的相互性的共在来取代相互的冲突关系。

五　自我与他人的和谐共在

以灵性之身体来理解自我与他人，必然会反对萨特所认为的自我与他人之间是争夺自由的互相冲突的关系，恰恰相反，灵性的身体观把自我与他人置入到共处和共在的和谐关系之中。

在萨特看来，他人的存在构成我内在的自在存在的方面，也形成了对于我的自由的限制。在他人的注视下，我成为了对象，而他人之所以把我对象化，完全是为了对抗我对于他的对象化，并从中实现他自己的自由，于是他人是一种和我争夺自由的力量。这个他人具有否定性的意识，使得我处于客体和物化的位置，使得我的原本无限的自由得不到伸展。所以，在自我和他人之间呈现出来的只能是互相冲突的"主奴关系"，自我和他人不断地互相争夺着彼此自由的地盘，形成事实上的人与人之间无休止的争斗状态。最终萨

---

① 转引自杨大春：《语言·身体·他者》，生活·读书·新知三联书店 2007 年版，第 260 页。

特得出"他人即地狱"的结论。所以，萨特认为海德格尔所描述的共在现象实际上是并不存在，正如他所说的，"意识间关系的本质不是共在，而是冲突。"①

萨特对于他人的理解和态度表明了他是从理解自我存在的立场出发去面对他人的。为他的存在是为了揭示自我存在的结构而设的。这个目的本身，表明了萨特对于他人的解说不可能是完整的和真实的。他人的存在至始至终都是我的存在中所揭示的他人。尽管为他的存在具有对于自我意识的超越性，并由此表明了他人所具有的超越性，但是，这个他人始终是由我来呈现的，我所关注到的仅仅是他人的在我的意识中所呈现出来的存在。这个他人就是他本来的样态吗？他确实在时刻地对于形成压制吗？这些都是萨特哲学所回避的问题。因而，萨特的他人理论不可避免地又回到了唯我论的老路上去。

萨特通过注视来揭示为他的自在之在，仍然存留着传统哲学中的主体与客体、内在与外在等二分法，同时，也存在着两种存在之间的相互否定、相互排斥的矛盾关系。在萨特的思想里面仍然具有着无法摆脱的各种理性主义的范畴和立场，他对自为之在与为他之在的区分，特别是对于自为之在与为他之在之间进行选择时所表现出来的对于对方的否定性，以及由此所引发了自我与他人之间绝对的分离和敌对状态，都表现出他实际上并没有超越出认识论上的二元论。因而，萨特对于他人的建构仍然存在着唯我论的色彩。

而以身体间性作为理解他人的立场，则会发现自我与他人并不是对立和冲突的，而是处于和谐之共在关系中，这主要是由于两点。

首先，自我与他人是共同生存在世界之中，彼此的身体的共在决定了他们之间并不是敌对的关系，而是彼此分享共同世界的关系。因为并不存在绝对性的主体的自由，而只有身体间的自由，所以，也并不是存在一方的自由以另一方的压制也代价的问题，因而

---

① ［法］萨特：《存在与虚无》，陈宣良等译，生活·读书·新知三联书店1987年版，第551—552页。

他人并不是我地狱。相反的是，只有实现了共在的他人身体的自由，才有自我的自由，因为他们并不是孤立存在的，而是一荣俱荣、一损俱损的关系。所以，在这点上，梅洛·庞蒂很接近列维纳斯的观点，即认为每一个个体都需要为他人的面貌和身体负责，不采取敌对的和漠视的态度去对待他人。同时，在身体之间的注视或羞耻现象也并不是一方对于另一方的压制，而是代表着一个沟通的形式，此种沟通也是以身体间彼此的内在关联为基础的，所以即便是拒绝沟通也是一种变相的沟通。对立和沟通的主体并不是矛盾的双方，而是身体间性的展开，所以自我与他人之间的关系是和谐的共在，而彼此的对立则是共在形态的变异。施皮格伯格看来，他们之所以产生对于他人的不同认识，主要是因为他们各自关注了不同阶段的胡塞尔思想所形成，他说："在萨特看来，《观念》一书是胡塞尔的主要著作。而梅洛·庞蒂则认为，胡塞尔思想的最重要阶段是他的晚期阶段，特别是他死后发表的著作中所表述的那些思想。"[1] 萨特更加关注的是内在意识和先验自我的超越性等问题，所以，他人问题只是为了解决自我，尤其是自我的自由问题时才去解决的问题。而梅洛·庞蒂的学说一开始就直接从身体间性出发，以批判内在意识的先验主观性为突破，因而他人问题就必然占据了非常重要的地位。

其次，主体间的和谐共在是人类其他交往形式的前提和基础。所谓的主体性的存在其实就是身体间性的存在，而一旦失掉了身体间的和谐共在的内在关联，那么就不会有人与人之间所有的关联，包括对立和冲突，包括人和自然之间的关联、人和真理的关联，也就无从建立起来。正是因为在人与人之间已经首先建立了相互和谐的共在的关系，互相的敌对和冲突才可能发生。梅洛·庞蒂指出，在我们可以注视他人而使得他人异化之前，我们也已通过身体而与他人和世界建立起了联系。个体身体的存在总是主体间性的存在，总是内含着他人的存在，所以，他人并不是我的世界的敌对者，而是我的世界不可缺少的共在者。而且，由于身体间关系的内在性和

---

① ［美］施皮格柏格：《现象学运动》，商务印书馆1995年版，第739页。

必然性，我们的身体必然也是相互开放的，互相开放的身体是共处和共在的，这种关系也先于异化和对立的关系。因为这彼此的开放性，所以他人也构成了我所在的丰富的世界，没有了他人的存在，自我的世界也就失掉了精彩的意义。因此，我与他人的存在是内在的关联着的，不可分割的，并共同构成了我们的文化和精神的世界。

自我和他人在身体内部构成了主体间的关系，并且构成了我们考察世界和自身的认识基础。因而，我们既不能像海德格尔那样笼统地强调此在与他人之间的共同存在，也不能像萨特那样把人与人的关系简单地定性为冲突和斗争。

第六章
他人存在的实践性基础

尽管哈贝马斯的交往行为理论顺应了从"意识哲学"向"语言哲学"的思想潮流，并以此对于晚期的资本主义社会进行了许多切中要害的批判，但是，由于脱离了实践的根基，他对于资本主义意识形态的批判本身也落入了意识形态的陷阱。因而，哈贝马斯的"语言批判"只是一种脱离了现实物质力量而进行的抽象的文化批判。他试图凭借语言的力量，通过意识形态批判消除工具理性对于社会的控制和支配，并以交往理性所构想的世界来超越资本主义社会，这种脱离开社会实践基础的理论无可避免地陷到文化精英主义中去。因而，我们可以看出，由于哈贝马斯没有从实践出发去理解交往理论，他仍然属于思辨思想家。归根结底，哈贝马斯的交往行为理论并不是以人类的实践为其理论的基础，而是把希望寄托在人类的交往行为上，尤其是语言的运用上，因而是一种本末倒置的理论。

马克思的"实践"为合理地揭示他人的内涵找到了"阿基米德点"。马克思对于实践的内涵进行了革命性的阐释，它是人类的意识、语言和交往行为的真正现实的基础。物质生产实践从根本上决定了人作为"类存在物"的本性，也为他人的存在及其价值做了最根本和最深刻的说明。

一 重新理解实践

马克思主义哲学所实现的哲学变革是以实践为中心来完成的，

但是，马克思主义的实践观与其他哲学所理解的实践观迥然不同，这是由于只有马克思真正地发现了人类实践活动的内涵，并给予了实践在人类活动中的基础性的地位。

首先，马克思哲学对于实践的内涵做了革命性的理解，把物质生产活动作为自己理论的出发点。物质生产活动是人类最始源性的活动，并且是人类所特有的存在方式。人类生命活动与其他动物的生命活动的区别、人与人之间的相互关系，人与社会之间的内在关联等都是基于物质生产活动。当马克思把实践定位为物质生产活动时，他就毅然地扬弃并超越出了感性直观的旧唯物主义和抽象的近代唯心主义。马克思的实践观变革尽管引起了许多西方哲学家的关注，但是它所具有的内在的巨大的能量还没有被释放和认可，许多哲学家往往从自己的立场出发去修正和嫁接马克思主义哲学。但是，由于他们往往强调人类生活中的某一方面，并将其无限地放大，这就造成了他们常常从语言的、身体、存在或交往的范畴出发去思考实践，而忽视了这些范畴赖以产生的社会物质生活。

当然，马克思并不否认人类的实践活动中融含着多个方面，多个层次的内容，语言、身体、交往等范畴都是人类实践生活中不可或缺的方面和部分。但是，马克思所要强调的是，人类与动物相区别开的第一个历史前提、第一个历史活动并不在于人具有思想意识、先天性的语言能力和随之而来的精神生活和语言交往，而是在人们生产自身所必需的生产生活资料之中。他说："一切人类生存的第一个前提也就是一切历史的第一个前提，这个前提就是：人们为了能够'创造历史'，必须能够生活。但是为了生活，首先就需要衣、食、住以及其他东西。因此，第一个历史活动就是生存满足这些需要的资料，即生产物质生活本身。同时这也是人们仅仅为了能够生活就必须每日都要进行的一种历史活动，即一切历史的基本条件。"[①] 人的物质生产活动是人的直接的生命活动，是人所特有的、最基本的生存方式，所以它必然是人类社会历史发展的"真

---

① 马克思、恩格斯：《德意志意识形态》，《马克思恩格斯选集》第 1 卷，人民出版社 1972 年版，第 32 页。

正基础"。只有在这个基础之上，才会有人类的其他社会需要，即才会出现宗教与伦理，文化与艺术，政治与法律等方面，才会产生出与之相应的种种社会的活动，进而产生人与人之间的语言交流、文化交流、政治交往等精神和物质的交往形式，也才会产生精神与物质的对立、心灵与身体的对立、主体与客体的对立等这些问题。所以，在马克思这里，他真正地把实践理解为人的本性，是人类生存的真实本源，并且是人类社会交往活动生成与发展的基础。

其次，马克思的实践具有人类实践特有的自由自觉性和社会性。马克思承认现实社会生活中个体性的人的存在，但是，马克思的个体并不是孤独的超越出社会和历史的个体，而是"以一定的方式进行生产活动的一定的个人"。在物质生产实践中，人既有着自由自觉的个体性的一面，这是实践主体所具有的超越性，又具有着向他人他物开放的社会性的一面，二者共同构成了现实中实践的人。

马克思说："一个种的全部类特性、种的类特性就在于生命活动的本质，而人的类特性恰恰就是自由的自觉的活动。"[1] 人的生命活动的自由自觉性，主要的就体现在人的主体活动的自觉性和自为性上，而这种自觉性和自为性，在实践中就体现为人的活动所具有的目的性。马克思对于此说："我们要考察的是专属于人的劳动。蜘蛛的活动与织工的活动相似，蜜蜂建筑蜂房的本领使人间的许多建造师感到羞愧。但是，最蹩脚的建筑师从一开始就比最灵巧的蜜蜂高明的地方，是他在用蜂蜡筑蜂房之前，已经在头脑中把它建成了。劳动过程结束时得到的成果，在这个时候开始时就已经在劳动者的表象中存在着，即已经观念地存在着。他不仅使自然物发生形式变化，同时他还在自然物中实现自己的目的，这个目的是他所知道的，是作为规律决定着他的活动的方式和方法的，他必须使他的意志服从这个目的。"[2] 在这里，马克思精辟地论述了人的实

---

① 马克思：《1844年经济学哲学手稿》，《马克思恩格斯全集》第42卷，人民出版社1979年版，第96页。

② 马克思：《资本论》第1卷，人民出版社1975年版，第202页。

践过程中所具有的目的性。目的性是作为实践主体的主观规定性，是主体对于自身的身心需求的自觉意识。人的身心需求并满足这种需求的能力是一种引起人类意识并形成超越现状的意图和目的的动力，也是激发人类去开展具体行动的内在动力。人们的身心需求只有通过主体的主观性才能够形成把理性转化为思想的动力，并激发人的感性活动，从而使之变成现实的力量。人的主观性不仅仅反映着身心的需求而形成自我意识，同时可以指导自身的现实的活动，按照理想的要求来满足自身。所以，人的目的性作为人的主观意识的产物，作为人的身心需求的自觉，既是对于客观事物的反映，同时也超越客体；这就使得人类的实践的对象，不仅仅具有不以人的意志为转移的客观内容，同时又贯穿着人突破客体，超越客观的自由自觉的目的性。所以，目的本身就包含着对于他物的思维确定性，就确证着主体本身的力量，本身就蕴含着人的自我超越性。由于人所具有的内在的超越性，可以说人是世界上唯一以自我为中心的存在者，同时又是世界上最为开放的存在者。人在这种不断地使自身的本质现实化与对象化的自由自觉的活动中，不断地超越自己和实现自己，不断地拓宽着自己的生产和生存的世界；同时，凭借着这种自由自觉的实践活动，也使得自己具备着更加强大的自主性。

与此同时，人类的自由自觉的物质生产实践在其现实性上都表现出强烈的社会性。人类物质生产的社会性内含着人与人之间的关系性与共存性。人的物质生产活动与其他动物的生命活动相区别的地方即在于人只能以一定的方式结合起来共同活动才能进行对象化的物质生产实践。动物凭借去本能去活动，所以，它无须进行认知与改造自然的生产活动，它是与自然一体的。而人类则总是在其现实性上超出自然存在物的局限，而在超生命的生存方式中求生存和发展，所以，他必然要表现出改造自然的一面。而人类的劳动工具则突出地表现了人类的强烈超越自身作为自在的自然存在物，而成为自为的自由存在物的内在品质。工具作为人的活动主体的超生命器官，它拓展了人的自然机能，弥补了人的个体自然力的不足，更重要的是工具也把个体的生命联系起来，形成了人与人之间的社会生产关系，并由之形成了人类社会的整体，通过个体生命的整合和连接，使得人类以群体的、社会的总体力量来求生存和发展。因而，对于人来说，人的物质生产活动在其现实性上就已经包含了人与自然、人与人之间的双重关联，人一开始就社会的存在。人类在物质生产的社会性是一切时代的生产所具有的共同标志，共同规定。在现实的人类社会之中，并不存在完全意义上的孤立的个体。马克思主义的实践观与其他学派的实践观的本质区别，就在于它不再指单个人的活动行为，而是强调物质生产总是与人们一定的共同生活的方式相联系。在这个意义上，物质生产实践就是社会化的人类的整体性活动。

最后，马克思的实践观揭示了人作为"类"存在的本性。在马克思那里，他并不否认人的意识、语言等在人类实践活动中所具有的重要作用和价值，但是，他从来都反对把人所具有的某一方面的机能、某种特定的表现抽象出来，作为人的本质的规定性。马克思认为，人的本性就体现在人的自由自觉的物质生产劳动之中，它表征着人没有先天预定的自在本质，不是一个定型化的存在，而是一种由其活动所决定的不断地实现自我、超越自我，永远全新的"尚未定型的动物"；同时，人也是一个具有自然生命和超自然生命，存在与非存在，个体性与社会性，当下性与历史性，内在性与开放性等矛盾统一的实践主体。从人的实践本性来看，人的物质生产的自由自觉性决定了人并仅仅是直接的自然生命存在，而更是超生命超自然的生命存在。人可以通过自身的力量改造自然，使得自然适合于人的自身的要求。同时，人的物质生产的社会性也决定了人是特殊的个体存在，即人类并不单单是孤立的个体，更是社会化的存在，是一个具有超个体的社会存在，即人作为"类"的社会主体而自为存在的。人的自由自觉的实践也表征人的自然性和超自然的本性，人不断地从自然分离、对立，又不断地深化和扩大与自然的同化和统一。在人的实践之中，人不仅在物质生产和精神生产的角度得到了自身生命的延续和传承，而且也在各种不同的交往活动中，不断地消解人与人之间的对立和冲突，在自由、平等、开放中获得个体的全面自由的解放，并在人伦之统一性中形成类意识并形成类存在。总之，人类的物质生产活动把人揭示为"有意识的类存在物"，人自身的本质就是"类"，是具有普遍性因而具有自由性的存在物。

总之，马克思对于实践观的变革的意义不仅仅在于其作为思维方式的革新，即扬弃了知性逻辑的抽象的思维方式，而是把根基放在实践的思维方式上，而且更主要的是它揭示了人类最基本的历史活动作为历史的第一前提，即物质生产实践；揭示了物质生产实践所具有的自由自觉性和社会性；揭示了人类发展的实践本性，并把实践主体规定为人的个体性和社会性、内在性和开放性的对立统一。人类实践活动所具有的丰富内涵奠定了实践在人类所有活动中的基础性地位，从而也为说明和解决他者问题提供了现实的基础。

二　实践在他者问题上的基础性地位

（一）实践是意识的现实基础

现代西方哲学中常常把意识和身体作为非常重要的哲学命题来思考，身体甚至成为当代法国哲学界所热衷探讨的三个主题之一。当代哲学尤其是法国当代哲学发现人的意识和身体并不是从属性的存在，而是具有本体的地位。对于他们来说，身体和意识已经不是近代认识论哲学意义上的身体和意识，不再是作为知性和理性分析探讨的对象。胡塞尔把世界的意义还原到纯粹意识和先验自我，由此在先验自我之中就具有着赋予世界意义的本体论意义。梅洛·庞蒂认为，肉身并不是"我思"的对象，而是作为赋予世界意义的本体而存在的。他把灵性的肉身作为本体，世界是作为肉身性的世界而存在的。

意识与身体等范畴尽管具有着独特的价值，但是却并不具有基础性的意义，相反地，它们都要以人类的实践活动为其基础。无论是意识还是身体，它们最初的活动都是直接与人的实践活动相关的，都联系着人类的物质生产活动，同时也联系着人类的语言交往。人类的实践活动为意识和身体奠定基础，因为，人类对于意识和身体的理解都是通过对象化的感性活动来理解自身的，从而，对于意识和身体的理解必然地是一个历史性的行为，必然地与当下具体的社会生活实践相关。马克思说道："思想、观念、意识的生产最初是直接与人们的物质活动，与人们的物质交往，与现实生活的语言交织在一起的。观念、思维、人们的精神交往在这里还是人们物质关系的直接产物。表现在某一民族的政治、法律、道德、宗教、形而上学等的语言中的精神生产也是这样。人们是自己的观念、思想等等的生产者，但这里所说的人们是现实的，从事活动的人们，他们受着自己的生产力的一定发展以及与这种发展相适应的交往（直到它的最遥远的形式）的制约。意识在任何时候都只能是被意识到了的存在，而人们的存在就是他们的实际生活过程。"①社会生产实践在根本上决定着人类对于身体和意识的理解，因而，意识和身体并不是超越出具体社会和历史的本体，而是由人类的社会实践所决定的。马克思说道："那些发展着自己的物质生产和物质交往的人们，在改变自己的这个现实的同时也改变着自己的思维和思维的产物。不是意识决定生活，而是生活决定意识。前一种观察方法从意识出发，把意识看作是有生命的个人。符合实际生活的第二种观察方法则是从现实的、有生命的个人本身出发，把意识仅仅看作是他们的意识。"②

尽管意识和身体在人类的实践活动之中具有着重要的价值，但是它们并不具有着构建世界的本体论意义和基础性地位。马克思认为，任何关于意识的问题都可以归结到人类的实践活动那里，任何对于意识和身体绝对化的理论都可以在人类实践之中找到根源。"只要按照事物的本来面目及其产生根源来理解事物，任何深奥的哲学问题都会被简单地归结为某种经验的事实。"③

（二）语言所具有的实践性

语言实践在人类社会生产和生活中所扮演的重要角色和所起到的特殊作用，使得现代哲学家不约而同地把关注的重心转移到了语

---

① 马克思、恩格斯：《德意志意识形态》，《马克思恩格斯选集》第1卷，人民出版社1972年版，第30页。

② 同上书，第35页。

③ 同上书，第40页。

言上来。现代西方哲学发生了所谓的"语言转向",以对应从笛卡尔开始的"认识论转向"。这也就意味着意识问题不再作为哲学关注的焦点,语言取代了意识原本所具有的显赫地位,成为哲学探讨问题时所不得跨越的门槛。现代西方哲学对于语言的一般性质和功能,对语言的结构和类型,对语言的命名和意义,对语言的使用和效果,对语言和存在、语言和理解、语言和符号等方面都做了多层面、多角度的考察和分析,以反省人与思维之间,人与世界之间的关系。语言问题从古希腊哲学那里就成为了哲学家思考的神秘话题,中间经历了近代认识论哲学对于语言的思考,最后在现代随着"语言世界"的被发现,语言成为了哲学探讨的首要问题,若是不经过语言的分析而得出的哲学结论就会被视为无效。现代哲学发生所谓的"语言转向"有其历史必然性,也具有内在的合理性,当然,也具有偏颇和不足之处。

首先,语言转向具有巨大的启发作用。现代西方哲学发现了语言并不是人们交流思想的工具,而是人类的具有本体论意义的存在方式。现代西方哲学对于语言的重大发现在于,语言并不是工具性的存在,仿佛人可以在观察世界的时候拿起它,而在自己不需要它的时候又可以把它丢弃。语言本身就具有世界观的意义,人类总是语言地面对着世界,面对着自身。只有在语言中,才能够具有对于世界的意识,人类才会发现真理。因而语言具有了基础性的、本体性的地位和意义。海德格尔认为,并不是人在说语言,而是语言在说。在这里就发生了巨大的转换,人类并不是语言的拥有者和使用者,而是语言的看守者和守护人。语言成为人的主宰,成为了具有本体意义的存在。伽达默尔基本继承了海德格尔对于语言的观点,反对工具性地理解语言,而把语言理解为世界的本体。他说道,能被理解的存在就是语言。语言在人类的理解行为之中占据着本体的地位,人总是语言地面对着世界,人也总是语言地理解着世界。人在进行理解和认识的时候,其前提就是语言性的"偏见",从而可以与另外的某个语言存在发生"视域融合",进而形成历史性的理解过程。而这个理解的历史过程也是语言性的。因而,语言构成了人类的世界本身,人从属于语言,听从于语言,语言构成了人最根本性的存在。因而，对于伽达默尔而言，语言在根本上并不是人类使用的交流工具，而是人的存在方式。哈贝马斯进一步地把语言观的本体意蕴加以深化，他将理解和解释中的语言扩展到了人类的交往行为之中，通过对于语言的规范性应用来规范人类的实践行为，从而使得人类的语言活动取代物质生产的实践活动而占据了基础性的地位。

　　同时，语言虽然是人类特有的面对世界的方式，人类的实践活动也不能够离开语言，但是，语言并不是人类活动的基础性存在，这个具有基础性地位的是人类的实践活动本身，在其中最主要的就是物质生产活动。马克思认为，人类生存和生活的第一个前提就是他的物质生产活动，这也是人类历史得以产生的第一个前提。在人类的物质生产活动之中，人与人结成了某种生产关系。生产力和生产关系构成人类历史发展的基本的结构和动力，而人类社会的其他的方面，如经济的、政治的、文化的、艺术的等方面都是在这一基础上建构起来的，并随着这基础的改变而改变。所以，语言也不会例外，它会随着人类整体实践活动水平的提高而提高，随着社会发展的需要而改变自身，所以，语言并不是基础性的存在，它是以物质生产活动为其基础的。所以，马克思说："思想、观念、意识的生产最初是直接与人们的物质活动，与人们的物质交往，与现实生活的语言交织在一起的。观念、思维、人们的精神交往在这里还是人们物质关系的直接产物。表现在某一民族的政治、法律、道德、宗教、形而上学等的语言中的精神生产也是这样。人们是自己的观念、思想等的生产者，但这里所说的人们是现实的，从事活动的人们，他们受着自己的生产力的一定发展以及与这种发展相适应的交往（直到它的最遥远的形式）的制约。"① 语言的存在并没有使得人类可以从物质生产的实践中脱离，也并没有使得人类获得了超越出现实的能力，因为语言的存在并不能否定这样的前提，即人为了能够交流和沟通，为了能够获得生存的权利，为了能够使得语言能

---

① 马克思、恩格斯：《德意志意识形态》，《马克思恩格斯选集》第 1 卷，人民出版社 1972 年版，第 30 页。

够"言说",首先就要"生活",就要有基本的吃、喝、衣、住等生活资料。因而,人类的物质生产活动才是基础性的,随着人类生产力的不断提高,社会分工日益细密,人与人之间原初的亲密性遭到了破坏,从而他们之间的相互理解和相互沟通成为了迫切的需要。在这样的需要的刺激下,人类的语言实践的水平也在不断地提升。语言是随着生产力的发展而发展的,其根本的推动力在于人的物质性的感性活动。所以,我们看到,物质生产活动不仅仅是人与自然关系的基础,同时也是人与人之间的精神交流和话语行为的物质性基础。

因而,一方面我们需要看到现代西方哲学家对于语言内涵的挖掘所具有的意义和价值。语言作为人类实践活动必要的存在,在人类的实践中起到了重要作用,特别是随着生产力的进一步发展,科学技术的巨大进步,特别是人类进入到了信息化的时代后,语言和符号在人类社会中的意义和作用进一步地被凸显出来。对于语言的理解和使用也要跟得上实践活动的步伐。另一方面也要发现,因为他们并没有把语言放到物质生产活动的基础上去考察,所以往往抽象地夸大了语言在实践活动中的作用。

(三)实践是理解和交往的基础

首先,应该承认,主体间的交往行为理论是马克思实践哲学的必要的补充,因为在人类的实践活动之中,不仅仅存在着人与物质性自然的关系,也内在地包含着人与人之间的交往和理解关系。这是由于,在人类的实践活动中,实践的主体并不是单子式的个人,而是作为"类"的存在而参与到物质生产活动中的。在实践活动中,人们总是作为交往的共同体而行动,没有人与人之间的相互关联和相互交往,就不会进行作为"类"存在的人与自然之间的物质生产活动。马克思认为,从事生产的个人代表着个体的生产力,它是分散的和对立的,只有在个体之间的交往和互相联系之中,才会形成现实的和真正的生产力。他说道,"共同活动方式本身就是'生产力'"①。所以,交往行为是人类实践中不可或缺的部分,在

---

① 马克思、恩格斯:《费尔巴哈》,人民出版社 1988 年版,第 24 页。

实践中占有重要的地位。

人类的实践活动中内在地包含有物质生产活动和交往活动，它们不可分割地构成了有机的整体参与到实践中。因而，一方面，实践具有人与物质自然之间的物质生产的主客关系；另一方面，具有人与人之间的主体间的关系。它们是人类整体的实践活动中的不同方面，而不是互相分离毫不相干的实体。因而，一方面，从事于现实物质生产的个体并不是作为单独的存在去行为，而是作为"类"的一员去活动，以人与人之间的主体间性为中介去面对世界；另一方面，交往活动和主体间性也必然体现在物质生产活动之中，在物质生产的客观对象中凝结着人类的普遍的物质和精神劳动，从而使得人与人之间的联系成为现实的真正的联系。也就是说，物质生产活动本身就蕴含着和实现着人与人之间的主体间的关系，人类所面对的物质世界不仅仅是劳动、加工和改造的对象，更是人与人之间相互联系的中介和纽带。就像马克思所说的："实物是为人的存在，是人的实物存在，同时也就是人为他人的存在，是他对他人的人的关系，是人对人的社会关系。"[1] 因而，我们可以看到，以主客关系为基本结构的物质生产活动和以主体间的关系为基本结构的交往活动是相互补充，共同构成了人类实践活动的整体。失去了人对于物质自然的生产实践，人与人之间的主体间的交往就不会有生成和存在的基础；反之，失去了人与人之间的交往关系，人类对于物质自然的生产实践就无法实现。正是人与人之间的交往行为，才使得作为"类"的物质生产活动成为可能。

总之，人对于物质世界的认知和劳动，都只能实现和完成于人与人之间的交往关系和社会关系之中，脱离开主体间的交往活动，就无法理解人作为"类"存在在物质生产活动中所体现出的巨大能量，也不能正确地指导人类进一步提升物质生产的能力，从而必然造成对于人类整体实践活动的抽象的理解。

其次，交往行为要以实践活动为基础。尽管交往行为在人类实

---

① 马克思：《神圣家族》，《马克思恩格斯全集》第 2 卷，人民出版社 1979 年版，第 25 页。

践活动中具有重要的价值，是实践论的必要的补充，但是，交往行为只有从人类的实践活动中才能得到真正的理解，也就是说，实践才是交往的基础，而不是相反。在人类的实践活动中内在地包含着物质生产活动的方面，它主要的是一种主客之间的实践模式，同时也包含着交往活动的方面，它们之间的关系是相互关联不可分割的。所以，交往理论单独地把交往活动作为世界的基础是不妥当的，因为它忽视了物质生产活动那一面。同时，也应该看到，在物质生产活动和交往活动之间的地位和作用也是不同的，物质生产活动在实质上是交往活动的基础和前提。物质生产活动当中内在地包含着人类的交往行为，因为物质生产必然是由作为人类共同体的"类"来进行的，他们之间必然已经具有了某种生产和生存关系。在这个意义上，物质生产活动一开始就把人放置于生产关系和社会关系之中，成为了具有交往行为的主体。物质生产活动也为人与人之间的交往提供着现实的和历史的前提，这是历史的"第一个前提"和基础。物质生产活动生成着并决定着人与人之间交往活动的形式和内容，主体间的交往关系和形式也必然从属和依赖于物质生产活动。所以，在物质生产活动和交往活动这两个在实践活动中互补的方面，物质生产活动是作为基础性的活动，而交往活动是处于从属地位的。只有从人类的全面的实践活动出发，才能够为交往行为提供合理而真实的解释，为交往行为中发生的问题寻找到真正的解决途径。

三　实践中的自我和他者

（一）感性活动中的他者

马克思的实践哲学一开始就摒弃了唯我论的意识哲学，而是把人的理论建立在现实社会之上，建立在自我与他者的在根本上的统一性之上。马克思发现，自我与他者的关系首先是现实的、实践的关系，只有从现实和实践出发，才能够真正地把握到他者的存在及其意义。马克思把实践理解为人类的感性活动。感性即意味着自我与世界的直接相关性，这种相关性是前反思、前概念的，因而，感性活动这个概念就揭示了人的实践活动总是指向着他物与他人，总是与外在于自我的世界打交道。因而，感性活动的对于外在客观世界的揭示，也就是在显示着人自身所具有的内在的力量，从这个意义上说，人的根本性的规定性并不是来自于主体自身，而是来自于主体与客体的统一性存在，即实践。所以，人类在社会物质生产活动遭遇到他人，并且从他人那里来理解和把握自身。他人并一定要以具体的面貌出现，他也可以表现为工具、语言、文化等，在这些物质之中都体现着人类的社会性。马克思说："实物是为人的存在，是人的实物存在，同时也就是人为他人的存在，是他对他人的人的关系，是人对人的社会关系。"①

1. 社会活动与他者

实践活动把人揭示为社会的人，与他者处在某种关系之中的人。在费尔巴哈那里，已经认识到感性是一切科学的基础，不过，费尔巴哈的感性只是直接的感性，体现是自然的人性论，所以，他才把人的类本质归结到了人的性欲等自然本性那里。而马克思则把直接的感性革新而为"感性活动"，即实践。马克思认为在感性活动中，感性对象化自身，而成为具有生存论意义的存在，所以，他认为，感性并非自己的私有物，而是天生具有社会性，他说道，"他自己的感性，只有通过别人，才对他本身来说是人的感性"②。通过感性活动理论，马克思把对于人类的考察放大到了整个的人类社会。以此为基础，马克思揭露了费尔巴哈及其所有以前的唯物主义的根本缺点，他们虽然想要研究跟思想客体确实不同的感性客体，但由于没有把"感性"当作"实践的、人类感性的活动"去理解，因而他们只能抽象地考察人。马克思则纲领式地提出："人的本质不是单个人所固有的抽象物，在其现实性上，它是一切社会关系的总和。"③ 马克思从而创建了以自我和他者的社会关系为基础的实践观，真正超越了以单子式的自我为基点的近代哲学。

---

① 马克思：《神圣家族》，《马克思恩格斯全集》第 2 卷，人民出版社 1979 年版，第 25 页。

② 马克思：《1844 年经济学哲学手稿》，人民出版社 2000 年版，第 90 页。

③ 同上书，第 56 页。

首先，每个人的实践活动都是社会性的，因而，不存在在社会之外的孤立的个体，而只能作为与他者联系的社会性共在。马克思认为，社会性是对于人的根本的规定，而不是臆想的和虚构的，而是来自于人类的实践活动本身。人类通过自身的实践活动而结成一定的生产关系，在生产关系的基础之上形成了人类社会。所以人类社会并不是对于个体存在可有可无的外在反思对象，而是人必然要进入并由其规定的存在，这不是以某个人的意志为转移的。所以，人类是具有社会性的存在，并由社会性来规定自身，社会是对于人形成了内在的制约，使得每个个体的人不可能超出社会之外去反思自身。当然，每个个体也是具有着反思能力和自由自觉能力的，但是，他们的自由自觉的实践活动必须要以社会性为其基础才是可能的，并由其社会性为基础才是可理解的。因此，我们就可以理解马克思所说的，"只有在社会中，自然界对人说来才是人与人联系的纽带，才是他为别人的存在和别人为他的存在"①。

通过实践，人类构建了身处其中的社会，同时也使得自己变成了社会的人。社会中的每个个体都不是孤立的，而是通过实践活动紧密的联系在一起的，从而形成了社会物质实践的整体性。因而，社会就是由处于某种社会关系中的人类的实践活动所创造和构建的，社会对于每个个体具有在先的生存论性质，个体只有进入到社会之中才能够实现他的人类性，而在现实之外的人并不是一个现实的人。所以，马克思深刻地指出，人的本质在其"现实性"上是"一切社会关系的总和"，马克思之所以提出这样的论断是因为他发现了社会实践对于个体自我的根本性的规定，也就是说，人总是从其社会性来理解自身，从他者那里来理解自身。从某种意义上说，社会本身就是一个大写的他者，它把自己隐藏和显露于每一个我所遭遇的他人身上。因而，他者是每一个自我所必然要遭遇的对象，是我们命定的"缘"，这个缘来自于生存关系，来自于生命关系，来自于整体性的人类实践，而它在现实性上就是人类社会。用海德格尔所说的话，人类不可避免地被"抛入"到社会现实之中，

---

① 马克思：《1844 年经济学哲学手稿》，人民出版社 2000 年版，第 83 页。

与社会性的他者相遇，就是我们的"缘在"。就如拉康所说："在实体的意义上，人正是由社会关系围建起来的空无。因此，在马克思这里，传统意义上那种自足的主体自我也是根本不存在的。"①当然，在马克思那里，人作为实践性的存在并不是绝对的"空无"，但是，拉康正确的地方在于，他指出了"自足的自我主体"是不存在的，人必然地是社会性的存在，必然地与他者现实地"共在"。

其次，人的社会性使得每个个体都需要通过他者的存在才能够获得其规定性。马克思说："人对自身的关系只有通过他对他人的关系，才成为对他来说是对象性的、现实的关系。"② 在社会之中，人与人之间是互相规定的，而只有从整体性的社会考察才能为理解单个人寻找到基础。因为，在社会关系之中，他人是具体化的和对象化的自我，可以说，自我的现实意义在他者那里，是自我力量的现实化和对象化。这也是由人类的实践活动所决定的。人类通过自身的实践活动，不断推动生产力的发展，由此产生了社会的分工协作，从而造成了人类社会的分化。每个人都从自己分工的社会领域来理解自身和规定自身，这就造成了不同分工领域中的人与人之间的陌生感和距离感。工人从大机器来理解世界，哲学家从抽象的概念出发去理解世界，如此等等，这就造成了社会中的个体与他者之间的分离。但是，这种分离只有从社会整体性、从人类自身的实践活动才能够理解和解决。自我与他者都是从实践活动中分离出来的，它们都是人类实践活动的内在的反应，所以，它们在其实质上并不互相分离而是互相结合的。而只有从它们相互结合的角度才能够真正地理解人类作为整体的实践活动，而只有理解了实践活动本身才能够理解不同分工领域造成的自我与他者的分离的实质，其实质是自我只有从他者那里才能够真正地从实践的角度找到自己的合理的规定性，他者也只有从自我这里才能找到自身存在的合理性。在人类的实践活动中，自我与他者是相互规定而不可分割的。

---

① 张一兵：《大写他者的发生学逻辑》，《学海》2004 年第 4 期。

② 马克思：《1844 年经济学哲学手稿》，人民出版社 2000 年版，第 60 页。

因而，人自身就是社会实践的结果，而他的内在性质只有从社会整体来把握才能够获得真相。也就是说，每一个体都是由社会和历史来规定的，从而每个个体都不能够从自身获得关于自身的真理性观念，而只有从他人那里，从社会那里才能够获得。因而，对马克思来说，自我和他者都是现实社会中整体的一部分，他者只不过是另一种形式的自我，所以，要实现对于自我的自由和解放，也就意味着对于全人类的解放和自由，它们必然是一体的。因为，他者在现实性上，是自我本质的一部分，而不是无关的客体。因而，马克思得出结论，个人的解放是与全人类的解放分不开的，是与对他者的解放分不开的。

2. 历史活动与他者

社会实践把人揭示为历史的人。在历史的传承之中，每个人都是作为与历史中的他者共在的人。人类的实践活动不仅仅具有着共时性的维度，即社会性的维度，使得人类形成社会联系，使得个体与个体之间，个体与群体之间，群体与群体之间，民族与民族之间，文化与文化之间发生相互的交流和交往，而且实践活动又在不断地通过感性活动的力量去改造和更新，创造与发展人类自身的社会历史，从而形成人类之间的纵向的历史关联，使得人类在实践活动中所得以形成的物质和文化成果在不同的时代之间传递和积累。从人类社会的不断发现的历史变迁来看，实践活动为人类历史的不断积累、继承和发展提供了根本的动力，从而为生产力和人类本身提供了不断前进的基础。在实践之中，人类把自身揭示为"有历史"的，并在历史中发现了自我与他者的共在。

马克思说："人们自己创造自己的历史，但是他们并不是随心所欲地创造，并不是在他们自己选定的条件下创造，而是在直接碰到的、既定的、从过去继承下来的条件下创造。"[1] 在这里，马克思强调了，历史对于每一个个体所具有的决定性的作用，人一开始就生活在具体的生产力和生产关系之中，生活在具体的社会环境之

---

① 马克思：《路易·波拿巴的雾月十八日》，《马克思恩格斯选集》第 1 卷，人民出版社 1972 年版，第 603 页。

中。而这样的生活的境遇不是某个神灵的恩赐，也是突发奇想的结果，而是经过人类物质和精神实践活动不断积累而来的成果。也就是说，我们每一个个体一开始就无所选择地生活在前人所构成的世界中，一开始就与一个作为历史的"他者"共在。这个他者可以体现为一个茶杯，那是人类多年在陶器实践中所得到的器具，也可以体现为一本名著，那是人类多年文字实践活动所得到的结晶，如此等等。正是在人类具有历史性的实践活动中，每一个个体都不是作为孤独的个体而在的，他必然地与历史中的他者联系在一起，也许，这个历史中的他者是不知名的人，但是，他也为当下的"自我"的形成构成其内在的因素。就像海德格尔所描述的如影随形的共在，马克思的历史性对于他者的揭示也是与自我根本性的不可分割。

在历史中的他者就是我们的上一代，或者说，是我们的"前人"。我们当下在世的每个自我都是生活在前人的实践活动的历史之中的，他们把自己的实践凝结在生产力上，凝结在物质和精神产品上，并通过作为后代的我们来把他们的实践活动继续的发展下去。所以，在历史的活动之中，我们只能够看到人作为"类"而活动，而从没有作为绝对的个体的活动。而正是在不断地实践活动中，人才可以把自己理解为"类"。在人类的历史活动中，需要有对于前人成果的继承，这样人类的历史才会不断地发展；同时，也需要后人基于前人成果之上的不断的创新和发展，这样，人类的实践活动才可以不断地进步。前人所创造的成果是后人不断前进的基础，而后人的建树也必定包含着前人努力的结晶。前代人的实践活动为后来者提供了其无所选择的境遇，是后人必须要面对的与他的生存和生命紧密相关的世界，这样的历史境遇是后来者无所选择的前反思、前概念的生存论处境。所以，我们可以看到，在社会历史之中所反映的是实践的生存论本质，实践总是生存着的，揭示的是一个前反思的世界。而在这个世界之中，前代人与后代人的实践活动在历史中统一了起来，使得人类作为"类"的生命而不断地进步。

尽管在海德格尔、伽达默尔和哈贝马斯等人那里，也发现了人的"在世"性，发现了人所处的"生活世界"本身，但是，他们忽略和排斥人类在世性的和生活世界的现实性基础，离开了物质生产活动这个实践的根基，所以，他们并不能真正地理解人类真实的历史性，也不能够真切地揭示他者与自我的共在性。而马克思则坚决地把人类历史性的基础建立在了实践活动的之上，实践活动是人类历史得以形成的根本动力。他说道："历史的每一阶段都遇到一定的物质结果，一定数量的生产力总和，人和自然以及人与人之间在历史上形成的关系，都遇到有前一代传给后一代的大量生产力、资金和环境，尽管一方面这些生产力、资金和环境为新的一代所改变，但另一方面，它们也预先规定新的一代的生活条件，使它得到一定的发展和具有特殊的性质。"①

正是马克思发现了人类的实践活动为历史的发展提供了根本的动力，而这样的实践观也合理地解释了人类之间的历史联系。马克思发现，人与人之间的社会关系是由当时具体的物质生产关系所决定的，而生产关系又是由具体的生产力水平所决定。因而，人类的历史发展归根到底是由人类的生产力水平，即物质生产实践的水平所决定的。而随着人类实践的不断进步，生产力水平的不断提高，原有的生产关系不再适应生产力的发展，那么旧有的生产关系就会遭到破坏，而被新的生产关系所取代。而在这样的历史进程之中，起到决定性作用还是人类的实践活动。人自身的实践活动为自己创造了历史，而这样的历史也就揭示了自我与他者之间的实践论共在。他者作为不断呈现和积累的历史而出场，他者出现在物质性的生产力之中，出现在生产关系之中，出现在意识形态之中等。实践使得他者不断地在历史中出场，使得他者在实践中成为了历史性的他者。这个历史性的他者作为旧有的生产力和生产关系而随着实践的发展而改变，一旦作为历史的他者不再适应人类当下实践的生产力的发展，那么人类就可以通过自身的实践来改变历史性的他者对于当下生产力的束缚，而发动革命。所以，在实践活动的历史性

① 马克思、恩格斯：《德意志意识形态》，《马克思恩格斯选集》第 1 卷，人民出版社 1972 年版，第 43 页。

中，他者具有着双重的面貌，一方面它可以是历史的推动者；另一方面它也可以是历史的阻挠者。总之，在人类的实践活动之中，人揭示了自身是具有着历史性的存在，是与历史性的他者共在的。同时，这个历史性的他者也是历史的和暂时的，也是处在不断的变动之中。在历史性的自我与他者之间，起到决定作用的仍是人类的实践活动。

3."类存在"与他者

社会实践活动把人揭示为"类"的存在，而不是一个超越出社会和历史的孤立自我。实践活动即意味着人是作为"类"而活动的，人在实践中不是作为单个的个体而活动，而是在某种生产力的发展程度中，在具体的生产关系之中活动的，在一定的历史条件下生产和生活。也即意味着，当他当下作为一个人劳动的时候，他同时也是作为社会性的和历史性的人在生产和生活，他必然是作为"类存在物"中的一员而存在的。因为，一个具体的人总是在一定生产力水平的基础上，在一定的生产关系之中，并在由之产生的具体的社会意识之中来从事实践活动。这时，他必然地会被打上"类"的印记，具有着社会历史性的实践活动把人揭示为"类"的存在。每一个自由自觉的个体，都是具有着社会性的人，都是作为人类而存在的。在他内在的本性之中，就必然地包含着他者，他注定不是孤独的社会之外的存在物；当他把自身把握为孤独者的时候，也只有从社会历史的实践活动中才能找到根源。海德格尔是从存在论的角度揭示了此在的"共在"的生存论结构，此在总是处在与他人共在的世界中。马克思则是从实践的角度，证明了人类总是作为"类"的共在而活动，所以，在每个个体的人的身上都具有当时的整个人类的印记，而不仅仅代表其个人；而当时的社会生产力的整体样态也通过个体的人而表现出来。由此可见，人在实践上是作为"类"的共在。

（二）异化中的他者

异化中的他者是他者现象在资本主义社会中具体表现。在《1844 年经济学哲学手稿》中，马克思就已经比较深刻地论述了他者存在的在资本主义社会中的意义。具体的社会性决定了他者的存在，而在资本主义社会中，他者的现实性存在是异化的存在。具体的异化的社会决定了人的意识，决定着社会对于自身筹划的方向。所以，人在其现实性上是由异化的生活世界所决定的。而这就决定了人在异化劳动中对自身的观念化和知识化，其结果就是自我与他者的对立，在认识论上就是主体与客体的对立。在谈及异化劳动的结果时，马克思指出："人同自己的劳动产品、自己的生命活动、自己的类本质相异化的直接结果就是人同人相异化。当人同自身相对立的时候，他也同他人相对立。"① 人的异化劳动造成了自我和他者的对立，他者和自我的对立，是由于自我与其劳动本质相对立的结果。自我与他者的分化和对立，是由于现实的具体的实践和劳动。并且，这样的矛盾和对立，只有在消除了其现实的基础，才能够解决，否则，就只能是观念性的虚假解决。

在马克思看来，在资本主义的生产关系中，人类整体地处于社会分工和私有制所造成的异化状态中。而异化即意味着人与人、自我与他者的分离和对立，"人同自身和自然界的任何自我异化，都表现在他使自身和自然界跟另一个与他不同的人发生的关系上"，也就是说，"自我异化只有通过同其他人的实践的、现实的关系才能表现出来"②。那么在异化的状态下，人是如何认识自身的呢？马克思认为在商品社会中，商品成为了人类自我理解的异化形象，人就是商品。那么从商品的关系中，就可以看到现实社会中的自我与他者的关系，马克思说："在某种意义上，人很像商品。因为人来到世间，既没有带着镜子，也不像费希特派的哲学家那样，说什么我就是我，所以人最初是以别人来反应自己的。名叫彼得的人把自己当作人，只是由于他把名叫保罗的人看作是和自己相同的。因此，对彼得来说，这整个保罗以他保罗的肉体成为人这个物种的表现形式。"③ 这也就意味着，每个人的自身价值和本质都需要通过交换价值来体现，每个人自身的价值和本质并不在于自身，而在于

---

① 马克思：《1844年经济学哲学手稿》，人民出版社2000年版，第59页。
② 同上书，第60页。
③ 马克思：《资本论》第1卷，《马克思恩格斯全集》第23卷，人民出版社1972年版，第67页。

是否能够与他者形成等价的关系。如果他不能够在现实性上体现自身的交换价值，那么，他自身就会是一个虚无，而他自己也会把自己领会为虚无。马克思通过这样的论述来表明，在现实的社会中，并没有所谓的绝对的自我，每一个自我都是与他者相联系的，而这样的联系是实践的和社会的，每个人都通过社会中的他者来指认自己。这在结论上与拉康相仿，他说："（1）一个人不知道什么是人。（2）人们相互认出是人。（3）我断言自己是个人，因为怕人家证明我不是人。"①

马克思发现，他者在其现实性上总是处在异化当中，异化是资本主义社会中人类的普遍现象。而马克思同时发现，异化现象并不是永恒的和普遍的，仿佛人类出现的时候就带有着异化和彼此外在的痕迹，恰恰相反，异化现象具有历史性和实践性，它是感性活动的结果，是人类实践性活动的结果。而作为异化形象的他者也不是永恒的，它是历史的和社会的。随着生产力的不断发展和异化现象消失，自我与他者的关系也必将发生根本的改变。所以，马克思认为，他者问题并不仅仅是一个理论问题，更主要的是实践的问题。因为只有在实践中，他者才不是仅仅作为"解释"世界的一部分，而是作为"改造"世界的必然性而出现的。基于这样的实践论视域，马克思认为我们不要仅仅批判关于人的理论，而且更应该把矛头指向形成如此理论的资本主义社会。他认为，只有消除人类生存世界中的现实的矛盾，才能真正地消除矛盾的理论形态。这是因为只有马克思真正的发现了人类社会发展的根本动力和基本结构，这个根本动力就是社会生产力与生产关系的矛盾辩证关系，人只有通过实践的方式，才能够为社会的进步和异化现象的消除找到真实的出路，才能够为他者问题的出现找到现实的根源和为他者问题的解决奠定真实的基础。

因而，从马克思的实践活动理论出发，我们可以看到，无论是作为自我镜像中的他者、意识中的他者还是形而上学中的他者等，它们的存在都是观念性的存在，都是人类反思他者时候的结果。而

---

① ［法］拉康：《拉康选集》，上海译文出版社 2001 年版，第 220 页。

这个结果必然地反映着现实的生存世界。这个世界为观念化的世界提供基础。而这个世界在其现实性上就是异化的世界。从而在根本上，为他者的存在提供了深刻的认识论的根源。

（三）语言实践中的他者

每一个具体的实践活动都内在地包含中语言行为，因为只有在语言行为之中，人类的实践活动才可以作为"类"而存在。语言是作为把自我与社会，自我与历史联系起来的共同的实践必要性而存在的。因为，在物质实践之中，人与人在社会历史之中结成为共在，并为整个人类的社会实践提供了历史的和现实的活动基础，而在人类的语言实践中，则为人类之间的交流和合作，作为"类"的生存和发展提供了基本的可能性，正是语言的存在保证了人与人之间的交流和沟通，使得每个个体可以在社会之中保有开放性，因而人与人之间才可以结成生产的共同体和社会的共同体，也使得每个个体可以在历史中保有继承性，因而人与人之间才可以形成历史文化的结合体，才可以不断地积累和推进人类共同的历史文化。因而，语言实践是人类实践过程中独特而重要的方面，我们也不能脱离开语言实践来考察他者的存在。

1. 语言所具有的实践本性

马克思发现，语言不仅仅是人类借以与世界打交道的工具，而且它具有独特的实践本性，是人类特有的生存方式。人类的意识并不是孤独地存在着，而是必定地要表达为语言的；而语言本身就说了作为孤独的自我意识是不存在的。语言必然是"类"的产物，而不是个人所独有的东西。语言也意味着人与人之间的开放性，也就意味着人与人之间的意识也不是封闭的，独立的，而是在根本上开放的和可沟通的，而人与人的隔膜和分离，只有从"类"的实践之中才能得到理解和解决。"人也具有'意识'。但是人并非一开始就具有'纯粹'意识。'精神'从一开始就很倒霉，注定要受物质的'纠缠'，物质在这里表现为震动着的空气层、声音，简言之：即语言。语言和意识具有同样长久的历史。"[1] 人作为"类"生活在一个有语言构成的世界里，生活在一个语言化的符号网络之中。语言作为现实的意识，制约着、规范着和调节着人类的实践活动本身。所以，语言和语言实践发生和发展于人的一切社会活动和历史行为中，同时，人的一切社会活动和历史行为又都体现在运作与语言实践之中。从人的社会行为来看，人与人之间的联系，无论是经济关系、政治关系、文化关系、军事关系等都离不开语言实践；从人的历史行为来看，无论是科学的传承、文化的传递还是知识的积累、技术的掌控等，都需要语言实践的参与和构建。可以说，语言实践表征着人作为"类"的整体性存在，它的存在参与着人类所有的实践领域。可以说，只要有人类实践的地方，就有语言的参与和作用。马克思认为，"语言是一种实践的、既为别人存在并仅仅因此也为我自己存在的、现实的意识。语言也和意识一样，只是由于需要，由于和他人交往的迫切需要才产生的。"[2] 因而，我们可以说，没有语言实践，就不会有人作为整体性的"类"而进行改造自然和社会的实践活动；没有语言实践，就无法想见人与人之间的交流与合作，无法想见人与人之间处在怎样的封闭的意识之中；没有语言实践，就无法实现人类历史文明的传承和分享。人不可能非语言地面对着世界，非语言地从事具体的实践活动；相反，人类的任何一种实践行为都是语言的，语言是人类实践中不可分割的方面，是人类实践活动所特有的本质特征。

2. 语言实践中的他者存在

语言并不是人类实践活动中可有可无的工具，而是实践所具有的本质特征。马克思认为，语言是一种实践的、既为别人存在并仅仅因此也为我自己存在的、现实的意识。这是由于，正是语言实践使得人们之间可以进行思想的表达和交流。人类的意识通过语言进行思考、判断和推理，并通过语言的表达和描述而成为具体化和现

----

① 马克思、恩格斯：《德意志意识形态》，《马克思恩格斯选集》第 1 卷，人民出版社 1972 年版，第 35 页。

② 同上。

实化的存在。人的意识离不开语言，没有语言就不会有人类的意识活动，同时，没有语言也不会有任何的知识和判断。正是因为语言的存在，人类的思想意识才可以在语言中具有现实性，可以被固定化和逻辑化为人类的知识。因为语言的存在，人类意识的内在性、自在性和疏离性才被破除，而呈现出自为性、开放性和亲和性。所以，没有语言的存在就不会有人类知识的延续和发展，没有语言也就不会有人类思想的存在。

语言的本性就是它的社会性。语言并不是为了单个人而设的，而是为了人类之间的意识和思想交流而存在的。人类的思想之所以不是作为孤独的封闭的意识而存在，就是因为语言所具有的表达作用。语言的本性就为了人与人之间思想的交流和表达。社会中的每个个体都不会真正地成为孤独的自我，或成为独白的意识，就是因为在语言之中，我们每一个个体都在语言所构成的社会性中。即便是某个人在自言自语，他也是在用普遍性的存在在进行思考和言语，所以，在这个时候，他不是在自言自语，而是内在地与匿名的"类"在对话。所以，在语言之中，每一个个体都是社会性的，都是普遍的和开放的，任何一种狭隘的和封闭的自我意识都是这种社会性的变式，是对于这种普遍和开放的视而不见。所以，语言的实践表明，每个个体都不仅仅是为我的存在，而且是"为他的存在"；并且只有在"为他的存在"的前提下，才是"为我的存在"，也就是说，语言所具有的普遍性才是个别性的前提和基础。正是在语言中具有超越出单个个体的视域，才会形成自我与他者的交流与沟通。阿佩尔这样来说明语言所具有的社会性在人际交流中的作用，他说道："个人意识明证性才借助于语言沟通而被变换为一种对我们来说的陈述的先天有效性，从而才能够在真理之一致性理论意义上作为一种具有先天约束力的知识是有效的。通过把个人意识明确地提升为语言游戏的范式，对于交往和解释共同体来说，便使一切意识的直观确定性的论辩意义在某种程度上获得了保证。"①

————————

① ［法］阿佩尔：《哲学的改造》，孙周兴等译，上海译文出版社 2005 年版，第 158 页。

正是在所谓的"语言游戏"中，语言才真正地发挥了其交流沟通的机能，使得一个"语言共同体"得以完成，也就是在某种程度上对于人类社会性的完成。尽管，阿佩尔的先验解释学的立场并没有实践论上的牢固的根基，但是，在他以"语言共同体"取代"自我意识"的哲学意图中，我们还是可以看到语言实践所具有的非封闭性和开放性，非个体性和公共性的特点。语言所具有的开放性和交流性使得不同的主体之间的理解成为可能，使得不同的社会群体可以在语言中实现对话和一致。语言是形成人类社会不同个体之间的表达和交流，团结和协作的媒介和载体。

当然，马克思的实践并不能够解决关于他者的所有问题，随着社会历史的发展，他者问题的提出和说明都会呈现出不同的形态。但是，马克思的实践却为说明他者现象找到了现实的基础和起点，是任何理论都无法忽视的，并且也为说明他者指明了方向，从而为人类走向他者的道路勾画了光明的前景。

第 七 章

在自我与他者之间

　　以胡塞尔提出的他人问题为起点，对于他人问题的讨论持续而热烈。在追问他人的道路上，后来者不断地批判和超越前辈，使得他人理论不断地向前发展。萨特在意识的存在中揭示了自为之在与为他之在的区别，但是由于其多元性的主体而招致梅洛·庞蒂的批评。梅洛·庞蒂用灵性的肉身的概念彻底推翻了身体和意识的二元论，并用身体间性去说明主体间的共在，从而把他者理论向前推进了一大步。但是，列维纳斯发现，无论是萨特还是梅洛·庞蒂，他们都没有真正地放弃主体的中心地位，并因此没有真正地摆脱唯我论的困境，因而，他主张用绝对和无限的他者来超越于主体的同一性之外。他人走到了他者，他者展开为他人。在语言的世界里，在实践所搭建的交往理性的平台上，他人构成着我的世界，他人创新着我的世界，正如海德格尔、伽达默尔、梅洛·庞蒂等人所揭示的，我自始至终都生活在一个有他的世界里。语言和实践把在世的主体性揭示为主体间性。当然，在现当代哲学界，对于他人理论有所创获的人不在少数，如亨利、拉康、德里达等，各自从精神分析和延异的本体论等角度对于他人问题都作出了回应。在这里只能挂一漏万，不能一一详细阐述他们的观点，只能在论述具体问题的过程中，关联到某个哲学家的时候，加以不充分的思考和描述。在这些哲学家的观点中，需要进一步思考的是，自我与他人之间存在着怎样的一种内在关联，这个问题直接决定了自我对于他人所应当采取的态度和立场。

一　自我与他人的关系

（一）自我与他人是共同在世的，其基本的关系形态是你中有我，我中有你

在自我与他人之间，并不是自我意识对于他人的意识猜度和臆测的关系，在他们之间作为根本的是身体间性和话语间性的关系。自我与他人并不是相互隔绝和对立的，而是具有内在的关联性。即便是一种他异性的本体也不能造成自我与他人的隔绝，而是在"世界之肉"和话语空间中展开为互相关联的身体性和语言性存在。在身体和话语之内，形成我中有你，你中有我的本体性展开。因而，并不存在萨特所认为的，一方的意识存在的自由要以对于另一方的自由的压制为代价和前提，而是存在着彼此的自由互相依存、唇齿相依的关系。这种彼此的依存与和谐共在的关系，是由他们各自所具有的深刻的身体间和语言间的本体而决定的。

然而，这种相互依存的关系并不是一方对于另一方的消解和吞没，也并不是双方的区别消弭于一种无所不在的整体性之中，而是互相保持着相互的分离和距离。无论是在本体、身体、语言之中，都可以发现一种主体间性的存在，它在时间中展开为身体间性和对话的双方。距离和分离并不是消极的对于世界的解构，而是在距离之中产生出巨大的创造活力和面向未来的空间。正是由于主体间性的存在，才使得一个充满身体新的感受和语言的新的意义世界成为可能。

就如马丁·布伯所说的"我与你"的关系所揭示的，在作为不同主体的人之间，具有一种神性的关联。正是这样的神性关联，使得世界成为了人类生活的居所和创造力发挥的源泉。

（二）自我对于他人的现实性关联

自我和他人之间所具有的相互依存性，决定着他们之间具有和谐性的关联。如同我的身体的各器官协同地去面对这个世界，我与他人也是协同地去共同面对着世界，就好像他人是我身体中的另一个器官一样。同时，他人的语言也为自我打开了一个新的世界，使得自我可以去自由地思考和面对真理，可以在一个全新的意义视域中去面对世界。在这些由梅洛·庞蒂和伽达默尔等人所揭示的自我与他人的共在的世界之中，他们之间的关系并不是相互冲突的和相互排斥的，而是在原初意义上的相互协调，和谐一致。

他们的相互依存就表现在，他们不可能各自独立地生存，而成为如鲁滨孙般遗世而居的独白主体，在其生存的现实性上，他们离开了彼此就不会展开各自的人性的世界。人之所以能够理解自身，就是因为他并不是孤立的。他之所以能够过具有人性的生活，也是由于他生活在一个有他的世界里。人的语言和身体构成为他最根本的生存，而在语言和身体之中都具有深刻的话语和身体间性。

主体间的共在和共处是人类其他交往形式的前提和基础。在如果没有主体间的共处和共在，那么就不会有人与人之间的注视和冲突。正是因为在人与人之间已经首先建立了相互的共在和共处的关系，互相的敌对和冲突才可能发生。梅洛·庞蒂指出，在我们可以注视他者而使得他者异化之前，我们也已通过身体而与他者和世界建立起了联系。身体的存在总是主体间性的存在，总是内含着他者的存在，所以，他者并不是我的世界的敌对者，而是我的世界不可缺少的共在者。

而且，由于身体间关系的内在性和必然性，我们的身体必然也是相互开放的，互相开放的身体是共处和共在的，这种关系也先于异化和对立的关系。因为这彼此的开放性，所以他者也构成了我所在的丰富的世界，没有了他者的存在，自我的世界也就失掉了精彩的意义。因此，我与他者的存在是内在的关联着的，不可分割的，并共同构成了我们的文化和精神的世界。

自我和他者在身体内部构成了主体间的关系，并且构成了我们考察世界和自身的认识基础。因而，正如之前所提到的，主体之间既不能像海德格尔那样笼统地强调此在与他者之间的共同存在，也不能像萨特那样把人与人的关系简单地定性为冲突和斗争。冲突和紧张仅仅是自我与他人和谐关系的变异，而不是本质的现象。

（三）自我对他人的伦理性关联

他者的面貌对于自我所具有的超越性要求着自我对于他人的义

务和责任，这种义务和责任构成了自我对于他人的伦理性关联。这首先是由于他异性本体所具有的超越性，并不能够被整体性的所同化。而同时，在身体间性和话语间性之中，都揭示出了他人所具有的无法消解的超越力量。以实践为基础的他异化的力量也必然会对于自我与他人之间的关系具有决定性的影响。这种力量直接决定了自我对于他人所具有的伦理性关系。

因为有着他异性的他者作为彼此共在的本体，因而，对于此种无法还原的超越性存在必然有着一种超越性的态度。作为一个有血有肉的具体的他人，他人的身体，他人的语言，他人的面孔，都具有不可还原的独特性，具有一种与超越性存在相联系的"无关系的关系"。因为，问题不在于有没有独特的他人，事实上每一个他人都是独特的，但是，问题在于能不能够把他人从抽象的人类学意义上的概念中解放出来，而成为具有与超越性存在联系的无法还原到某种普遍性的自我。他人作为无限的他者并不是在人类学意义上的人，也不是存在论意义上的共在，而是作为绝对独特和超越性的个体式的他者。

基于他者的面貌对于自我所具有的超越性的维度，自我对于他人就具有两方面的伦理学的关联：

首先，他人是弱者的象征，此象征请求着我对于他的责任。这里所说的弱者并非指的体力或智力上的弱势，而是指的他人在自我强横的自我同一性的征服面前的弱势。自我总是欲求着去同一化他人，把他人置入整体性的范围之内。在这个意义上，他人的作为弱者的柔弱和贫困毫无防范地向我展示，真正地与我面对面。而这种直接的面对面的关系，又使得处于弱者地位的他人容易受到伤害，它发出的是悲鸣和呼救，向我们直接宣告它可怜的境遇。因为他人所具有的超越性的维度，他拒绝被同化，就如同一块坚硬的岩石。而这样的一种拒绝被同化的态度，又使得推动同一化的自我更加地强化自己的征服态势。自我越是不能理解，就越是想理解，就越要在理性上同一化对方。所以，需要首先明确的是，在自我与他人的关系之中，二者处于不平等地位，他人是弱势的。

这种责任的要求并不是理性的抽象的反思性的规定，而是当下由他人的面貌所直观到的，是对于我与他人之间关系的直接的映射。因而，像萨特所强调的自我与他人的冲突，实质上并没有看到二者之间真实的关联。因为他首先把自我和他人都看作具有意识的个体存在，并且在"为他的存在"和"为我的存在"所具有的相互对立和相互制约，必然导致了他得出"他人即地狱"的结论。因为，在他对于他人的理解中，就已经预设了那样的结果。也就是说，自我与他人的自由，在他们各自的存在之中，是互不相容的。如果自我对他人的命令听从，或他人服从我的指导，就等于丧失掉了自己的自由。这种非此即彼、同时自我关注的相互关系，恰恰是列维纳斯所反对的。

其次，对于他人的责任和义务是一种绝对的命令，是无法逃避的，具有伦理意义上的必然性。他人不仅具有现实的维度，同时具有超越的无法被同一化的维度。自我总是在遭遇着他人，遇到他无法理解的超越性的神秘世界。自我在神秘的超越的世界之外。而这样的被抛的自我恰恰就是自我存在的境况。这种超越性的存在就召唤自我放弃自己的同一化的征服欲求，而在无限的他者的面貌面前保持敬畏。因而，自我对于他者面貌应有着深刻的回应和责任，由于他者之超越性，我们应该对之负起完全的责任。列维纳斯提出"责任先于自由"或"正义先于自由"的论断，他认为自我在本体论领域是自由的，但是在形而上学或伦理学中是受限制的。这是由于自我面对着他人，面对着无限的上帝，面对着上帝的至高命令：善。因而，他认为本体论的准则是"利益"，是"以我为中心"，是"为自己负责"。而伦理学的准则则是"正义"，是"向他人负责"，是"他人的自由先于我的自由"，是"他人的存在比我的存在更重要"。

列维纳斯还提出"伦理学高于本体论"的论断。他认为由于本体论排斥异质性的他者，由于本体论把人的本质归为自我利益，因而它是一种自我中心主义的理论。如果得不到伦理学的充实，或者说，它不能向形而上学超越或升华，就有可能导致"权力哲学""暴力哲学""极权主义哲学"的危险。列维纳斯的结论是：哲学不应停留在本体论上，伦理学才是第一哲学。列维纳斯总是借用

《圣经》中所说的"陌生人、寡妇和孤儿"来指称他者。也就是说，不要把他者作为竞争的对手，更不能为了自我的利益而剥夺他人的权益。这与黑格尔、尼采、萨特式的主奴关系正好相反，他们认为，人与人之间的关系是冲突，我强就是主人，你弱则是仆人，在这种自然的优胜劣汰的法则之下，征服和杀戮是必然的结果。而列维纳斯强调伦理的反自然性，它具有绝对的超越性，我们恰恰应该对弱者负责，在弱者的他人身上看到主人的命令，所以，他强调主体的"倾听"和"回应"，而不是"审视"和"注视"。也就是说，我对他者负有道义和责任，因而，我就成为了放弃掉自己自由的主体，主体性即意味着对于他者的责任。

对于他人义务的伦理性要求，反对两种面对对于他人的方式：征服和暴力。而征服和暴力都是自我同一性的在现实中的操作和体现。自我与他人在身体和语言上的和谐共在，会经常性地被同一化的自我所遮蔽，被暴力和征服所破坏，而造成自我与他人之间关系的冲突和紧张。此种破坏一方面在于作为主体的理性自我经常性地误解自身和世界的存在；另一方面也是由于自我的理性本身所具有的对于他人和世界的同一性的"欲求"。因而，若是想恢复到和谐的与他人共在的本体那里，就需要把同一性的自我欲求解构掉。

由上可见，他者的"面貌"与自我之间具有伦理性的关联。与他者的面孔的关系一开始就是伦理的，他者的面孔的显现保存了一种外在性，这种外在性召唤或者命令我的责任。我遇见他人的面孔，就是去倾听他者的要求和上帝的命令。在面孔所显现的姿态的背后，是他者的赤裸无御和悲苦，面孔就是要对他者负责，不要让其孤单的命令。面孔召唤甚至命令我的仁慈和义务，要对他者的悲苦负责。对他者的义务高于任何其他义务，尊重他者，为他者着想，就是先他者而后自身。列维纳斯就是从他者的绝对存在这里，要求建构起对于自我的伦理学。自我在享有世界的时候，总是要求者满足自身的需求，追逐个人的利益；而伦理学则反其道而行之，要求从自我主义当中走出，而走向对于他者的负责，也就是说要走向"公正"。列维纳斯为了强调走出自我存在的价值，而用连字号将"公正"分解为三个词的组合——即"走出—内在—存在"。也就是说，伦理学要求从自我存在走出，超越自我的存在和本质，从对自己负责而转向对他人负责。同时，我对于他人的负责是伦理学的要求，更根本的是无限的他者对我的要求，所以，我并不要求他者对我的回报，这就像单纯地信仰上帝而不求回报一样。他者也好像上帝一样，作为无限而绝对的存在，它不是理解的对象，也不是可以同化的客体，因而，我们并不是因为理解他者而去对其负责，这样的负责才成为一种绝对的负责，也只有在对他者负责中才会见证上帝与无限。所以我们看到，伦理学中的他者具有着形而上学的性质，他者是绝对的超越，无限的上帝，它促使我们以伦理学的方式走出自我主义的圈套。

总之，绝对无限的他者透过它的面貌而要求着一种绝对的伦理学规范。作为面貌的他者是绝对和无限的，拒斥着任何形式的同一化的企图和整体性的规范。作为绝对的他者，它始终处于自我中心的同化之外，始终处于绝对的隔离和超越之中。因而，列维纳斯才那样地坚决主张超越现象学。在他看来，人类的意识总是力图把他者纳入到自身的环节之中，成为为我的存在，把世界上的事物都纳入享受的范围，无论是近在眼前还是远在天边之物都是如此。但是真实的他者却是无限的和绝对的，它不能够被认识所同化，也不可能被整合到我的认识之中，它是绝对无限的超越者。而对于这个无限的他者，自我需要做的就是承担起伦理的责任，服从他者的命令，从而可以真正地面对他者。

二　在自我与他者之间：仁爱与理解

从自我与他者的两极出发，把理性与情感相结合，语言与实践相结合。在理论和实践上，实现对于他人的社会属性和个体属性的结合，从而构成了完整的他人存在。

（一）善（goodness）之本体的内涵和构建

"善"在古典时代的哲学中就是宇宙人生的本体，这在许多的文明中都得到了体现。比如，在中国古代的儒学体系中，《易传》所表达的天道的"一阴一阳"之道的生生不已之"仁"就成为了的，而不是"纯净"的。因而，尽管生存论的语言为语言的意义做了奠基，并成为语言意义的源泉，然而，在现实的语言交流和对话中，需要对其过程加以规范性的安排。此种规范性的安排需要以真理为其指向，以交往理性为其基本的宗旨。然而交往理性不能依照哈贝马斯的规定而继续奉行启蒙理性的价值，因为这样的价值仅仅是具有乌托邦的远景和循环论证的逻辑。在这里所倡导的交往理性必须是按照他异性的善之本体的要求而进行的，具有知情意三方面的综合性考量的理性精神。

2. 语言的伦理和理解功能的融合

他人以语言的方式在自我面前出现，不同的主体之间所发生的遭遇，在本质上都可以被理解为"对话"。他人用有声的言语或是无声的表情和动作语言表达着他自身。从这个角度，每一种存在都具有着语言性，每一个存在之间都在发生着语言意义的交流和交换。

人类可以通过语言来获得对于世界的认知与对于他人的理解吗？从他异性的世界本体的角度来说，一种彻底的对于世界的理解是并不可能的。然而，人类依然可以用一种正确的方式去理解世界和他人的语言。这就是一种基于伦理学的仁爱基础上的哲学诠释学的理解方式。

首先，对于他人的理解不可能做到完整的和彻底的理解。他人的语言是作为不可见的他者的可见性而出现的，而在可见的语言符号之后，是不断模糊又不断延展的他者的地平线远景。它永远不可能被理性所同化。完整性和彻底性的理解企图其实质就是"同一性"思维的作用，力图把他人的存在纳入到整体之中。此种完整性和彻底性的企图是注定失败的。一个人的存在就好像是一个人书写的作品，在他自身的生活中，他永远是未完成的和开放的。即便是死亡也无法使得他成为完整的，因为死亡自身所具有的他异性是不可以被认识的，是不可以被存在化的，因为每个人都不可[替]他人赴死。因而在这个意义上，庄子所说的这句话是值得商[榷]"吾生也有涯，而知也无涯"——知识固然是无限的，而生[命在]本真的意义上也是无涯的。只不过，它并不是在一种知识[的]

宇宙的本体，并在程颢的《识仁篇》中把它明确地表达为"仁者浑然与万物一体"的本体性论断。在古希腊哲学中，苏格拉底就已经把宇宙的本体理解为"善"，并且它规定着宇宙的发展的方向和目的。斯多葛学派把这种理念进一步发挥，认为在宇宙和人生中普遍存在着理性的善的法则，人应当在善的法则的指引下过理性的生活。

在现代哲学之中，他者、身体、话语把"善"作为本体重新提出并赋予新的内涵。自我分化的他异性本体，具体化为身体和话语，成为了构建一切的力量。它所具有的内在性力量可由"非两不立"加以表达。这种蕴藏在身体、话语、时间中的力量，并不仅仅具有消解的力量，更加具有生成的力量，这种力量对于世界的建构是根本的，同时在价值上也是善的。因而，在本体之中蕴含着伦理性的要求，即善的要求。这种善的要求是一种本体论意义上的内在的对于每一个在世个体的要求。它在现实性上把每一个个体都揭示为相互依存相互和谐的存在，同时在超越性上要求着每一个个体对于他人的伦理性关联，这两个方面都回应着"善"的本体论诉求。

善与真在本体论上是合一的。在这里的善并不是一个理性设定，而是存在的真相。存在之真相即是我与他之间的和谐和友善，而此种善性也使得存在之真获得彰显的可能。孤立的个体不仅是不善的，而且也会失去宇宙的真相。真理必须要在主体的交往和交流中才能够共同搭建，也许这样的观点可以延伸到不同的文明和文化的交流和对话之中，从而才会形成对于真理的揭示。

同时，善与真的本体合一性表现在宇宙真理的自明性中。宇宙的真相是通过他异性本体的自我分离而实现的，是通过主体间性而彰显出来的。同时，主体间的和谐和友善直接地就是作为本体的善之体现。因而，宇宙之真便是通过善之本体而彰明出来，此种善性具有把本体之真彰明而显的自明性。这种自明性并不是个体意识的自明，而是一种基于主体间善性的自明。从而，人类发现自身可以去对于自身及万物的存在进行解释和阐发，并对宇宙的真相进行哲学式和科学式的追问，这些常识性的和理论性的说明都是以善所具有的自明性而来。

在中国古代哲学中，就已经发展出了类似的宇宙论和本体论模型，阐发了丰富的"善"的本体论的内容。这在儒家的仁学的宇宙本体论中，所显示的内涵。首先，构成仁学的宇宙论本体的是作为差异性存在的阴阳两种力量，它们之间并不能相互取消对方的存在，所谓"孤阴不立，独阳不长"，它们互相依存、互相规定，而不互相吞没、互相抵消。它们是作为差异性的本体，共同构成了事物的发生发展的一切形态，即是在《易传》所言"一阴一阳之谓道"。其次，阴阳构成之差异性本体在儒家哲学看来是善的，是天地之仁德的体现。这是在儒家看来，阴阳所构成的差异性本体所构成的事物变化是作为"生生之德"而存在的。也就是说，只有在一种差异性的本体作用之下，才会有天地万物的产生和发展。差异性意味着一种创造的善性。这也如老子所言："天地之间，其犹橐籥乎？虚而不屈，动而俞出。"自身差异化的本体才会创造出万变的世界，从而表现出宇宙的善性。再次，在儒家哲学中阐明了宇宙之真由宇宙之善而彰显，从而仁德就作为人之为人的基本的生存原则。周敦颐在《太极图说》中说道："惟人得其秀而最灵，形既生矣，神发知矣，而善恶分，万事出矣。"在其中可以看到，人是作为宇宙自然运化过程中所形成的独特存在，因其由宇宙运化而来所以并不离阴阳之差异化本体，因其禀受独特之秀气所以由自明之"神"，此神"虚灵不昧"具有彰明宇宙本体之用。因为，宇宙之善性和真理，到人的存在这里，得到了统一，而阴阳之道作为差异性的本体至始至终发挥着作用。最后，儒家不仅仅把此种善的本体推到人与人之间，而且也把它推到了人与万物之间。从而主张，天地间的至理必须通过相互的促进和提升，造成一个和谐的人类社会才能够达到。这就是在《大学》一文中，通过"大学之道，在明明德，在亲民，在止于至善"所阐发的内涵，也是在程颢的"仁者浑然与万物一体"的论断中，所揭示出来的人与人之间的深切关联。

（二）语言的光荣与梦想

语言并不是人类可以随意拿起又任意放下的工具，它也并不是承载着意识内容的交流装置。相反的是，语言具有的本体论的地位。如海德格尔所说的，不是人在说，而是语言在说。语言所内在蕴含的对话结构，使得语言必然具有主体间性的意义。人与人之间的沟通，既是一种本体的要求，又是本体的实现。对这种本体的要求，就需要人以仁爱和理解的双重态度去面对他人。

1. 语言交流的生存论模式和理性交往模式的融合

"同则不继，和实生物"，善之本体形成了内在的生生不已的意义源泉。此种意义源泉由语言所释放出来并流布四海。本体之意义的展开是以语言为其实质性内容的。语言在具体的时间之中分裂为对话的双方，形成了意义得以创新和展开的巨大空间。正如伽达默尔所主张的，语言在其"无我"和"无意"的前提下，可以完成向生存论语言的复归，可以实现一种充分的向着真理的面向。生存论语言作为活的语言，它所形成的意义具有奠基性。它是人类进行所有理解活动和话语活动的前提和出发点。在活的生存论语言中，人遭遇到他人和他人的意义世界，并进而展开了一个真实的善的本体世界。进而，人在这个世界里，通过语言的力量进入到新的视域之中，进入到客观的由历史之物所搭建的效果历史之中，从而真正地进入真实意义的展开过程中。正如善之本体是无法终结的，在生存论中的语言之意义也不会完结。在生存论语言之中，沟通与共存并不是一方对于另一方自由的压制，而是在共同对于真理的接近。真理也不是现成的对象，或是主客的统一，而是交互主体的自我完成。这个过程是无法完成的，而只能是在过程中展开的。由上可见，生存论的语言意义对于人类的交往和话语行为具有奠基性和本体论的价值。

在意识形态的影响之下，语言意义的展开常是受到工具理性、目的理性和权力意志的作用和束缚，因而，语言的意义才是扭曲的和不真的。在对话和交流之中，存在着征服与被征服的关系，存在着控制和被控制的关系等，在其中反映出理性话语对于非理性话语的征服，掌权者对于奴役者的征服，强者对于弱者的征服等，正如尼采所说，知识和理性的问题从来不是关于真理的问题，而是关于权力的问题，是一个关乎价值的问题。语言的意义从来就是受污染无涯，而是在本体意义上的无涯。对于这一点，庄子在另一处又表示了同意，因为他又说，"天地与我并生，而万物与我为一"——人在本质上来说，是一个不会完结的作品。在人与世界和他人的对话过程中，在语言意义不断的交流和变动不居之中，始终有着一个超越的、分离的、大写的而又隐匿的他者在说话，它居于有形又无形之场所，发布无声又有声之话语，而永远不会被一个无所不包的整体所彻底同化。列维纳斯说："面孔讲话，面孔的呈现就已经是话语了。"面貌与我的相遇就已经是一种对话，是一种语言意义的表达。在话语中，自我与他者"面对面"地交谈和相互质询（interpellation）。在"面对面"的对话之中，一个不可还原的他者出现了，"对话者将自己呈现为一个绝对的存在"，我接受、感到了某种完全不同于我的东西。也就是说，只有在话语之中，我才会感受到他者的外在性和绝对性，因为话语关系本身就隐含着超越性和外在性，它是"彻底的分离，对话者的陌生性，以及他人对我的显现"。他者成为了语言意义的他人之"面貌"是一种在"我"的意义之外的意义源泉。因而，"话语"并不是常识上的和认识论意义上的语言，在那种语言观之中，人们凭借语言相互理解，相互达成一致，所有的他异现象都在对话中消失殆尽，而达到一种整齐划一。这种"话语"并不是本体意义上的面貌的语言，在这样的话语中，也不可能实现和他者的"面对面"。因而，理解对于他者始终并不是第一位的态度，他者永远在理解之外。

其次，在差异性的作为善的本体的推动下，在他者的面貌中，有着直接的伦理学意义上的召唤，它对主体召唤着义务和责任，召唤着主体的仁爱。这种召唤是当下直接呈现的，是自明的，具有非反思性。所以，对于他人的面貌，对于遭遇到他人的语言第一位的态度是仁爱，然后才是去理解他人语言的意义。理解是基于爱而发生的，而不是相反。同时，爱也并不是宗教般的狂热，或对于普遍之存在的热忱，而是对于具体面貌的爱。只有在透过具体的他人的爱之中，才能够实现对于他者的爱。这是本体所要求的仁爱的具体内蕴。

同时，对于语言的理解是仁爱的必要环节。即作为根本态度的仁爱，并不能离开对于语言的理解。离开了对于语言的理解态度，那么仁爱就会迷失自己，变成愚昧。自己变成他人的奴隶，而失去成为自我的主宰。如萨特所说，为他的存在可以过渡到受虐狂的状态。因而，如何在爱他人、对他人负责的同时，保持清醒的头脑和自我的尊严，也是能否正确地对待他者的重要问题。

可见，一种哲学诠释学的态度仍旧是必要的，尽管人类无法完成对于本体的全面的和彻底的了解，但是，理解的过程仍旧是本体的过程性的展开。也就是在基于一种仁爱前提下的理解努力，所展开的就是本体释放的意义过程。即便理解的结果有所偏差，也依然会在本体所展现的过程中得到调整。此种理解并不是同一性地理解，所以，把他人纳入到整体性的理性框架之中，并不是此种理解的内容和目标。它把语言意义作为本体展开的过程，以达到一种对于真理的过程性面向为其目标。也就是说，正如真理始终存在着不可见的他异性的一面，但是，人类仍旧可以凭借理智的力量把光芒照进未知的世界，并凭此光亮指引自己前进的方向。它对于人类的仁爱态度所起到的是良好的作用和辅助的效果。此种理解就如伽达默尔在哲学诠释学中所揭示的，理解和解释并不是一劳永逸地对于某个现成意义的捕捉，而是从人类固有的偏见出发，在主体那里形成了"视域融合"的新视域，在客观物那里形成了效果历史的新意义。因而，只有在一种理解的态度下，人类对于他人的仁爱才不是盲目的，这是真的善。也只有在一种仁爱的态度下，人类对于他人的理解才不会是残忍的，这是善的真。在它们的共同的作用之下，才会有本体的善与真的显露。

（三）对于他人和世界的整体性认知

对于世界和他人的分解性的认识模式已经很难立足，而一种整体性的体知模式正在呼之欲出。身心二元对立的知觉方式，感性、知性和理性的分析方法，理性思辨的逻辑方式，都因为其内在所无法解决的矛盾而分崩离析。或许这种分崩离析是注定的，因为在它们的前提中就已经预设了分离的必要，所以最终的与整体的矛盾也不可避免。无论是在格式塔心理学还是现象学的努力，都指向了一种整体性的知觉方式的诞生。梅洛·庞蒂就把身体作为了人知觉世界的整体性存在，这种存在使得人与世界之间的一体性成为可能。因而，不仅仅身体自身是作为人面对世界时的整体知觉模式，而且世界也同主体共同组成了"世界之肉"。他人并不是与我分离的一个可以被质疑其存在的对象，而是与我"同呼吸共命运"肉身存在。人就是人的身体，他以整体性的方式去感知世界，同时，他也是以全人类的身体去感知世界。人的身体就是人的身体间性。在世的每一个个体都是以整体性的方式去面对世界和感知世界。

　　因而，分解的知觉模式必然要被整体性的体知模式所取代。整体性的体知模式就是以一种身体图式去面对世界，同时，此种身体图式并不是仅属于个体的，而是属于主体间的，属于共在的整体的。这样的知觉模式是属于善之本体的。在中国古代哲学中，一直重视对于此种体知的机能。程颢就言"仁"所具有的体知能力，《识仁篇》中言，"仁者，浑然与物同体，义、礼、智、信皆仁也。识得此理，以诚敬存之而已，不须防检，不须穷索。若心懈，则有防；心苟不懈，何防之有！理有未得，故须穷索；存久自明，安待穷索！此道与物无对，'大'不足以明之。天地之用，皆我之用。孟子言'万物皆备于我'，须'反身而诚'，乃为大乐。""仁"具有一种整体性的对于世界的体知能力，这种体知能力是以人与万物的一体性为基本的主体内容，就如同梅洛·庞蒂所言的"世界之肉"，不仅仅包含着人与他人之间的主体间性而且也包含着人与万物之间的相通相感的肉身整体。"仁"者就是以一种整体性的体知方式去面对世界的人，从而可以真正地实现对于善之本体的复归，可以真切地关照到世界里至深的道理，也可以真实地获得天地间的至乐。因而，程颢认为，人与万物间的整体性的"仁"可以用身体的整体性来阐发，这也说明了程颢与梅洛·庞蒂学说之间的关联，"医书言手足痿痹为不仁，此言最善名状。"① "切脉最可体仁。"② "观鸡雏，此可观仁。"③ 这些话语都足以体现出"仁"所

---

① 《二程集》《遗书》卷二，中华书局点校本1981年版，第15页。
② 同上书，第59页。
③ 同上。

具有的以身体间的一体性去揭示人与万物一体性的内涵。同时，张载在《正蒙》中提到，除开人所具有的"见闻之知"之外，人还有一种"德行所知"。如果说见闻之知指的是发之于我的分解式的对于世界的认知方式的话，那么，"德行所知"就是发之于道（本体）的整体式的对于宇宙的体知方式，"大其心，则能体天下之物，物有未体，则心为有外。世人之心，止于闻见之狭；圣人尽性，不以见闻梏其心，其视天下，无一物非我。"（《正蒙·大心篇》）以此种整体性的体知模式去认识宇宙，就能够获得对于万物之理的知识，所以张载《正蒙·大心篇》说："以我视物则我大，以道体物我则道大。故君子之大也大于道，大于我者，容不免狂而已。烛天理如向明，万物无所隐。"以整体式的体知方式去认识世界，就可以实现对于天理的了解（烛天理如向明），这就如王夫之对于此段注解所释，"烛天理者，全体而率行之，则条理万变无不察也。万象之情状，以理验其合离，则得失吉凶，不待逆亿而先觉。"（《张子正蒙注》）以一种整体性的体知方式去面对世界，才能够了解万物的真相和世间的真理，在中国古代已经与现代的哲学理念形成了"人同此心，心同此理"的呼应，不能不说是人类致思后所获得的神妙的一致性。

（四）知情意三者结合的人学本体

人之存在是知情意三者结合的整体性存在。其知并非仅停留在分解式的认知，而是身心物统一的整体性的体知。其情并非是仅停留在个体式的情感，而是人我物合一的整体性的感通。其意也并非是仅停留在主体式的意见，而是言象意三者合一的整体性的心体。如此这般的知情意三者构成了人之为人的本体性存在。

把人的存在用知情意三者中的任何一面作为人之存在的整体，都不足以说明人之本体的全面的内容，人之全体必然是三方面的综合。梅洛·庞蒂强调了人之为人中知的一面，列维纳斯强调了人之为人的情的一面，伽达默尔强调了人之为人的意的一面，他们都对于人之为人的内在意蕴做了深切的阐释，然而，却并没有把人之为人之意蕴全盘托出，因而不无遗憾。因为知情意三者只有相互依存相互渗透并相互融合，才能够搭建起一个完整的人学体系。在

"体知"之中其实就包含着仁爱的情感，因为，我的身体与你的身体并无不同，甚至它们是作为世界之肉自身分化的结果，所以，我以仁爱的态度对待他人，也就是以仁爱的方式对待自己，对待他人的仁爱是"体知"的真实而自然的内容。同时，仁爱的情感态度也不能离开"体知"与"意见"，因为，一种盲目的仁爱态度在现实中不仅会失败而且会被虚假和丑恶所利用，所以，仁爱的情感态度并不是抽象的孤立能力，而是内在地具有知觉和理解的能力。"意见"也内在地具有情感和知觉的指向，情感和知觉指引着理解，并为理解划定着范围。从以上简短的论述可见，知情意三者之间的关系并不是分离的，也并不是层级性、谁以谁为基础的关系，而是一而三、三而一的关系，是一种三位一体的关系。

儒家传统的天人一体的本体论，无疑具有此种知情意三者合一的内涵和意蕴，孔子在春秋时代就指出，"仁者爱人"和"仁者知人"是并不相分离，而是共同构成了人性的基础。王阳明在《大学问》中也提及，"大人者，以天地万物为一体者也，其视天下如一家，中国犹一人焉，若夫间形骸而分尔我者，小人矣。"又说道，"身之主宰便是心，心之所发便是意，意之本体便是知，意之所在便是物。"心、意、知、物都是作为一体而本体性地存在着，人对于世界的理解、对于身体的运用、对于他人的感触、对于语言的安排，都是作为一体性而存在的。然而这种一体性作为本体并不是无所不包、对于人的意识明白显露的，而是始终具有自身的他异性和超越性，是善之本体的在人之存在的具体化。可见，这种知情意的一体性始终是作为虚位而真实的存在。

人的知情意三者必然在现实中分裂为对立的两面，即知成为分析式的知性，情成为彼此对待的情绪，意成为自我主张的意见和意志，而往往形成自我与他人在意见上的冲突。此种对立和冲突具有着两面性：一方面它具有虚假性，是基于人性一体性之上的，对于知情意某一方面的偏执为其实质的一种结果；另一方面它又具有真实性，是以现实中的自我与他人的分离为起点，而以此种分离为指向善之本体、指向超越性真理的复归和前进的创造性运动。分离始终是以和谐的一体性为前提的，而和谐的一体性始终不是铁板一块、而是不断自我分化的本体。只有去除掉彼此冲突的虚假方面，才可以进入到积极而真实的对于真理的思考，进入到知情意三者合一的人学本体，以知情意三者的一体性作为本体才能够建立起人与人之间的和谐共存。如果首先强调个体之间的差异而无视人性本体的一体性，然后基于一种功利性的考量，力图把分裂的彼此用情感或社会的纽带重新联系起来，就无助于真实的领会人与人之间的真实关联，也不可能真正地实现人与人之间的理解和爱。因而，对于人与人之间的真实关系的了解，必须建立在对于人性本体论的基础之上，而人性本体论的基本内容就是不断自身差异化的知情意三者的合一体。

知情意三者合一的展开过程就是语言世界的展开，人学本体的展开过程必须以语言为中介。人性本体不可以被架空，而需要以理解的具体的历史性的展开过程为其内容。人性中所具有的理解、仁爱和实践，也都需要以语言为其基本的历史性内容，只有这样它们才具有了可理解的历史性存在，才可以作为历史的流传物被存留和继承。

在一体性的人性视角之下，世界并不是碎片化了的，而是以善之本体为基础的，以人性一体性为起点的，不断地向本体复归的过程。此种向着本体的复归是以个体为焦点，而不断地指向整体的过程。从而，每一个人的世界都是具有独特性和唯一性的对于本体的展示，而本体也是通过每一个个体来展示自身的全部内容。每一个人在其本质上更像是艺术品，具有独一无二的个性，他自身的知情意都具有独特的品质，因为他就是本体运作过程中的创造性的内容。所以，每一个个体并不是普遍化的理性存在，也不是宏大叙事中的一个逻辑环节，他永远在自我创造的过程中。正如历史具有着偶发性、暂时性和不可重复性，每一个个体在其本质上也是不可复制的。也正如历史具有稳定性和一惯性，每一个个体都是从善之本体流变而出，并安居于人的知情意合一的本体。

结　　语

　　每个人毫无疑问都生活在一个"有他"的世界里。他人始终存在着，即使他并没有在眼前出现，即使他远在天边或隐没不见，他也依然以某种方式围绕在我的周围。每个人仿佛注定要与他人在一起生活。他人是怎样的一种存在？他人和自我之间是怎样的关联？在与他人无法分割的前提下，自我又是怎样的一种存在？在世界进入到主体间性之中，而不再以主体理性为本体的时候，世界是怎样的世界呢？什么是他人的身体，什么又是我的身体？什么是他人的语言，与我的语言有着怎样的关系？这些问题，随着他人问题而一起映入眼帘。通过本书的考察，首先破除的是自我同一性的幻觉。通过对于理性主体构建自身原则的历史过程的考察，可以见到，由近代认识论原则所构建起来的理性自我，并不是原初的、基础的、本体的，而是具有内在的深刻的矛盾，并处于一种不断自我消解的过程之中。理性主体所遭遇到的困境，恰恰是由于对于他者的忽视而造成的。理性主体把自明性、自足性和确证性理解为自己的特征，就形成了对主体本身的幻象，从而忽视了真正的他者的存在。对于"他者"的寻证之路就需要从跨越理性主体开始。

　　接下来，本书对于现代哲学中提出他者和他人问题的旨趣进行了分析。胡塞尔的现象学是重新提出他人和他者问题的现代起点。在现象学那里，一个独立而超越的他者问题被放置在了一个核心的哲学位置上。胡塞尔力图在意识哲学的领域里，突破理性主体的单一向度，而建构起与自我一样的意向性主体。但是，由于他停留在"纯粹意识"的起点之中，因而，他所建立的只是"他我"，而没有建立起真正的独立的他者。尽管胡塞尔向他者进发的道路证明是一条"唯我论"的死路，但是，他所开启的现象学方法，却为后来人提供了前进的路标。

　　然后，本书从本体论的角度论述了他者得以构建自身的本体论基础。本体论并不是一个无所不包的整体性原则，而是一个不断他异化的超越性原则。这种原则不仅仅体现于列维纳斯所论证的"原初差异"的存在，而且存在于"死亡""时间"等现象之中。他异性的本体存在不仅仅消解了一种理性主体性的整体性原则，同时，也为他人的出场奠定了本体论的基础。

　　不能加以忽视的是，他者的存在改变了整个的世界图景和人对于自身的理解。人的身体和语言，作为人对于世界和自身理解的基本内容，其图景必然发生了深刻的变化。"肉身"直接地就是身体与意识的结合体，身体间性是人类前反思的原初状态，所以，根本不存在唯我论的难题。肉身从根本上揭示了自我与他者的共在性，它们就好像身体的各器官一样，作为共在的整体而处在和谐的关系中。身体同时就是身体间性，并不是透明的和孤立的。身体也总是以可见的和不可见的两面而面对着世界。同时，语言作为世界的本体，也具有内在的差异性和超越性。语言存在的差异性就体现在对话上，而对话就意味着作为对话双方的自我与他者的存在。同时，这种差异性的语言存在必然展开为历史性的语言存在，从伽达默尔的"视域融合"和"效果历史"等概念中可以看出，在历史的流传物之中，超越性的语言所具有的真实意蕴。生存论的语言尽管具有对于语言意义的奠基作用，然而，语言在具体的人类交往行为中，需要通过交往理性才可以避免语言的误用和被意识形态所左右，进而才可以担负起重建理想社会的任务。哈贝马斯就力图通过交往理性来规范和调整后现代以来日益膨胀的"他者"的权力，把它们都整合进由交往理性所勾画的合理性的社会进程中去。需要注意到的是，交往理性所建立自身的基础，仍然是语言的生存论意义，这是交往理性所不能够回避和绕开的。

　　马克思的实践论哲学为理解他者问题提供了坚实的基础。无论是意识还是身体、语言都是以人类自身的物质实践活动为基础的，并由这个实践基础所决定；因而，只有从马克思的实践论出发才能合理地说明现象学、生存论、语言观和交往理性的合理性和现实性。同时，马克思对于他者的揭示也是通过实践来实现的。第一，在人类的物质生产实践中，人是作为"类"的存在物而实践的，他并不是一个超越出社会和历史之外的孤立的个体。第二，具体的社会实践中造成的异化现象说明具体社会条件下他者的存在。第三，通过语言中的实践本性去揭示他者的存在，也就是从语言所具有的社会性去揭示他者的存在。从而，马克思主义哲学从实践论的角度寻找到了通往他者的真实的道路，这条道路的真实性即在于它不是从虚幻的和抽象的原则出发，而是从具体的和现实的人出发去理解他者。

最后，本书以他异性的"善"之本体的建构为基点，把自我对于他人的情感性的"仁爱"态度和认知性的"理解"态度做了融通式的理解，认为二者之间并不是冲突的，而是相互依存和相互补充的。在自我与他人之间，存在的是一个知情意三者合一的人学本体，这个人学本体尽管始终不可以被整体化，而是处于他异性的存在之中，但是，它作为虚位的存在却是真实地发挥着作用。

哲学在黑格尔那里就被认为是时代精神的精华，这是由于他相信哲学对于所处的时代负有重大的历史使命。如其所言，哲学总是力图去回答时代中最迫切的和最具有挑战性的问题。在当今的时代，"他者"和"他人"问题无疑关涉到每个个体的命运，同时也关联到国家、民族、文化和社会的发展方向的选择。本书也是尝试着在回答"他人"和"他者"问题的同时，检讨自己是否对于时代精神进行了真正的思考，是否真正地踏上了哲学之路。成书之际，深感自己在哲学之路上，仍旧是一个小学生，对于他者和他人问题仍有许多问题没有深入研究。尽管有许多遗憾，还是把自己小小的阶段性成果拿出，就教于方家，恳请多多批评指正。

参考文献

A. 普通图书

[1]《马克思恩格斯全集》第 42 卷，人民出版社 1979 版。

[2]《马克思恩格斯全集》第 46 卷，人民出版社 1979 年版。

[3]《马克思恩格斯选集》第 1 卷，人民出版社 1972 年版。

[4] 马克思：《资本论》第 1 卷，人民出版社 1975 年版。

[5]［法］笛卡尔：《第一哲学沉思集》，庞景仁译，商务印书馆 1986 年版。

[6]［德］康德：《纯粹理性批判》，邓晓芒译，人民出版社 2004 年版。

[7]［德］康德：《实践理性批判》，韩水法译，商务印书馆 1999 年版。

[8]［德］康德：《判断力批判》，邓晓芒译，人民出版社 2002 年版。

[9]［德］黑格尔：《精神现象学》，贺麟译，商务印书馆 1979 年版。

[10]［德］黑格尔：《小逻辑》，贺麟译，商务印书馆 1980 年版。

[11]［德］黑格尔：《逻辑学》，杨一之译，商务印书馆 1976 年版。

[12]［德］胡塞尔：《现象学的观念》，倪梁康译，上海译文出版社 2005 年版。

[13]［德］胡塞尔：《欧洲科学的危机和超验现象学》，王炳文译，商务印书馆 2001 年版。

[14]［德］胡塞尔：《胡塞尔选集》（上、下卷），倪梁康选编，

上海三联书店 1997 年版。

［15］［德］胡塞尔：《纯粹现象学通论》，李幼蒸译，商务印书馆 1995 年版。

［16］［德］胡塞尔：《生活世界现象学》，倪梁康译，上海译文出版社 2002 年版。

［17］［德］海德格尔：《存在与时间》，陈嘉映、王庆节译，生活・读书・新知三联书店 1987 年版。

［18］［德］海德格尔：《海德格尔选集》，孙周兴选编，生活・读书・新知三联书店 1996 年版。

［19］［德］海德格尔：《林中路》，孙周兴译，上海译文出版社 1997 年版。

［20］［德］海德格尔：《时间概念史导论》，欧东明译，商务印书馆 2009 年版。

［21］［德］海德格尔：《在通向语言的途中》，孙周兴译，商务印书馆 1997 年版。

［22］［德］海德格尔：《演讲与论文集》，孙周兴译，生活・读书・新知三联书店 2005 年版。

［23］［德］海德格尔：《形而上学导论》，熊伟、王庆节译，商务印书馆 1996 年版。

［24］［法］萨特：《自我的超越性》，杜小真译，商务印书馆 2001 年版。

［25］［法］萨特：《存在与虚无》，陈宣良等译，生活・读书・新知三联书店 1987 年版。

［26］［法］梅洛・庞蒂：《知觉现象学》，姜志辉译，商务印书馆 2001 年版。

［27］［法］梅洛・庞蒂：《可见的与不可见的》，罗国祥译，商务印书馆 2008 年版。

［28］［法］梅洛・庞蒂：《哲学赞词》，杨大春译，商务印书馆 2000 年版。

［29］［法］列维纳斯：《从存在到存在者》，吴慧怡译，江苏教育出版社 2006 年版。

［30］［德］卡西尔：《人论》，甘阳译，上海译文出版社 2004 年版。

［31］［德］阿尔多诺：《否定的辩证法》，张峰译，重庆出版社 1993 年版。

［32］［德］霍克海默、阿尔多诺：《启蒙辩证法》，渠敬东、曹卫东译，重庆出版社 1990 年版。

［33］［德］伽达默尔：《哲学解释学》，夏镇平、宋建平译，上海译文出版社 1994 年版。

［34］［德］伽达默尔：《真理与方法》，洪汉鼎译，上海译文出版社 2004 年版。

［35］［法］福柯：《词与物》，莫伟民译，上海三联书店 2001 年版。

［36］［法］福柯：《知识考古学》，谢强、马月译，生活·读书·新知三联书店 1998 年版。

［37］［德］哈贝马斯：《交往与社会进化》，张博树译，重庆出版社 1989 年版。

［38］［德］哈贝马斯：《交往行为理论》，洪配郁、蔺青译，重庆出版社 1994 年版。

［39］［德］哈贝马斯：《认识与兴趣》，郭官义、李黎译，学林出版社 1999 年版。

［40］［德］哈贝马斯：《重建历史唯物主义》，郭官义译，社会科学文献出版社 2000 年版。

［41］［德］哈贝马斯：《现代性的话语》，曹卫东译，译林出版社 2003 年版。

［42］［法］德里达：《论文字学》，汪堂家译，上海译文出版社 1999 年版。

［43］［德］威廉·冯·洪堡特：《论人类语言结构的差异及其对人类精神发展的影响》，姚小平译，商务印书馆 1997 年版。

［44］［美］弗莱德·R. 多尔迈：《主体性的黄昏》，万俊人译，上海人民出版社 1992 年版。

［45］［美］赫伯特·施皮格伯格：《现象学运动》，商务印书馆

1995 年版。

[46] ［荷］泰奥多·德布尔：《胡塞尔的思想发展》，生活·读书·新知三联书店 1995 年版。

[47] 倪良康：《现象学及其效应》，生活·读书·新知三联书店 1994 年版。

[48] 孙正聿：《哲学通论》，辽宁人民出版社 1998 年版。

[49] 莫伟民、姜宇辉、王礼平：《二十世纪法国哲学》，人民出版社 2008 年版。

[50] 孙向晨：《面对他者》，上海三联书店 2008 年版。

[51] 佘碧平：《梅洛·庞蒂历史现象学研究》，复旦大学出版社 2007 年版。

[52] 杨大春：《语言·身体·他者——当代法国哲学的三大主题》，生活·读书·新知三联书店 2007 年版。

[53] 王恒：《时间性：自身与他者》，江苏人民出版社 2008 年版。

B. 期刊中析出的文献

[1] ［德］H. 博德尔：《在场的特权?》，《世界哲学》2006 年第 1 期，第 13—20 页。

[2] 张廷国、梅景辉：《语言的边界与理解的张力》，《湖北社会科学》2008 年第 6 期，第 105—107 页。

[3] 朱进东：《"他者"抑或"他人"——从列维纳斯的"第一哲学"意义上看》，《南京社会科学》2004 年第 6 期，第 16—18 页。

[4] 颜岩：《拉康"他者"理论及其现代启示》，《重庆社会科学》2007 年第 2 期，第 22—25 页。

[5] 王昌树：《从意向现象学到生存现象学》，《求实学刊》2007 年第 3 期，第 32—36 页。

[6] 钱捷：《本体的诠释——析海洛·庞蒂现象学的"肉体"概念》，《哲学研究》2001 年第 6 期，第 53—61 页。

[7] 杨泽树：《同调与异趣——评哈贝马斯与伽达默尔的诠释学对话》，《哲学研究》2008 年第 12 期，第 7—9 页。

[8] 彭启福：《对话中的他者——伽达默尔诠释学对话的理论批

判》，《哲学动态》2007 年第 3 期，第 60—64 页。

[9] 李荣：《马克思实践观的他者向度及其当代超越性解读》，《齐鲁学刊》2006 年第 2 期，第 124—127 页。

[10] 孙向晨：《萨特、列维纳斯及他者问题》，《江苏社会科学》2006 年第 1 期，第 26—32 页。

[11] 金惠敏：《从主体性到主体间性——对西方哲学发展史的一个后现代性考察》，《陕西师范大学学报》2005 年第 1 期，第 47—59 页。

[12] 赵卫国：《伽达默尔诠释学理论的困境分析》，《西南大学学报》2005 年第 3 期，第 15—19 页。

[13] 臧配洪：《肉身的现象学呈现之途——从胡塞尔到海德格尔再到梅洛·庞蒂》，《南京社会科学》2005 年第 12 期，第 5—11 页。

[14] 臧配洪：《从时间到他者——论梅洛·庞蒂历史观的现象学逻辑》，《南京大学学报》2004 年第 1 期，第 11—17 页。

[15] 臧配洪：《作为阴影的他者——梅洛·庞蒂他者理论的本体论意义》，《江苏社会科学》2004 年第 3 期，第 9—10 页。

[16] 王小章：《从韦伯的价值中立到哈贝马斯的交往理性》，《哲学研究》2008 年第 6 期，第 78—84 页。

[17] 杨国荣：《他者的理解：庄子的思考——从濠梁之辩说起》，《学术月刊》2006 年第 8 期，第 48—55 页。

[18] 何中华：《关于理解的理解》，《东岳论丛》2007 年第 2 期，第 22—29 页。

[19] 陈波：《现代性的自我确证与批判理论的规范基础》，《四川大学学报》2006 年第 5 期，第 41—50 页。

[20] 孟彦文：《列维纳斯的言说形而上学》，《哲学动态》2004 年第 4 期，第 30—35 页。

[21] 黄作：《从他人到他者——拉康与他人问题》，《哲学研究》2004 年第 9 期，第 64—70 页。

[22] 吴启文：《试评伽达默尔的"视域融合"》，《南京社会科学》1991 年第 4 期，第 26—31 页。

［23］何卫平：《简评伽达默尔的解释学辩证法》，《哲学动态》1997 年第 9 期，第 37—40 页。

［24］何卫平：《现象学和辩证法在语言中的契合——析伽达默尔"游戏—对话"论的双重意义》，《湖北大学学报》1999 年第 5 期，第 50—54 页。

［25］欧力同：《论哈贝马斯的"批判的解释学"》，《探索与争鸣》1993 年第 2 期，第 17—23 页。

［26］周国平：《伽达默尔作为世界经验的理解和语言》，《哲学研究》1995 年第 8 期，第 48—54 页。

［27］刘峰：《语言与人类的交往理性——哈贝马斯的普遍语用学》，《北京大学学报》1992 年第 2 期，第 78—85 页。

［28］潘德荣：《理解、解释与实践》，《中国社会科学》1994 年第 1 期，第 119—134 页。

［29］张云龙：《交往与共识何以可能——论哈贝马斯与后现代主义的争论》，《江苏社会科学》2009 年第 6 期，第 45—49 页。

［30］孙庆斌：《为他者与主体的责任——列维纳斯他者理论的伦理诉求》，《江海学刊》2009 年第 4 期，第 63—68 页。

［31］金惠敏：《无限的他者——对列维纳斯一个核心概念的阅读》，《外国文学》2003 年第 3 期，第 46—53 页。

［32］彭启福：《对话中的他者——伽达默尔诠释学对话的理论批判》，《哲学动态》2007 年第 3 期，第 60—64 页。

［33］陈鹏：《实践为镜像和他者去魅》，《哈尔滨工业大学学报》2007 年第 5 期，第 47—50 页。

［34］胡大平：《他者：意识形态批判理论的一个新的支点》，《江苏社会科学》2004 年第 3 期，第 14—16 页。

［35］尚杰：《悖谬之路——从克尔凯郭尔到列维那斯》，《浙江学刊》2008 年第 3 期，第 29—37 页。

［36］关群德：《梅洛·庞蒂的身体概念》，《世界哲学》2010 年第 1 期，第 26—31 页。

［37］叶秀山：《列维纳斯面对康德、黑格尔、海德格尔——当代

哲学关于"存在论"的争论》，《文史哲》2007 年第 1 期，第 61—70 页。

［38］张文喜：《他者问题：切入人的社会性的通道》，《广西社会科学》2003 年第 4 期，第 29—31 页。

［39］杨大春：《意识哲学解体的身体间性之维——梅洛·庞蒂对胡塞尔他人意识问题的创造性读解与展开》，《哲学研究》2003 年第 11 期，第 69—75 页。

［40］杨大春：《20 世纪法国哲学的现象学之旅》，《哲学动态》2005 年第 6 期，第 38—46 页。

［41］周濂：《沟通行动具备独立性与优先性吗？——试论哈贝马斯言语行为理论》，《求是学刊》2005 年第 2 期，第 26—31 页。

［42］郭贵春：《哈贝马斯的规范语用学》，《哲学研究》2001 年第 5 期，第 36—43 页。

［43］王凤才：《哈贝马斯交往行为理论述评》，《理论学刊》2003 年第 5 期，第 9—14 页。

［44］郑召利：《交往理性：寻找现代性困境的出路——哈贝马斯重建现代性的思想路径》，《求是学刊》2004 年第 4 期，第 28—31 页。

C. 报纸中析出的文献

［1］孙庆斌：《他者视域中的主体向度》，《光明日报》2009 年 8 月 28 日，第 12 期。

后 记

　　本书是基于我的博士毕业论文修改而成。在我的博士论文《通向他者之途》中，对于他者和他人的论述方式是以几个哲学家为中心而展开的，他们各自对于他者理论作出了怎样的贡献和不足，因而更加类似于一种材料的历史罗列。而在本书中，我做了许多的改动，基本的思路是以思想自身的逻辑要求而展开的，并以基本概念为中心进行论述，所以身体、存在、语言、实践等概念成为了本书所集中阐发的基本的概念线索，而对于这些概念的分析都集中在对于他者和他人问题的思考。因而，本书是对于博士毕业论文进行了较大的改动之后所形成的，加入了自己许多新的想法和思路，也是对于自己博士毕业之后对于相关问题进一步思考和研究的一次总结。

　　之所以选择"自我与他者之间"作为题目，并以如此的方式去分析和论述，是由于我一直对于西方哲学在现代所发生的主体性转向有着很大的兴趣，即从一种主体性转向主体间性，其实质是在自我中心之外去寻证他者的存在。对于他异性的他者的寻证不仅仅意味着不同于理性主体的他人的存在，而且意味着本体观、世界观和价值观的一系列相关内容的重大转折。在我看来，这种转折蕴含着人类从启蒙时代以来哲学观的一次革命。如何来理解这种革命的内容，并理解这种革命的后果，也是我一直关注的焦点。

　　在这本书中，我对这个问题尝试着作出自己的回答。从个人存在、身体、语言和实践等方面入手，去考察他者和自我得以建构自身的基础，并解读了在他者和他人的视角下，个人存在、身体、语言和实践等概念所形成的内涵上的变迁。可以说，在主体间性的视角下，世界的图景已经与传统大为不同。同时，在我看来，通过存在、身体和语言所建构起来的他异性本体，其实质是"善"之本体，与中国传统哲学中的道体观念并无二致。以一种现代哲学的理论方式去贯通起一个悠久的哲学传统，也是此书的一个致思方向。尽管因学识有限，常有遗珠之恨，我也常对此两大宏阔的哲学资源有浩然无所适从之感，然而致思者久，通过自己的思考幸能有所一得，以就教于方家之前。

将成书之际，首先感谢我的博士导师王振林教授，她一直关心我的学习和工作，在思想上给我极大的帮助和指导，在生活中也给我温暖的关心，学生始终铭记王老师在我博士论文写作过程中的殷殷教诲和母爱般的关怀。也感谢我的中国哲学方向的导师张连良教授，在中国哲学方向给我启蒙的教化并指示我一个纯粹的对于哲学的思考之路。难忘十载提携路，深感师恩重如山，张老师慈父般的叮嘱和严师式的训教是我一生的财富。同时要感谢吉林大学哲学基础理论中心的各位同仁，特别是朱文君老师，没有他们积极的联络和耐心的帮助，本书的出版是不可能的。

付梓之时，深知错漏难免，恳请前辈同仁不吝赐教，在此一并致谢。

赵海英

2016 年 7 月于长春